教育部　财政部职业院校教师素质提高计划成果系列丛书
教育部　财政部职业院校教师素质提高计划职教师资开发项目
"物流管理"专业职教师资培养资源开发项目（VTNE077）（负责人：白世贞）

物流专业教学理论与方法

主　编　霍　红
副主编　鄢章华　刘　蕾

科 学 出 版 社
北　京

内 容 简 介

本书充分考虑了职业院校开展物流专业教学的情境，基于现实教学过程中常用的教学方法，在物流专业教学中进行展开，从而形成物流专业的教学理论与方法，并以案例的方式展示了理论与方法的应用方式。首先对教学相关概念和理论进行了初步阐述，包括教与学关系，结合成果应用对象——中职学生，对其心理、智力、学生行为等方面进行了深入的剖析，进一步明确物流专业教学的主要任务。其次，结合中职物流相关专业的教学特点，确立物流专业教学的目标体系、选择和分析教学重点内容，从强调物流实践教学特殊地位的角度组织教学内容。最后，结合物流专业的教学内容，对头脑风暴法、角色扮演教学法、模拟教学法、案例教学法、项目教学法、引导文教学法等多种教学方法进行应用说明。

本书中关于物流专业基础的论述，可作为物流从业人员的知识参考。书中包含中职学生特点的分析内容以及物流专业教学方法的介绍，因此本书可作为中职物流专业教师的培训教材。也可供物流相关专业的老师、学生和其他感兴趣的读者参阅。

图书在版编目（CIP）数据

物流专业教学理论与方法 / 霍红主编. —北京：科学出版社，2018.3

教育部　财政部职业院校教师素质提高计划成果系列丛书

ISBN 978-7-03-041159-4

Ⅰ.①物… Ⅱ.①霍… Ⅲ.①物流–教学研究–高等职业教育 Ⅳ.①F25

中国版本图书馆 CIP 数据核字（2018）第 034848 号

责任编辑：张　宁　王京苏 / 责任校对：孙婷婷
责任印制：赵　博 / 封面设计：蓝正设计

科学出版社 出版

北京东黄城根北街 16 号
邮政编码：100717
http://www.sciencep.com

固安县铭成印刷有限公司印刷
科学出版社发行　各地新华书店经销

*

2018 年 3 月第 一 版　开本：787×1092　1/16
2025 年 1 月第二次印刷　印张：15
字数：347 000

定价：48.00 元

（如有印装质量问题，我社负责调换）

教育部 财政部职业院校教师素质提高计划
职教师资培养资源开发项目专家指导委员会

主　任： 刘来泉

副主任： 王宪成　郭春鸣

成　员： （按姓氏笔画排列）

　　　刁哲军　王乐夫　王继平　邓泽民　石伟平　卢双盈　刘正安
　　　刘君义　汤生玲　米　靖　李仲阳　李栋学　李梦卿　吴全全
　　　沈　希　张元利　张建荣　周泽扬　孟庆国　姜大源　夏金星
　　　郭杰忠　徐　流　徐　朔　曹　晔　崔世钢　韩亚兰

出 版 说 明

《国家中长期教育改革和发展规划纲要（2010—2020 年）》颁布实施以来，我国职业教育进入到加快构建现代职业教育体系、全面提高技能型人才培养质量的新阶段。加快发展现代职业教育，实现职业教育改革发展新跨越，对职业学校"双师型"教师队伍建设提出了更高的要求。为此，教育部明确提出，要以推动教师专业化为引领，以加强"双师型"教师队伍建设为重点，以创新制度和机制为动力，以完善培养培训体系为保障，以实施素质提高计划为抓手，统筹规划，突出重点，改革创新，狠抓落实，切实提升职业院校教师队伍整体素质和建设水平，加快建成一支师德高尚、素质优良、技艺精湛、结构合理、专兼结合的高素质专业化的"双师型"教师队伍，为建设具有中国特色、世界水平的现代职业教育体系提供强有力的师资保障。

目前，我国共有 60 余所高校正在开展职教师资培养，但由于教师培养标准的缺失和培养课程资源的匮乏，制约了"双师型"教师培养质量的提高。为完善教师培养标准和课程体系，教育部、财政部在"职业院校教师素质提高计划"框架内专门设置了职教师资培养资源开发项目，中央财政划拨 1.5 亿元，系统开发用于本科专业职教师资培养标准、培养方案、核心课程和特色教材等系列资源。其中，包括 88 个专业项目，12 个资格考试制度开发等公共项目。该项目由 42 家开设职业技术师范专业的高等学校牵头，组织近千家科研院所、职业学校、行业企业共同研发，一大批专家学者、优秀校长、一线教师、企业工程技术人员参与其中。

经过三年的努力，培养资源开发项目取得了丰硕成果。一是开发了中等职业学校 88 个专业（类）职教师资本科培养资源项目，内容包括专业教师标准、专业教师培养标准、评价方案，以及一系列专业课程大纲、主干课程教材及数字化资源；二是取得了 6 项公共基础研究成果，内容包括职教师资培养模式、国际职教师资培养、教育理论课程、质量保障体系、教学资源中心建设和学习平台开发等；三是完成了 18 个专业大类职教师资资格标准及认证考试标准开发。上述成果，共计 800 多本正式出版物。总体来说，培养资源开发项目实现了高效益：形成了一大批资源，填补了相关标准和资源的空白；凝聚了一支研发队伍，强化了教师培养的"校—企—校"协同；引领了一批高校的教学改革，带动了"双师型"教师的专业化培养。职教师资培养资源开发项目是支撑专业化培养的一项系统化、基础性工程，是加强职教教师培养培训一体化建设的关键环节,也是对职教师资培养培训基地教师专业化培养实践、教师教育研究能力的系统检阅。

  自 2013 年项目立项开题以来,各项目承担单位、项目负责人及全体开发人员做了大量深入细致的工作,结合职教教师培养实践,研发出很多填补空白、体现科学性和前瞻性的成果,有力推进了"双师型"教师专门化培养向更深层次发展。同时,专家指导委员会的各位专家以及项目管理办公室的各位同志,克服了许多困难,按照两部对项目开发工作的总体要求,为实施项目管理、研发、检查等投入了大量时间和心血,也为各个项目提供了专业的咨询和指导,有力地保障了项目实施和成果质量。在此,我们一并表示衷心的感谢。

教育部　财政部职业院校教师素质
提高计划成果系列丛书编写委员会
2016 年 3 月

前　　言

本书首先对教学相关概念和理论进行初步阐述，包括教与学的关系，结合成果应用对象——中职学生，对其心理、智力、学生行为等方面进行深入的剖析，进一步明确物流专业教学的主要任务。对有效教学理论、建构主义教学理论的产生、发展及使用规范进行了阐述，明确了这两种教学方法的使用过程。

本书从我国的国情出发，分析物流行业发展现状与趋势。结合物流专业技术在制造领域、流通领域的应用，阐述物流专业技术的重要地位，给出了中职物流专业学生的就业方向与前景，对现有的主要物流管理业务及其流程进行分析和说明，让中职物流专业学生对物流环节和过程有初步的了解，包括营运管理及绩效管理作业、采购作业、进货入库作业、库存管理作业、补货及拣货作业、流通加工作业、出货作业处理、配送作业、订单处理作业、会计作业等。对物流管理人员应具备的能力进行描述，以明确教学目标。物流管理专业术语的汇总主要是在教学与实践过程中进行查找。

在中职物流相关专业的教学过程中，物流教学目标的建立大致可分为以下五步，即物流专业教学目标体系的确立、教学科目教学目标的确立、教学单元教学目标的确立、单节教学目标的确立以及教学环节教学目标的确立。在教学重点内容的选择和分析方面，从知识要求分析、能力要求分析、素质要求分析等入手，在教学内容组织方面，强调物流实践教学的特殊地位。

在物流管理专业教学设计方面，明确了教学媒体、教学环境、教学实践间的关系以及如何进行相应内容的设计。在方法使用方面，以头脑风暴法、角色扮演教学法、模拟教学法、案例教学法、项目教学法、引导文教学法、考察教学法、实训教学法、游戏教学法、讲授法等为基本方法，举例说明这些方法在物流专业教学中的应用过程和注意事项。最后，通过物流管理专业的教学评价，分析教学的效果，并以物流包装管理为案例，说明物流教学评价应该如何开展。

编　者

2018 年 1 月 10 日

目 录

第1章 基础理论 1
1.1 教学关系分析 1
1.2 专业教学理论和方法的研究对象 2
1.3 专业教学理论和方法的主要任务 9
1.4 有效教学理论 11
1.5 建构主义教学模式 13

第2章 物流相关专业基础 17
2.1 物流行业发展现状与趋势 17
2.2 物流专业技术的应用 24
2.3 物流专业就业分析 28
2.4 物流管理业务流程 32
2.5 物流管理人员应具备的能力 34
2.6 物流管理专业术语 34

第3章 中职物流相关专业的教学分析 37
3.1 典型职业任务分析和教学目标 37
3.2 教学重点内容的选择和分析 49
3.3 教学内容的组织 62
3.4 物流专业教材分析 70

第4章 物流管理专业教学设计 74
4.1 物流专业的典型教学媒体 74
4.2 物流专业教学环境设计 92
4.3 实践教学设计 104

第5章 物流教学方法——头脑风暴法 107
5.1 头脑风暴教学法的简介 107
5.2 头脑风暴法应用于教学 109
5.3 头脑风暴教学法实践应用 110

  5.4 头脑风暴教学法的优点及缺点 ·· 112
  5.5 头脑风暴教学法案例展示 ·· 113
第 6 章 物流教学方法——角色扮演教学法 ··· 115
  6.1 角色扮演教学法简介 ··· 115
  6.2 角色扮演教学法应用于教学 ··· 116
  6.3 角色扮演教学法实践应用 ·· 117
  6.4 角色扮演教学法的优缺点 ·· 119
  6.5 角色扮演教学法案例展示 ·· 121
第 7 章 物流教学方法——模拟教学法 ··· 126
  7.1 模拟教学法简介 ··· 126
  7.2 模拟教学法应用于教学 ·· 128
  7.3 模拟教学法实践应用 ··· 129
  7.4 模拟教学法的优缺点 ··· 130
  7.5 模拟教学法案例展示 ··· 131
第 8 章 物流教学方法——案例教学法 ··· 139
  8.1 案例教学法简介 ··· 139
  8.2 案例教学法应用于教学 ·· 142
  8.3 案例教学法实践应用 ··· 144
  8.4 案例教学法的优缺点 ··· 146
  8.5 案例教学法案例展示 ··· 147
第 9 章 物流教学方法——项目教学法 ··· 160
  9.1 项目教学法简介 ··· 160
  9.2 项目教学法应用于教学 ·· 162
  9.3 项目教学法实践应用 ··· 163
  9.4 项目教学法的优缺点 ··· 166
  9.5 项目教学法案例展示 ··· 167
第 10 章 物流教学方法——引导文教学法 ··· 177
  10.1 引导文教学法简介 ··· 177
  10.2 引导文教学法应用于教学 ·· 179
  10.3 引导文教学法实践应用 ··· 180
  10.4 引导文教学法的优缺点 ··· 181
  10.5 引导文教学法案例展示 ··· 182
第 11 章 物流教学方法——其他教学方法 ··· 191
  11.1 考察教学法 ··· 191
  11.2 实训教学法 ··· 194
  11.3 游戏教学法 ··· 207

11.4 讲授式教学法···210
第 12 章 物流管理专业教学评价··217
  12.1 教学评价基本理论···217
  12.2 教学评价的种类··221
  12.3 物流专业教学效果分析··223
  12.4 学生参与课堂教学评价在物流教学中的应用···································224
  12.5 物流教学评价设计——以《物流包装管理》为例·····························225

第1章 基础理论

1.1 教学关系分析

在传统的教学中，教师负责教，学生负责学，教学就是教师对学生单向的"培养"活动，教学关系成为：一是我讲，你听；我问，你答；我写，你抄；我给，你收。在这样的课堂上，"双边活动"变成了"单边活动"，教代替了学，学生是被教会，而不是自己学会，更不用说会学了。二是以教为基础，先教后学。学生只能跟着教师学，复制教师讲授的内容。先教后学，教了再学，教多少、学多少，怎么教、怎么学，不教不学。教支配、控制学，学无条件地服从于教，教学由共同体变成了单一体，学的独立性、独立品格丧失了，教也走向了其反面，最终成为遏制学的"力量"。教师越教，学生越不会学、越不爱学。总之，传统教学只是教与学两方面的机械叠加。新课程强调，教学是教与学的交往、互动，师生双方相互交流、相互沟通、相互启发、相互补充，在这个过程中教师与学生分享彼此的思考、经验和知识，交流彼此的情感、体验与观念，丰富教学内容，求得新的发现，从而达到共识、共享、共进，实现教学相长和共同发展。交往昭示着教学不是教师教、学生学的机械叠加，传统的严格意义上的教师教和学生学，将不断让位于师生互教互学，彼此将形成一个真正的"学习共同体"。在这个共同体当中，"学生的教师和教师的学生不复存在，代之而起的是新的术语：教师式学生和学生式教师。教师不再仅仅去教，而且也通过对话被教，学生在被教的同时，也同时在教。他们共同对整个成长负责"。对教学而言，交往意味着人人参与，意味着平等对话，意味着合作性意义建构，它不仅是一种认识活动过程，更是一种人与人之间平等的精神交流。对学生而言，交往意味着主体性的凸显、个性的表现、创造性的解放。对教师而言，交往意味着上课不仅是传授知识，还是一起分享理解，促进学习；上课不是单向的付出，而是生命活动、专业成长和自我实现的过程。交往还意味着教师角色定位的转换：教师由教学中的主角转向"平等中的首席"，由传统的知识传授者转向现代的学生发展的促进者。在教学的过程中，要求教师"一切为了每一位学生的发展"。具体体现在以下几个方面。

（1）关注每一位学生。每一位学生都是生动活泼的人、发展的人、有尊严的人，在教师的课堂教学理念中，包括每一位学生在内的全班所有的学生都是自己应该关注的对象，关注的实质是尊重、关心、牵挂，关注本身就是最好的教育。

（2）关注学生的情绪生活和情感体验。孔子说过：知之者莫如好之者，好之者莫如乐之者。教学过程应该成为学生一种愉悦的情绪生活和积极的情感体验。学生在课堂上是兴高采烈还是冷漠呆滞，是其乐融融还是愁眉苦脸？伴随着学科知识的获得，学生对学科学习的态度是越来越积极还是越来越消极？学生对学科学习的信心是越来越强还是越来越弱？这一切必须为教师所关注，这种关注同时还要求教师必须用"心"施教，不能做学科体系的传声筒。用"心"施教体现着教师对本职工作的热爱，对学生的关切，体现着教师热切的情感。

（3）关注学生的道德生活和人格养成。课堂不仅是学科知识传递的殿堂，更是人性养育的圣殿。课堂教学潜藏着丰富的道德因素，"教学永远具有教育性"，这是教学活动的一条基本规律。教师不仅要充分挖掘和展示教学中的各种道德因素，还要积极关注和引导学生在教学活动中的各种道德表现与道德发展，从而使教学过程成为学生的一种高尚的道德生活和丰富的人生体验，这样，学科知识增长的过程同时也就成为学生人格健全与发展的过程，伴随着学科知识的获得，学生变得越来越有爱心，越来越有同情心，越来越有责任感，越来越有教养。当然，这也要求教师一定要加强自身修养，不断完善自己。

1.2 专业教学理论和方法的研究对象

1.2.1 中职学生的心理特点

1. 心理特征

中职学生因为前期的失落、叛逆等，普遍存在一种心理失衡现象，是一个非常需要关注的特殊群体。所以培养学生正确的世界观、人生观、价值观和良好的职业道德素质，成为 21 世纪职业教育中的首要任务。如何引导中职学生正确应对心理问题也成当务之急。

2. 中职学生常见心理问题分析

（1）自卑心理。这是针对中职学生意志方面的一种异常表现。中职学生由于功课不好或者曾犯过错误，受到老师的批评、家长的训斥，身心经常处于"冷"的环境和压抑的氛围中，所以心态消极，信心不足；特别是落榜更加挫伤了他们的自尊心、自信心，他们跟考上更高层次学校的同学相比就会觉得低人一等，再加上社会部分人对职校性质的误解，会认为就读职校的学生就是成绩太差或者表现不好。这方面的压力给部分中职学生造成很重的心理负担，使其产生一定的自卑心理。

（2）厌学心理。造成中职学生厌学的原因是多方面的。家庭方面的原因主要是：一是家长对孩子太过于宠爱，造成学生怕吃苦，伴随着功课的加深，就会产生厌学心理；二是家庭关系破裂而离婚，对孩子身心造成莫大伤害，使学生感受到自卑、压抑，因而对学习失去了兴趣；三是对于孩子在职校学习要求并不高，认为只要挨到毕业能够找到份工作便行。社会方面的原因主要是：现在社会上存在着"就业难"的问题，所以造成了学生对学习积极性不高。教育方面的原因是：一些教学内容太过于陈旧，缺乏新意，脱离实际，对学生没有什么吸引力，难以激发学生的学习乐趣，使学生产生厌学心理。另外还有个别教师显著的厌教情绪，认为中职学生基础差、底子薄，很难管教，纪律又不好，教师的厌教更会加深学生的厌学心理。

（3）自立心理。中职学生的思维有一定的独立性以及批判性，对于很多事情总有着自己的意见以及观点，渴望被认同，为了表现自己有些时候会做出一些令人吃惊、难以接受的事情。这种自立心理往往会有两种表现形式：其积极的一面就是，可以促使他们了解社会，摆脱对家长的依赖和服从，增强他们的主动性、创新性和责任感，使其逐渐成长起来；消极的一面就是，这种心理往往会形成以自我为中心，遇到问题不能冷静思考，加上缺少社会经验，便会产生一些冲动、不理智、考虑不周到的行为，如敲诈勒索、打架、斗殴等。

（4）逆反心理。逆反心理是在一定条件下，学生对某种事物或者行为所产生的一种负面效应，是屡次遭到挫折后引起的不满表现。中职学生自律方面相对比较差，如果教育方法不合适，就会很容易产生逆反心理。当他们对于学校的教育产生不满，对于教师的关心、爱护或批评等教育方式和教育方法持怀疑态度时，就可能会产生抵触的情绪。在这种情况下，对于学校的正确指导反而采取对立思想，做一些让教师不高兴的事，甚至还会做出一些具有破坏性的行为。

（5）嫉妒心理。嫉妒是一种比较复杂的混合心理，并且伴有焦虑、故意、怨恨、猜疑、报复等情绪。它将严重扼杀中职学生的进取心理，不但不能够学习到他人的长处，反而有挖苦讽刺的表现，吵架破坏行为，甚至严重破坏师生、同学之间的关系。

（6）虚荣心理。正处于青春期的中职学生都特别渴望被他人尊重，然而部分中职学生学习上相对较差，为了取得较好成绩，得到教师的表扬和认可，他们就在考试过程中采取作弊的方法，在生活中追时尚、赶时髦、摆阔气，以引起老师以及同学的注意和羡慕。

（7）情绪不稳定。中职学生的年龄大都是在十六七岁，正处在生长发育的时期，心理状态也在不断地调整与定位。青春期本身情绪变化起伏大，冲动性强，理智性差，经常会出现偏激情绪甚至极端的行为，容易出现执拗、暴躁、激动、兴奋、喜怒无常，不能很好地控制自己的情绪，心情好的时候积极性很高，做事认真，表现很好；情绪不稳定时则心神不定，心不在焉甚至非常容易冲动莽撞，做出一些让自己事后后悔的事情。

（8）人际交往问题。在当今社会这种"发展个性""崇尚个性"的教育理念思潮下，个性的张扬使得青少年不懂得合作，过分地关注自己的感受，以自己为中心，习惯于支配、指使别人。所以中职学生的学业压力不重，人际交往问题就明显地显现出来。中职学生交友的最大特点就是"物以类聚"，一些年龄相仿，爱好、兴趣相同的人通常会聚集在一起。对于善于交际的学生，最重要的是需要引导他们树立正确的择友观。尤其是男女之间的交往，更应该多加留心。若发现交往过密或者有早恋迹象的，应耐心地进行心理疏导和沟通，让学生认识到后果，友好相处，讲究分寸。若对于不善于交际的学生，应改变他们的心理状态，疏导及鼓励他们与别人建立起一种和谐融洽的人际关系。

3. 影响中职学生心理的因素

众所周知，心理活动是非常复杂多变的，可能严重影响中职学生的心理健康。中职学生心理的影响因素主要有以下几个。

（1）家庭因素。首先，父母是孩子的启蒙老师，所以家庭成员的教育方式、生活习惯以及社会价值的取向等，都可能会在孩子身心留下很深的烙印。家庭中的种种不良影响以及教育方式，也会给学生带来心灵的创伤，成为心理异常的根源。如父母不和或离异、"问题型"家庭等，都很容易造成一定的心理异常。其次，家长的教育方法也可能会影响学生的心理健康。每个家长都是"望子成龙""盼女成凤"，而中职学生多为学业成绩的不良者，因此，他们经常会感到家庭的压力。来自农村的学生更是如此。

（2）个人因素。中职学生正处于成长的第二个高峰期，生理发育也逐渐成熟，但是心理发展相对滞后，以至于他们很难正确地面对学习上、思想上所遇到的各种困难，一旦出现某些挫折和困难，就会有些不知所措，产生空虚、焦虑、烦躁、紧张等情绪，这都严重影响了他们的学习以及生活；与此同时中职学生正处于由青少年向成年人过渡的阶段，自认为是成年人，可是他们的心理发育还不成熟，很容易冲动，情绪极不稳定，再加上他们又不会自我调整，这样就会导致道德行为异常，严重影响了心理正常健康发展。

（3）社会因素。社会的进步，人才的增多，市场经济的发展，伴随的便是就业压力的增大，这使许多缺乏心理准备的学生无法承受这种压力，特别是那些家庭较为困难的学生，这种压力表现得更为显著。这一阶段的学生对消极的东西较为敏感，极易对前途丧失信心，心理压力的增大，进而影响其正常的心理健康的发展。

在改革开放的社会大环境下，中职学生认识社会、参与社会的意识非常强，若中职学生意志不坚强，是非分辨能力不足，则容易受到不良社会风气的影响，很容易上当、受骗、纪律散漫、思想消沉等。除此之外，部分社会人士存在中职学生都是一些差生的偏见。在这种社会背景的影响下，很多中职学生往往带着一种强烈的失落感，而这种失落感的表现是失去自信心，无心学习。而就业压力的增大，使得许多缺乏心理准备的学生无法承受，极易对前途丧失信心，心理压力增大，进而影响其正常的心理发展。

（4）教育因素。学校的教育在中职学生的心理发展过程中起着主导作用，学校教育应该全面关心学生的身心健康，以"教书育人、管理育人"为目标来培养合格的技术人才。但学校教育中若存在一些不良因素，对学生的心理健康也有非常重要的影响。

首先，在教书育人方面，有的教师只是为了完成自己的授课任务，忽视了在教学过程中对学生的思想教育工作。而且，教师的性格以及作风也直接影响着学生，若教师表露出对中职学生的厌教情绪，则不仅挫伤了学生对学习的积极性以及自尊心，也会造成学生不愉快、反感对立的情绪，长此以往一定会影响学生的心理健康。

其次，在管理育人方面，有的教师只是重视管理而忽略疏导的问题。若教师对学生的教育缺乏耐心，动则训斥惩罚，以制度压人，则很容易伤害学生的自尊心，使得学生产生冷漠、消沉的心理。

1.2.2 中职学生智力特点

中职学生的年龄一般都在十六七岁，正处在生长发育的高峰期，他们的智力发展往往非常好，不存在智力低下的问题。对中职学生进行的智力调查结果显示，中职学生的平均智商为116.08，属于中上智力或者高智力的水平。智力因素主要由观察力、注意力、记忆力、思维和想象力构成。具体表现在如下几个方面。

（1）观察力是指迅速、准确、全面地反映事物典型特征以及重要细节的能力。对于中职学生而言，社会对他们有着强烈的吸引力，而观察的能力正是他们认识社会的开始，也是改造社会的基础。伴随着知识的增多，他们对外面的世界越来越感兴趣，并且越来越关注自己喜欢的东西。在这种发展过程之中，他们的观察具有了新的特点，具体表现在：①观察目的更明确。中职学生能使观察服务于一定的目的，并且持续较长的时间，但他们往往是按照要求来观察，带有一定的依赖性，一旦丧失师长的指导，观察就会出现混乱，甚至偏离原来的目的。②观察的时间较为持久。中职学生已经步入成熟期，他们的有意注意得到了更深入的发展，他们的意志能力增强，可以排除各种各样的干扰，坚持长时间的观察。③观察的精确性提高。伴随着年纪的增长，他们的观察更精确、完整，系统性方面有了明显的提高。但缺乏耐心和细心，在观察的过程中往往不够全面、具体。④观察的概括性增强。观察的概括性与思维的加入有密切的关系。中职学生的抽象逻辑思维以及辩证逻辑思维得到了飞速的发展，观察力在逐步深化和全面。

（2）注意力。注意是指人的心理活动对外界一定事物的指向和集中。具有注意的能力称为注意力。中职学生非常容易被一些奇异的、刺激的事物所吸引，但他们的注意力并不能长时间保持。如果放任自流，不去理会他们注意力问题，那么对他们的学习是一个极大的影响。所以要把握青少年的注意力，就要形成、确立并保持青少年的这样一种内心状态，即智力振奋的状态，使得青少年体验到自己在追求真理、进行脑力劳动的自豪感。

（3）记忆力是识记、保持、再认识以及重现客观事物所反映的内容和经验的能力。由于中职学生正处于成长的黄金时期，他们的记忆力非常好。对于自己感兴趣的事物，通常能很快记住。

（4）思维是人脑对于客观事物间接的、概括的反应能力。中职学生逐渐会把各种各样不同的物品、事件、经验分类归纳，不同的类型都能利用思维进行概括。他们的思维能力发展也非常迅速。主要表现在推理能力已达到了成熟水平，但是辨证推理并不成熟。经验的不足使他们通常变为有成见与不客观的思考者，喜欢与人做不成熟的辩论，对于各种各样抽象的原则如公平、正义、忠心、牺牲等常做出不成熟的批判。

（5）想象力是人在已有形象的基础之上，在头脑中创造出新形象的能力。他们能够正确、客观地认识社会，也能以积极正确的态度去面对现实的问题和困难，既不回避也不凭空想象。

1.2.3　中职学生学习行为分析

1. 学习动机

心理学研究表明，一个人之所以会出现某一行为，其直接的推动力是动机。动机是推动一个人行为活动的内部动力的直接因素。正所谓学习动机是发动、维持个体的学习活动。它并不是某种单一的结构，而是具有一定目标的内部动力机制。这种内部机制通常表现为多种形式，但是比较常见的有拉力、推力和压力三种。

拉力是外界因素，对学习者产生了吸引，使学生从事学习的活动。推力是发自个体内心的学习愿望以及需求，例如，它表现在学生对学习的求知欲。压力是客观现实对于学习者的要求，迫使其从事学习的活动。

这三种机制都可以促进学习者进行学习，推力与拉力是相互联系、共同起作用的，但压力通常难以独立、持久地起作用，必须真正适当地转化为拉力以及推力才能发挥其动力的作用。学习动机会对学习产生以下影响。

（1）学习动机和学习具有辩证的关系。学习能够产生动机，而动机又能推动学习，二者之间是相互联系的。

（2）学习动机决定着学习的方向。它是一种推动学生为达到学习目的而努力学习的动力。若学生没有明确的学习目标，自然也不会产生动机，因此要让学生懂得为什么学，又要朝着什么方向努力。

（3）学习动机具有加强学习的作用。沃尔伯特研究了动机水平同学习的成就的关系后，得出了一条结论"学习动机越强烈的被试验者，其学习成绩就会越好，其正相关达 98%左右"。

（4）学习动机决定学习过程。学生能否持之以恒，在于学习动机是否强烈。

（5）学习动机影响着学习的效果。具有学习动机的学生注意力通常很集中，同时这种注意力在获取信息、进入工作记忆和长时间记忆中也起着至关重要的作用。一方面，具有学习动机的学生也可以在必要时更易于通过其他多种多样的途径来促进对某一任务的完成，如主动查阅资料等。另一方面，具有学习动机的学生应该更倾向于进行有意义的学习，力求理解所学内容，而并不是停留在机械记忆水平。

（6）学习动机可以提升学习能力。这是以上各种影响的最终体现。良好的、适当的学习动机能促进学习行为的改善，提升学习能力。

2. 学习行为特点

中职生阶段是一个学生从不成熟向成熟转折的时期，这个时期的中职生正是处于成熟而又未真正完全成熟的阶段。一个学生从单纯封闭的校园走向开放的社会的转折时期，也是处于人生观、价值观的定型时期。这个时期学生刚刚开始摆脱家长、老师的束缚，走向自治。正是由于束缚学生的压力突然减小，学生来不及调整和适应，再加上以前的自治能力的培养不足，学生不能够适应新的学习和生活环境，很容易造成心理焦虑。另外中职学校的学习生活相对于中小学来说要开放得多，所以学生的行为常会受到外界因素的干扰。

首先，中职学生因为中考成绩不佳，无奈地进入中职学校之后，从一个学习压力、升学竞争压力非常强的初中学习阶段突然进入一个学习与升学压力都相对较小的学习环境中，他们的思想与意志开始松懈。所以他们的学习动机不太明确，缺乏理想以及目标，可能会抱着混日子的态度。如学习只是为了应付家长、老师的要求，或者是为了混日子，混到毕业可以找到工作。能通过考试或者获得文凭则已经是他们最大、最长远的目标了。

其次，中职学生不知道如何学习。应试教育的理念导致中职学生没有掌握正确的学习方法。上了中职之后，环境的改变、教师的讲课方法的改变，可能都会让学生无从下手，造成他们学习困难、失去学习信心、产生厌学行为。志趣不合，也是导致中职学生厌学行为的主要原因。因中考的成绩不佳，不能考取普通高中，学生也只好硬着头皮上中职，至于学生的志趣、爱好、特长根本无从谈起。这样的结果也就是他们在学习上完全处于被动的应付状态，最终会导致厌学行为的发生。

最后，因为社会对中职学生普遍存在一种偏见心理，认为他们就是没考上普通高校的差生，这种心理会严重影响中职学生的学习。一方面中职学生的就业期望值高，而另一方面学生所向往的理想职业，受就业政策和就业人口压力等因素的影响，中职学生凭着自己的学识以及能力对自己的理想职业可望而不可及。另外，学生在就业问题上产生焦虑，对自己今后的职业定向失去信心，对自己所学的专业知识以及技能持无所谓的态度，所以缺乏学习兴趣。

3. 常用的学习策略

学习策略指的是为了达到一定的学习目标，有意识地根据具体的情况所采用的一种恰当的学习方法，并且在实践中对学习很有帮助。中职学生常用的学习策略主要有以下几种。

（1）画线法。画线是一种最常用的学习策略，有助于学生快速找到书本中重要的信息。如果学生能够画出课文中重要的信息，就能从课文中学到更多的东西。但问题在于大多数中职学生不能够决定什么材料是最关键的，只是一味地画。所以这就要求教师必须教会学生如何"画线"。

（2）做笔记法。在阅读和听课的过程中，比较普遍的学习策略就是做笔记。做笔记要求学习者对于材料的中心思想进行心理加工，它要求学习者决定记什么，所以能促进新信息的精细加工和整合。但值得注意的是,并非所有的学生都能够从做笔记中受益,中职学生中一些能力较低的学生以及处理听觉信息有困难的学生,做笔记效果较差。他们通常不能掌握老师语言的要点,笔记只是他们纯粹的笔录阅读材料。除此之外,虽然做笔记有助于编码加工,也可以使书本知识得以运用,并且有助于复习,然而有些中职学生并未意识到这一点。所以中职学生不仅要反复地看笔记,还要积极地思考笔记中的观点,并且与其他所学的信息进行联系。

(3) 提问法。提问有助于学生学习课文、讲演和获取其他信息。学生要不时地停下来评估自己对课文的理解。上课比较活跃的中职学生这点做得非常好,而对于有一定心理压力,甚至有消极、自卑、厌学心理的中职学生来说,由于他们对学习缺乏兴趣,所以课堂气氛比较沉闷,甚至还会害怕老师的提问。

(4) 理解记忆法。就是在初步理解的基础之上学习。理解得越好,越容易记忆。要加强理解记忆,不要不求甚解地去死读书、读死书。首先是要通读所学知识,弄清其主旨,然后再去了解其来龙去脉,再通过先分析、后综合的方法把所学知识加以记忆。

(5) 图表法。图表是一种直观的简化的表达方式。首先就是将内容的结构用主要词语设计成图表,然后再根据图表尝试理解。

(6) 写提要法。写提要就是需要简短陈述所学信息的中心思想。这种学习策略的效果依赖于学习者的使用方式。

4. 学习效果分析

目前,不少人都以为中职校的"学风差"、学生的"品行差"。然而这纯属误解。事实上,大多数的中职生都能够自觉地学习文化和技术,而且能学一行爱一行,呈现出良好的敬业态势。

(1) 多数中职校学生学习认真。调查表明,并不是所有的中职学生都不爱学习、贪图玩耍,相反,大多数学生都能够自觉学习,并且把专业技术作为自己学习的重点。有60%以上的学生平时并不沉迷于玩乐,仅有23.7%的学生需要在老师的督促下学习。中职学生的学习自觉性以及对科学文化的追求,总体态势还是令人满意的。并且学生大多数非常喜欢自己的专业,喜欢在实习以及实训中获得知识技能。

(2) 对未来职业充满信心。目前中职学生的父母以工人、农民以及个体工商业者为主,无业人员也占有非常大的比例。而且学生的家庭收入相对偏低,属于低收入、低保和贫困的家庭。尽管如此,仍然有90%左右学生的学习费用全部由家庭供给。这些学生有着比其他普通高中学生更强的改变家庭或者改变自己境遇的愿望。因此,中职生特别渴望学好、学精自己的专业技术,而且半数学生对于自己未来的发展充满信心,有45%的学生更渴望将来毕业后,可以从事一份与自己的专业对口的工作。

(3) 职校风气普遍良好。校风、校纪以及学生的行为规范,一直都是学生和家长用来考量应该选择哪所学校的"风向标",而中职校仿佛在道德风气以及学生品行上都有不小的"瑕疵"。事实上,中职学生能够尊重每一位老师和同学,大部分的学生在同学有困难时都能给予一定的帮助,不会为了得到对自己有用的东西而去触犯法律、法规。

1.3 专业教学理论和方法的主要任务

针对中职学生的特点,中职教师就要把他们培养成有道德、有文化、有理想、有素质的德、智、体、美全面发展的人才,所以在教学过程中必须在如下几方面努力。

1. 激发学生的学习动机,引导中职生去挖掘自身潜能,重塑自我

中职学生普遍存在的问题就是学习动机水平低。目前,不少在校的中职生对于自己所学专业的情况、未来从事职业的情况、现在的学习和将来的职业生涯的关系等都不是很清楚。所以如何调动学生的学习积极性,帮助他们建立积极的自我学习观念,激发学生的学习动机就是非常关键的问题。

为了要学生避免无方向、无目的的生活,教师首先必须让学生意识到树立目标的重要性,帮助中职学生确立一个可以达到的个人目标,然后把他们的个人目标与学习目标结合起来,可以激励其最大限度地努力实现自己的人生目标。例如,在新生入学时,教师可以对学生进行有关学习目标的教育,使得学生认识和确立个人目标,并且帮助学生了解达到个人目标的途径,使得学生充分将个人目标与学习目标结合起来。在激发学生的学习动机过程之中,要充分发挥教师的作用、发掘学生的潜在能力。

首先,教师要对学生有充分的了解。应该了解每位学生的兴趣、爱好与目标,掌握学生的认知基础,完成教育目标以及活动,从而促使学生取得成功的体验。

其次,教师要创造和谐的学习氛围。教师要把自己的教育目标与学生的学习目标相结合,营造出一种和谐的学习氛围,不仅要把注意力集中在学生个人的成绩、个人的独特方法以及能力上,还要突出强调学习过程以及学习任务的价值,不应该过分地关注学习的结果。

再次,要实施赏识制教育,引导学生及时发现自身的闪光点,并找回自信。教师要细心观察,及时地发现学生的点滴进步,善于发现他们身上的闪光点,对于学生所取得的成绩给予表扬及鼓励。在教学过程中,要训练学生对于自己的学习结果进行评价,即使有点滴进步也要自我奖励,这样就有助于营造一种良好的心理氛围。

最后,帮助中职生实现角色的转变。在初中时期,在有些师生的眼里,他们通常处于不利的地位,影响着他们的自信、自尊,从而对课堂学习产生敌对、反感心理。进入中职学校后,教师一定要切记把爱以及关心分给集体中的每一位同学,让他们改变过去的处于不利地位的角色,如担任学生会干部、班长等。

2. 激发学生的学习兴趣

(1) 教师要转变教育观念,丰富教学成果。学生对知识、技能的掌握以及道德品质的

形成，都是通过自己的感知、思维、情感、记忆、意志等心理活动来实现的。因此，教师要树立"让学生个个有用，使学生个个成才"的观念，并且充分发挥学生高度的主观能动性。

（2）教师要切实改进教学方法。在组织教学过程中要了解学生的心理以及接受能力，用生动典型的事例、通俗易懂的语言以及指引、参与、讨论的方法，加强教学的趣味性、针对性、参与性以及实效性，激发学生的求知欲望，成功地实现深入浅出、寓教于乐、循序渐进的教育理念。

（3）要合理安排教学内容。教学内容需要注意深浅得当，因材施教。在抓理论教学的同时，还要大力开展实践活动，同时把学生和直观教学与课堂教学密切地结合起来，发展学生的观察力、注意力、记忆力、想象力以及驾驭知识的能力，努力把学生培养成为实用的技术型人才。

（4）老师要主动帮助学生解决其学习上的困难。教师要尽量创造条件，组织学生去参加一些课外活动，让学生在实践活动中品尝到学习的趣味感和成就感，从而坚定信念、树立信心，彻底矫治厌学的心理障碍。

3. 帮助学生养成良好的学习习惯，增强学生的专业素养

大多数中职生因缺少毅力，自觉控制能力相对较差，所以在学习中往往会遇到很多的困难，不肯动脑思考，知难而退，或者转向教师、同学寻求答案。所以教师要针对他们这种心理，采用一定方法帮助他们养成独立学习的习惯。除此之外，教师还要教学生自我检查作业的方法，使之养成细心检查作业的习惯。同时要信任与尊重他们，培养他们的创造性，允许他们选择一种自己喜欢的学习方法。

中职教育通常具有一定的职业倾向性，其目的就是培养既要有专业理论又要有专业技能的人才。所以在教学过程中应不断分析社会现象，经常透视社会热点，引导学生"术业有专攻"。

4. 帮助学生排除消极情绪影响，塑造良好个性

中职生对学习有某些情绪或者情感问题，这些情绪、情感问题通常是由于学习产生的，再反过来又严重地厌学，造成学习失败，从而直接影响其自信心。所以教师有必要引导学生，防止学生把这种失败原因归于用功不够，基础知识有缺陷等，尽量防止和消除对抗或者抑郁情绪的产生，使学生有信心改变现状，进而走向成功。

在塑造良好个性方面，一是需要培养学生的成就动机。要善于发现中职生表现出来的良好、积极的学习态度的行为，从正面予以肯定，并且不断强化，让他们有成就感。二是加强意志品质。就是要鼓励他们勇敢积极地去迎接困难，鼓起勇气克服障碍，懂得如何排除障碍，征服挫折，培养其坚定的意志。三是提高中职生的适应能力。教师在教学过程之中要鼓励他们与同学交往，帮助他们主动、积极地适应新环境中的学习以及生活，提供给他们一些独立办事的机会，增强班集体的建设，使每个学生都能感受到集体的温暖。四是要增强就业指导，培养学生竞争意识和服务精神。要消除"中职生就业难"的消极、悲观的心理，应当在教学过程中有计划地开展就业咨询和就业指导等工作，及时向学生公布对

于人才素质的要求和社会所需人才信息，帮助学生树立积极的人生态度，鼓励学生敢于竞争、勇于拼搏的心理建设。

1.4 有效教学理论

1. 有效教学理论的基本概念

有效教学理论是教育学的一个重要分支。它既是一门理论科学，也是一门应用科学；它既要研究教学的现象、问题，揭示教学的一般规律，也要研究利用和遵循规律解决教学实际问题的方法策略与技术。它既是描述性的理论，也是一种处方性和规范性的理论。

2. 有效教学理论的内涵

有效教学指教师遵循教学活动的客观规律，以尽可能少的时间、精力和物力投入，实现教学目标和学生的个性培养与全面发展，取得尽可能多的教学效果。教学的有效性包括如下三重意蕴。

（1）有效果。指对教学活动结果与预期教学目标的吻合程度。

（2）有效率。即以少量的投入换得较多的回报，教学效率＝有效教学时间/实际教学时间。

（3）有效益。指教学活动的收益、教学活动价值的实现，具体是指教学目标与特定社会和个人的教育需求是否吻合及吻合的程度。

3. 有效教学的特征

有效教学是为了提高教师的工作效益、强化过程评价和目标管理的一种现代教学理念。学生只要取得了自己应有的进步和发展，就应当认定是有效教学的体现。有效教学的基本特征有以下几个方面。

（1）关注全体学生。每位教师要树立"双全"意识，既要确立"为了学生发展"的思想，又要树立"全人"的理念。学生的发展是"全人"的发展，而不是某一方面或某一学科的发展，所以教师不要过高地估计自己所教学科的价值，要把学科价值定位在一个完整的人的全面发展上。

（2）关注教学效益。教学效益不同于生产效益，它不取决于教师花最少的时间教最多的内容，而取决于在单位时间内学生的学习结果与学习过程的进展情况。有效教学旗帜鲜明地反对缺乏效益的"奉献"，因为这种意义上的"奉献"其实是在耽误学生的进步与发展。

(3) 关注目标量化。每节课的教学目标要尽可能明确与具体，只有目标具体，措施才具有针对性，也便于检验教师的教学效益。有效教学主张科学地将定量与定性、过程与结果结合起来，全面地评价学生的学习成绩和教师的工作实绩。

(4) 实施反思教学。有效教学迫切地需要教师自觉养成反思与总结的好习惯，做到天天反思、堂堂反思，不断地追问"自己的教学有效吗？""有没有比我更有效的教学？"因此，没有反思性教学就没有有效教学。

(5) 有效教学参与。学生参与包括行为参与、认知参与和情感参与三个方面。学生的情感参与和认知参与成正比。学生的广泛参与使得其自身在学习过程中不断得到启发、激励从而优化知识结构，乃至有所发现、有所创造。

(6) 有效教学策略。有效教学需要教师掌握有关的策略性知识，以便自己面对具体的情景做出策略和选择。如课程开发的基本功、教学策划与设计的基本功、了解学生和与学生沟通的基本功、帮助和指导学生进行"意义构建"的基本功等。

4. 有效教学理论与学习理论、课程理论间的相互关系

(1) 有效教学理论与学习理论。学习理论是教育学的一门分支学科，它是指描述或说明人和动物学习的性质、过程和影响学习的各种因素的学说。有效教学理论是在某种意义上的约定俗成的通例，它阐明有关最有效地获得知识与技能的方法规则。从规范性和处方性角度考虑，有效教学理论关心的是促进学习而不是描述学习。具体地说，有效教学理论主要研究"怎样教"的问题；学习理论主要是在描述和说明"学习是怎样发生的，以及学习开始后会发生一些什么情况"的问题。

(2) 有效教学理论与课程理论。①大教学小课程：俄罗斯、中国教学是上位概念，课程是包含于其中的，只是教学的一部分，因此有效教学理论包含课程理论。课程是教学内容的代名词，属于教学的一部分；课程也往往被具体化为教学计划、教学大纲和教科书三部分，课程理论主要研究教学内容的设计、编制和改革。②大课程小教学：北美课程涵盖的范围要宽于教学，教学只是课程的一个组成部分。教学只是课程的实施与设计，有效教学理论只是课程理论的一个组成部分。

5. 布鲁姆有效教学理论

有效教学理论的形成经历了漫长的历史阶段，从教学经验总结，到教学思想成熟再到有效教学理论的形成。这一进程是人们对教学实践活动认识不断深化、不断丰富和不断系统的过程，其中系统化是有效教学理论形成的标志。主要代表人物是美国的布鲁姆（Bloom）。

进入20世纪40年代以后，美国一些教育家提出要在传授知识的基础上重视发展学生运用知识解决问题的能力，在此基础上，布鲁姆所在的芝加哥大学开始了教学改革。布鲁姆从考试改革入手，改革考试的要求和方法，进而改变教学的目的和方法。在工作和研究中他对教学目标予以了极大的关注，无论是考试改革还是教学改革，重要的是确定教学目标。评价的作用又在于了解学生达到教学目标的程度。1956年，他出版了《教育目标分类学·认知领域》，成为教育评价方面的第一本影响极大的著作。他坚信有效的教学始于

准确地知道希望达到的目标。布鲁姆在 20 世纪 60 年代末开始对改进教学过程与方法发挥学生的学习主动性和学习能力、全面提高教学质量，进行了深入研究，提出了一套完整的"掌握学习"理论。这是他的有效教学理论的核心观点。

（1）教育目标。布鲁姆的"教育目标分类学"是历史上第一部系统的"教育目标分类学"，是个开创，开辟了教育理论的新领域，开阔了人们观察教育的视野，为教育理论和实践增添了一种新的理论工具。其意义还在于冲击了以往课程、设计教学中偏重认知，只强调认知领域中低级心理过程的观念，提出认知领域中的高级心理过程以及情感领域、动作技能领域一整套教育目标体系，使教育目标分类更加完善。另外该理论促成了标准参照测验和教育评价的实现，促成了新的教学模式，即"掌握学习"的产生，使教学质量得到大范围的提高。布鲁姆的"教育目标分类学"的缺点也是显而易见的，过于烦琐、在有些科目中不易进行明确分类、"超越性"并非可以囊括所有学科。此外，教学目标分类过于细微，势必僵化，限制学生创造性思维的发展。

（2）评价理论。布鲁姆的教学评价理论有利于教学任务的实现，为"掌握学习"提供了理论依据。具体表现在：首先，布鲁姆把教学评价和教学目标紧密地联系起来。然后，布鲁姆的教学评价理论，特别是重视形成性评价的作用，对"掌握学习"教学的提出并得以实施具有重要意义。

1.5 建构主义教学模式

1.5.1 建构主义教学模式含义

关于教学模式，美国学者乔伊斯等提出这样的定义："教学模式是构成课程、选择教材、指导在教室和其他环境中教学活动的一种计划或范型。"国内关于这个概念的理解和表述比较多，也有些争议。笔者比较赞成华南师范大学李克东的提法："教学模式是指在一定的教育思想、教育理论和学习理论指导下，在某种教学环境和资源的支持下的教与学活动中各要素之间稳定的关系和活动进程结构形式。"这里构成教学模式的基本要素有①理论基础；②教学的资源与环境；③教学活动及各要素的相互关系；④教学活动进程结构。无论是哪一种教学模式，虽表述上有所不同，但本质属性大致如此。

建构主义的提出，在西方称作当代教育心理学中的一场革命。倡导这个理论的代表人物最早可追溯到瑞士的皮亚杰，他是认知发展领域一位很有影响的心理学家。他认为，儿童是在爱与周围环境的相互作用过程中，逐步建立起关于外部世界的认识，从而使自身的认知结构得到发展。儿童与外部环境相互作用包括"同化"和"顺应"两个基本过程，同化是接受外部新信息,对新信息的意义建构;顺应是适应外部环境,对自身原有经验的改造和重组。建构主义是认知理论发展的一个分支。在传统教学领域中,行为主义理论曾一度占支配地位,它强调学习过程就是刺激—反应的联结,把学习看作对外部环境刺激作出被动反应,把学生作为知识的灌输对象。随着认知理论在教学领域逐步的广泛应用,心理学家对学习者学习过程和认知规律的深入,人们越来越强调学习者的主体地位,强调注意认知主体的内部心理过程,建构主义理论由此兴起。其实,在皮亚杰和布鲁姆早期的思想中已经有了建构的意识。在皮亚杰的理论的基础上,科尔伯格在认知结构的性质和认知结构的发展条件等方面做了进一步研究;斯腾伯格和卡茨等则强调个体的主动性在建构认知结构过程中的关键作用;维果斯基创立的"文化历史发展理论"则强调认知过程中学习者所处的社会文化历史背景的作用。所有这些研究都使建构主义理论得到进一步的丰富和完善。

美国加州大学的维特罗克认为学习的生长过程就是:"学习者原有的认知结构(已经储存在长期记忆中的事件和脑的信息加工策略),与从环境中接受的感觉信息(新知识)相互作用,主动地选择信息和注意信息,以及主动地建构信息的意义。"综上所述,我们可以这样理解建构主义关于学习的解释:"学习者的知识不是通过教师传授得到,而是学习者在一定的情境(自然及社会文化背景)下,借助其他人(教师或学习伙伴等)帮助指导,利用必要的学习资料,通过意义建构的方式而获得。"因此,建构主义学习强调学习是以学生为中心的,教师扮演指导者、帮助者的角色。同时认为"情境""协作""会话""意义建构"是学习环境的四大要素。

基于以上两点,建构主义教学模式可以概括为:以学生为中心,在整个教学过程中由教师起组织者、指导者、帮助者和促进者的作用,利用情境、协作、会话等学习环境要素,充分发挥学生的主动性、积极性和首创精神,最终达到使学生有效地实现对当前所学的知识的意义建构的目的。

1.5.2 建构主义教学模式的特征

一种教学模式要让教师在教学实践中很好地理解、把握、实现,关键的一点就是要充分了解它的特征。限于作者所处的教育实践层面,本着理论联系实际的原则,建构主义教学模式的特征如下。

(1)课堂教学要素多元化。学者关于课堂教学要素的认识可以分三个层次递进表述。第一,传统的"教学论三角形"即要素为教师、学生、教材;第二,认为教学要素不仅如此,还应包括教学目的、方法、环境、评价;第三,随着社会现代化程度的提高,教学要素要拓展教学环境的外延。计算机普及、信息技术的兴起,为课堂教学引入了现代教育技术。同时,教学更强调人文化和社会化,传授知识不仅是在课堂,还可以在社会上和网络中。建构主义教学模式的教学要素应该是涵盖以上所述全部。

(2)师生关系民主化。良好的师生人际关系是教学活动发生的前提,是制约教学效果的一个至关重要的因素,对学生认知和情感领域的目标追求同样起着制约作用。但这里除了说师生关系的一般优化融合,更强调关系中的民主意识。

按照李威特的小团体交往模式理论，教师和学生要形成全渠道型交往模式，教师与学生之间、学生与学生之间都是多向度的交往，是真正个体主动、群体互动。教师不处于核心地位，师生关系亲密，课堂气氛活跃，体现学生的主体地位。因此，教师要注重培养优秀人格，要有爱生之心，要尊重学生的人格和自主权，保护学生兴趣和创新思维。同时，学生要理解教师，强调必要规范的自我约束。

（3）教学的情境性。教学的情境不能简单理解为情境教学法。从目标上，要求教学要为学生学习创设与实际相类似的情境，以帮助解决实际问题为目的；从知识结构上，要弱化学科界限，强调学科交叉和知识的综合性；从方法上，提出问题，引导学生进行探索性、研究性和发现学习；从手段上，要应用计算机辅助教学和互联网技术，为学生虚拟"现实情境"。总之，就是运用科学方法和手段，为学生创设能顺利完成学习任务的"情境"。

（4）教学的交互性。建构主义学习理论重视教学中教师与学生以及人与环境的社会性相互作用，而这种社会性相互作用的集中表现应该是教学的交互性。一是教师的教学行为要以对话行为为主，着眼于师生之间的相互作用。以学生为中心，全面了解学生的需要，为他们安排富有教育意义的环境，使他们主动参加教学活动；二是应用维果斯基"最近发展区"理论，广泛采用合作学习方式。"学生在与比自己水平稍高的成员交往中，将潜在的发展区变成发展的现实，并产生更大的发展可能"；三是运用现代教育技术，把"人机对话"引进课堂。

1.5.3 建构主义教学模式的运用

建构主义教学模式犹如一首完美交响曲。它包括能勾起人遐想的序曲，即创设情境，激发兴趣，主题鲜明的旋律，即情感教学，合理恰当的和声与节奏，即相关的教学方法和现代教学技术。

1. 创设情境，激发兴趣

情境的创设要有目的、有计划，而且类似真实、具有活动性。从教学行为上讲，它可以是以语言、文字、音像、动作呈示为主的呈示行为，也可以采用以讨论、问答为主的问话行为。从形式上看，可以是真实的反映，也可以是网络上的虚拟。关键是要激发学生的学习兴趣，产生学习的原动力。因为兴趣是人对事物的一种向往、迷恋或积极探索追求的心理倾向。

2. 情感教学

列宁说："没有人的情感，就从来没有，也不可能有人对真理的追求。"美国心理学家罗森塔尔的很多实验说明，在良好的感情下，人的记忆力、思维能力较强，有利于智力的发展和发挥。因此，要让课堂教学的过程成为师生情感交流、思想共鸣的过程。在这样的过程中，学生主体地位得以承认，想象力和创造力得以发挥，对学习的参与性得以增强，由此对新知识产生主动的意义建构。

影响教学环境中的情感因素主要有教师的人格特征、教师对学生的态度、教师在教学中的情感投入、教学风格等。因此，每位教师必须提高个人素质，保证做到在课堂上充满情感地教，让学生充满情感地学。实际上，素质教育应该是以人的发展为本的教育，就必然要求在帮助学生探索知识、学习知识、发展知识的同时，塑造学生健康完美的人格。

3. 运用恰当的教学方法和技术手段

运用建构主义教学模式，欲取得好的教学效果，选择与之相匹配的教学方法和技术手段是一个重要环节。方法的选择要符合师生特点和教学大纲要求，要有科学性，体现现代化和人文精神。技术手段的运用要把握教学的情境性和交互性。另外，重点强调开展数学实验教学，使理科教学由逻辑思维为主向直觉思维并重转化；学生学习由接受学习为主向接受学习与发现学习交融转化；目标结构由单一认知向认知与情感相结合转化。

第 2 章 物流相关专业基础

2.1 物流行业发展现状与趋势

物流产业在国际上被喻为促进经济发展的"加速器",并将对中国经济的健康发展产生积极的影响。物流产业的发展之所以受到国际社会的广泛重视,是因为物流产业的发展对现代社会的经济发展具有重要意义,并成为促进经济发展的"加速器"。因此,中国物流产业的发展必将对 21 世纪中国经济的发展产生积极的影响和贡献,成为 21 世纪中国经济发展中的一个热点。

2.1.1 中国物流行业现状

中国实行改革开放政策以来,商品流通规模不断扩大,社会消费品零售总额每年平均递增 15.3%。2009 年社会商品零售总额达 61 135 亿元,比 1979 年增长 17.3 倍。商品流通规模的扩大使流通业自身及相关的行业得到快速发展,已成为第三产业的主体。

1992 年中国政府在商业领域实行对外开放试点,到目前已有 300 多家外商企业以合资合作等多种形式进入中国市场。沃尔玛、麦德龙、家乐福等一些大型跨国商业集团先后登陆,超市、便利店、专卖店、仓储式和会员制的大卖场等各种新的商业形式、业态和经营方式都已采用。外资企业不仅带来了先进的经营理念和管理技术,提高了国内流通业的组织化程度和经营管理水平,也带来了激烈的市场竞争,各种业态的生命周期明显缩短,这使得中国的流通产业现阶段发展带有明显的跳跃性和急速扩张性。

事实上,经济全球化、自由化和网络化的发展,使社会分工趋于鲜明,企业供应链延伸得越来越长,销售渠道变得更加细密。这客观上造成了物流成本在产品成本中的比重居高不下,而且自营无疑加大企业包袱。这些问题迫使企业自己选择第三方物流企业。物流也成为企业的"第三利润源泉";而现代物流的快速发展已形成产业,一大批专业的物流公司涌现并成熟起来,活跃在市场中。

《2013—2017年中国物流行业发展前景分析及发展策略研究报告》数据显示,2011年,全国社会物流总额158.4万亿元,按可比价格计算,同比增长12.3%。2012年上半年全国社会物流总额达到83.6万亿元,按可比价格计算,同比增长10%。报告分析认为由于中国物流行业各细分市场发展前景良好,所以中国物流业快速稳步发展。从专业统计机构对物流行业2014年上半年统计的数据来看,2014年业务总量指数、新订单指数等主要分项指数相比2013年均呈现一定程度的回升。物流活动呈现稳步回升的态势。物流业景气指数小幅提升,业务总量指数保持在55%以上的较高水平,反映出从2014年开始,物流经济延续了年前的平稳运行态势,且稳中有所回升。各主要分项指数的回升幅度均在1个百分点以内,表明供应链上下游的采购、生产和销售等活动尚未完全启动,物流需求增势较为温和。从后期走势看,新订单指数回升,业务活动预期指数回升至55%以上,显示出物流经济具备平稳回升的市场基础。

1. 中国第三方物流的问题分析

(1)物流需求不足,观念落后。物流需求不足是第三方物流企业当前面临的主要问题。一方面,由于第三方物流在中国发展历程较短,企业仍然保留着"大而全""小而全"的经营组织方式,从而使中国目前第三方物流市场占有率不高;另一方面,中国的物流由于长期受计划经济体制的影响,企业领导和职工习惯于传统物资营销方式,与物流企业要求的创新发展能力差距较大,再加上行业垄断、部门分割、地区封锁的体制性障碍尚未完全破除,专业化程度低。

(2)改制改组未到位,企业机制不适应。由于中国长期处于计划经济时代,企业习惯于在计划经济体制下工作,在某些方面处理得不够完善。虽然一些企业"成建制"改,但大多是换个牌子的"翻牌公司",产权模糊、权责不清,现代企业制度远未建成,企业内部三项制度改革不够深化。在改革开放的推动下,物资企业虽然普遍地开展了以人事、用工、分配三项制度为主要内容的企业制度改革,收到了一定成效。但是从整体上来看,物资企业的机制转换还是初步的,在企业管理特别是财务、资金管理上还很薄弱,经济效益低。另外,企业约束机制乏力,没有严明的规范制度。

(3)物流人才匮乏,管理水平较低。中国物流业还处在起步阶段,高等教育和职业教育尚未跟上,人才缺乏,素质不高。主要表现在第三方物流业将朝着信息化、自动化、网络化的方向发展,它要求物流工作人员掌握计算机知识、网络知识、自动化技术,掌握物流优化管理理论与方法。但目前中国物流企业工作人员的业务素质较低,难以达到第三方物流概念的要求,提供综合物流业务;第三方物流不但对物流企业管理自身的能力有很高的要求,还对企业在复杂情况下(兼顾多方需求)的管理和协调能力有很高的要求;而我国的很多企业还停留在经验管理、粗放管理阶段,未能解决好先进管理思想、管理方法、管理技术的实际应用问题;另外,由于技术、设备等条件的落后,所以管理水平难以上台阶。

2. 现代物流的重要性

社会经济的高速发展，离不开物流体系的运作。物流已成为社会经济不可小觑的一部分，在整个国际分工中，中国正逐步成为众多工业品的世界性生产基地，成为跨国公司的加工基地，中国正在跻身于世界生产大国的行列。这在客观上为商品流通业的发展创造了广阔的发展空间，同时也对它提出了产业化的要求。构筑商流、物流的全球性网络，不仅需要基础设施的配套，还需要管理技术、管理手段的更新，流通的产业化发展与升级势在必行。现代物流就是通过仓储、运输、配送等全面综合管理，令整个物流过程缩短时间及降低成本，故现代物流在商业营运流程的地位更为重要，主要原因如下。

（1）商业流程缩短。制造业者为掌握销售通路与利润，逐渐向下游整合，成立体系内销售部门的现象日益普遍，以致中游的批发者或中间商生存空间日渐压缩，甚至被制造业者或零售业者所取代，形成商业流程缩短的现象。

（2）连锁店兴起。为增强竞争能力，形成扩大销售规模以降低销售成本，企业化的连锁经营不仅可扩大营业规模，还可以加强对市场的渗透及销售渠道的掌握。

（3）市场采取薄利多销策略。在市场供过于求的情况下，价格竞争往往导致获利率降低，故加强各项成本控制已经成为企业的生存发展之道。虽然在生产流程的成本降低方面已日渐困难，但在物流方面减少支出，仍有相当空间。现代物流业过去几年的急速发展，使传统企业经营往往要自营与物流有关的业务，从事采购、存货、送货等工作，结果是难以专注于核心业务，而且因为积压存货而增加经营成本。因此，现代企业经营都会利用外判的形式，把非主业，即物流业务交给第三方物流服务公司，借此减少采购人员编制，降低库存，省却仓储费用及设立有关工序所需投资，从而帮助企业提高效率，降低成本，增强竞争力。

3. 推进中国物流业发展的基本思路

（1）基础设施优先战略，加快完善现代物流设施体系。要大力加强以港口、铁路、高速公路为依托的物流基础设施的规划与全面开展现代物流行业的布局和基础设施建设。

（2）网络优化战略，加快现代物流信息服务体系。要构建高质量、高效率、低成本的商品物流中心、配送中心、商业连锁经营网络体系，加强物流科技创新，提高物流综合效益。上海已建立了统计体系，北京也进行了物流的调查。2002 年，中国物流与采购联合会已安排中国物流信息中心完成了全国物流信息统计系统研究，以促进国家统计局把物流统计列入政府统计范围。

（3）机制培育战略，加快培育现代物流市场体系。要积极培育第三方物流企业，建立政府引导、市场导向、企业运作的现代物流运行机制。提出了启动中国物流人才教育工程的设想，分三个层次，一是学历教育，二是继续教育，三是岗位培训。在教育部支持下，已有 47 所大学开设了物流管理与物流工程专业，多层次、多模式、多目标的物流学历教育体系已初步形成。在职教育目前虽然比较混乱，但从另一个侧面反映了巨大的需求，中国物流与采购联合会在劳动部指导下，已制定物流师标准，并已发布。

（4）培育现代物流企业。第三方物流企业是社会分化的一部分和现代物流企业的发展方向，培育一批优秀的物流企业特别是第三方现代物流企业是建立社会化、专业化、现代化物流体系的重要内容。中国物流与采购联合会通过评选"中国物流示范工程"与"中国物流实验基地"来以点带面，同时通过物流企业与企业物流的发展来带动行业物流发展，推动区域经济的全面发展。

（5）物流科技进步。现代物流业既然是衡量一个国家综合国力的重要标志，那么现代物流中必然有科技生产力。在科学技术部支持下，已批准设立中国物流与采购联合会科学技术奖，包括科技进步奖与科学发明奖。

（6）物流界的国际交流与合作。现代物流业是全世界的产业，是一个整体，是庞大的系统工程。各个国家从自己的实际情况出发都成立了物流行业组织，无论是企业，行业组织，还是大学，都需要加强国际间的交流与合作。中国物流与采购联合会和国际物流协会、国际采购联盟以及各国的物流与采购组织有着广泛的联系，并进行多方面的合作。

（7）物流知识普及与舆论导向。要发展物流首先就要让大家知道什么是物流，懂得什么是物流才能知道怎么去干，怎样干得好。中国物流与采购联合会和中国物流学会通过编辑出版物流读物，通过新闻单位加强物流知识普及，并进行正确的舆论导向，使大众对物流有正确的认识。现在物流行业在现实社会如此得到企业的重视，新闻报社有着不可抹灭的功劳。

4. 物流专业型人才的重要性

物流专业型人才的重要性主要体现在以下几个方面。

（1）物流人才是经济建设的第一资源，是物流企业核心竞争力的重要组成部分。当前物流企业间的竞争已经演变为企业人才的竞争，物流企业人才尤其是专业化人才也成为各个物流企业应对行业内激烈竞争、实现企业战略目标和持续发展的首要资源。毫无疑问，物流企业要实现更好、更快发展，就离不开专业化人才的骨干力量。实现物流一体化，发展现代物流业，其关键在于具备一支优秀的物流人才队伍。

（2）专业化人才的匮乏已成为我国物流业发展的瓶颈。在消费者需求以及经济发展的推动下，我国物流业已初具规模，然而，物流人才尤其是专业对口的高级物流人才的短缺，严重制约了我国现代物流的进一步发展。若不能很好地解决专业化人才匮乏问题，我国物流将无法顺利实现产业化发展，更无法成为21世纪我国新的经济增长点。

物流专门人才可以作不同的区分。从学术与理论研究角度，可以有物流学科带头人，也可以有物流理论专家；从物流实践角度，可以有物流企业家，也可以有物流职业经理，这些总称物流专家。

5. 现代物流发展目标

社会的发展需要商品的流通，商品的流通必然产生物流。20世纪80年代掀起的跨国经营和产品本地化生产的浪潮，90年代形成了经济全球化的大潮，都离不开物流的支撑。没有顺畅的国际物流，国际贸易不会扩大，跨国生产和全球采购也难以实现。伴随"全球经济一体化"，将会实实在在地出现"物流无国界"的局面。

为了更好地适应社会经济的发展，在传统的商业模式中，流通效率和竞争优势的取得主要是靠经营规模和管理技术，而规模与技术的背后又主要取决于资本实力的较量。现代物流所依托的信息经济、网络经济打破了以往经济增长的法则，其核心是在很大程度上实现了比特对原子的替代，即数字的传输替代了相当一部分传统的物质运动和信息交换方式，替代了人们面对面必须付出大量时间和交易成本的交流。在时间上的节约和有效利用，使传统经济增长法则和企业运作方式发生了变化。在企业运作中，物流被看成企业与其供应商和客户相联系的能力。一个企业的物流，其目的在于帮助按最低的总成本创造客户价值。物流作业可分成三个领域：配送、制造和采购。这三个领域的结合使在特定位置和地点、供应源和客户之间进行材料、半成品和成品等运输的综合管理成为可能。企业通过存货的移动（存货流）使物流过程增值。

物流管理的目标主要包括：快速回应、最小变异、最低库存、整合运输、产品质量以及生命周期支持等。

（1）快速回应关系到能否及时满足客户的服务需求的能力。信息技术提高了在尽可能短的时间内完成物流作业，并尽快交付所需存货的能力。快速回应的能力，把物流作业的重点从根据预测和对存货储备的预期，转移到从装运到装运方式对客户需求作出迅速回应上来。

（2）最小变异就是尽可能控制任何破坏物流系统表现的、意想不到的事件。这些事件包括客户收到订货的时间被延迟、制造中发生意想不到的损坏、货物交付到不正确的地点等。传统解决变异的方法是建立安全储备存货或使用高成本的溢价运输。信息技术的使用使积极的物流控制成为可能。

（3）最低库存目标是减少资产负担和提高相关的周转速度。存货可用性的高周转率意味着分布在存货上的资产得到了有效的利用。因此保存最低库存就是要把存货减少到与客户服务目标相一致的最低水平。

（4）整合运输。最重要的物流成本之一是运输。一般运输规模越大及需要运输的距离越长，每个单位的运输成本就越低。这就需要有创新的计划，把小批量的装运聚集成集中的、具有较大批量的整合运输。

（5）产品质量。由于物流作业必须跨跃时间所以绝大多数物流作业是在监督者的视野之外进行的。不正确的装运或运输中的损坏导致重做客户订货所花的费用，远比第一次就正确履行所花的费用多。因此，物流是发展和维持全面管理不断改善的主要部分。

（6）产品生命周期支持。某些对产品生命周期严格需求的行业，回收已流向客户的过期存货时构成物流作业成本的重要部分。如果不仔细审视逆向的物流需求，就无法制定良好的物流策略。因而，产品生命周期支持也是物流管理设计的重要目标之一。

2.1.2 中国物流产业发展的前景

物流产业的发展将成为 21 世纪中国经济发展的一个重要的产业部门和新的经济增长点。物流产业发展的历史和国际经验表明，物流产业作为新兴的服务部门，已经进入全面快速发展阶段。相比较而言，中国的物流产业仍然处在起步发展阶段，但在相当一些领域和地区已经表现出快速发展的趋势与潜力。

从物流的细分市场来看，发展迅速的领域主要集中在：一是以三资企业、私营企业等非国有经济为服务对象，"第三方物流"将继续呈现快速发展势头；二是一些优势国有企业在优化内部物流管理的基础上，逐步产生和发展的物流服务需求。上述两部分企业对高效的专业化、社会化物流服务的市场需求将成为支撑中国物流产业发育与发展的主要市场基础。此外，以消费者为对象的物流服务，如商品快运服务、配送服务等也有快速发展，这一方面是我国城乡居民生活水平和生活质量不断提高的一种必然反映，另一方面也是市场竞争和商业流通方式不断创新的内在要求。

从专业物流企业的发展来看，一是更多的外资物流企业进入中国。中国加入世界贸易组织，在公路货运、商品分销、仓储设施等领域的开放，为从事物流服务的外资企业提供了多样化进入中国市场的可能。这些外资物流企业的进入在一定时期内仍将以服务外资企业，特别是跨国公司在中国的生产、销售和采购等方面的物流活动为主。外资物流企业的进入给国内物流企业带来了巨大的挑战和竞争压力，但同时也为国内物流企业提供了学习、借鉴其先进物流管理技术、经营经验的可能，对促进中国物流产业的整体发展是十分有益的。二是民营企业、多元化股权结构的新兴物流企业发展迅速，这类企业经营观念、机制、管理方式能够适应市场快速发展的要求，在合理使用和组织各种物流资源方面优势明显，企业规模和市场份额扩展都十分迅速，是中国未来产业发展进程最为活跃的部分。三是国有经济中的部分传统运输、仓储、批发企业，在其原有业务领域的基础上，通过向物流服务领域延伸，成为物流产业中强有力的竞争者，从中也会有一些企业脱颖而出，逐渐成为专业化物流服务企业。

从物流的区域市场发展来看，经济发展迅速和比较活跃的地区，物流产业发展将快于其他地区，特别是沿海开放城市、重要的枢纽城市和中心城市等将成为区域物流市场快速发展的主要基地。

进入 21 世纪后，随着中国经济的快速发展和经济体制改革的不断深化，中国物流产业将出现加速发展的趋势，其在中国国民经济中的地位将不断提高，成为国民经济中的一个重要组成部分和新的经济增长点。

中国物流产业的发展将从整体上改善国民经济的运行效率，直接提高全社会的经济效益。目前中国经济运行的物流成本远高于欧美发达国家，物流领域的管理水平和效率还比较低，但同时也说明中国物流成本的节约空间还非常大。1998 年以来，山东等地开始了以优化企业物流管理为切入点的推进物流产业发展的试点工作，青岛啤酒、海尔集团、山东东大药业等优势企业通过整合物流资源、完善产品配送服务系统、采用第三方物流服务等，在降低企业物流成本、减少资金占用、降低原材料和产品库存水平以及促进传统储运企业向物流企业转变等方面取得了非常显著的成效。仅青岛啤酒 1999 年就降低物流费用 3900 万元，其中，仓库面积由 7 万平方米减少到 2.96 万平方米，库存下降使资金占用下降了 3500 万元，仓储费下降了 187 万元，市内运输周转费用降低了 189.6 万元。

据世界银行估计，通过发展物流服务业，提高运输效率，加快商品周转与减少资金占用及其利息支出，可以在相当程度上提高全社会的物流效率，降低物流成本。

物流产业发展将促进国民经济各产业部门的健康发展。第一，物流产业发展在促进制造业降低产品成本，提高经济效益的同时，调整传统的"大而全、小而全"的经营组织形式，有助于制造业企业提高核心竞争能力。例如，海尔集团自1999年以来，在推进其物流改革的过程中，一方面，重新规划了企业内部的物流体系和销售物流系统，大力调整了企业内部的物流组织，成立了物流推进本部，将原来分散在采购部门、生产部门和销售部门的物流管理职能集中起来，在专业化物流公司的帮助和指导下，建立了以立体库为核心的企业内部零配件供应物流管理系统，重新调整了各地区销售公司的物流流程；另一方面，通过建立企业内部的信息管理系统和推进物流器具的单元化、标准化，形成了以海尔为中心物流运作系统和独特的物流管理系统，成为海尔在竞争中不断发展的核心竞争能力。

第二，物流产业的发展能够促进新型商业企业和业态形式的发展。随着流通体制改革的深入，传统的批发企业和储运企业已经不能适应目前市场发展的要求，都在寻求新的市场发展空间。如广州商业储运公司、中储股份有限公司、上海物资集团等，近年来都在尝试向物流服务领域延伸，既发挥了企业原有的业务优势，又大大提高了企业物流设施的利用效率和客户服务水平，为传统企业赢得了新的发展空间和利润来源。同样，在零售企业中，特别是近年来迅速发展的连锁商业中，大型连锁商业企业内部的物流配送工作和为中小连锁企业提供服务的物流配送中心也发展十分迅速，多数连锁企业统一采购、统一配送的比例有较大幅度的提高，连锁经营的规模经济优势开始显现出来。

第三，物流产业能够促进运输服务方式的创新和传统运输企业的发展。这主要表现在：一是物流服务需要多种运输方式的集成，从而为客户提供最合理的运输线路，最大限度地节约运输时间和成本。这将促进中国新型运输服务方式的发展，特别是多式联运的快速发展；二是物流服务的中心是满足市场需求，这将改变运输企业以运力为中心的经营观念，进而促进运输企业经营方式的改变；三是物流产业作为服务部门，其服务水平必须与现代经济的生产、贸易以及消费发展水平相适应，这就要求运输企业大力引入现代化管理手段和技术手段，通过提高管理水平和技术水平，获得新的发展空间。

第四，物流产业发展还会带动和促进许多相关领域的发展，如物流设备制造行业、以互联网技术为基础的电子商务的发展等。

中国物流产业发展对提高中国的国际竞争能力有极其重要的影响。一方面，发达的物流产业和基础设施有助于改善投资环境，吸引更多的外国企业和国际资本进入中国市场。目前许多跨国公司和国际先进企业在选择新的区域市场与生产基地时，都非常注重当地的物流设施和物流服务水平。例如，以直销商业模式闻名的美国戴尔计算机公司（Dell），为适应其快速发展需要，选择了田纳西州的纳什维尔市作为其新的生产基地，而没有选择其总部所在地得克萨斯州奥斯汀地区。原因之一就是前者的物流基础设施及服务和当地政府给予的政策支持更具竞争力。由于戴尔公司总部所在地得克萨斯州奥斯汀地区经济发展较快，当地政府对基础设施投资缓慢，所以运输等基础设施已不能适应企业的要求；而田纳西州的纳什维尔市，本身就是美国中部的交通枢纽，拥有快捷的配送网络，而且当地政府对戴尔公司的到来也给予极大的政策支持，主要措施包括捐赠价值650万美元的生产用地，投资改善运输和电信基础设施（仅机场改建就投资1000万美元），并给予其与创造就业机会相互结合的财产税减免政策。另一方面，也是最为重要的方面，在中国已经加入世界贸易组织，中国经济融入世界经济一体化进程加快的背景下，无论是在国际市场还是在国内市场，中国企业都面临着巨大的、全方位的国际竞争压力。加快中国物流产业的发展已经不仅是强化物流领域的竞争能力问题，更重要的是为所有的中国企业和整个国民经济创造一个高效的物流环境，提供高水平的物流服务，从整体上提高中国企业和中国经济的竞争能力，这对促进中国经济发展有十分重要的现实意义。

2.2 物流专业技术的应用

世界经济一体化进程的加快和科学技术的飞速发展，使生产企业间竞争加剧。面临竞争激烈的市场环境，现代企业要求提升技术水平，缩短产品生产和流通周期，改善经营管理，提高产品质量和生产效率，增强企业的竞争优势和适应市场多变的能力。因此，运用先进的物流技术已成为企业今后提高效益和应对市场突变能力的重要途径。

2.2.1 物流专业技术在制造领域的应用

中国制造规模已经很大，但是总体水平还不高，必须加快发展以信息技术为主要代表的高新技术产业，运用高新技术和一些先进实用技术改造传统产业，全面提高中国制造业的竞争力。这不仅是对中国制造业，也是对支撑制造业发展的物流业提出的要求。下面介绍几种主要的物流技术及其在制造业中的应用。

1. 自动识别与数据采集技术

自动识别与数据采集技术其实是现代物流信息技术中的一项关键技术。按照目前国际上的通用定义，自动识别技术包含了自动识别、数据的采集和移动计算三方面的技术。自动识别是指对字符、条码、影像、声音等记录数据的载体进行机器自动辨识并转化为数据的技术，包括条码技术、磁卡技术、射频识别技术、指纹识别技术等。数据的采集是指对识别后的数据进行存储和传递，也是物流技术中普遍采用的技术。移动计算技术是依靠通信技术实时或者准实时地传递识别后的数据，这在国外物流技术中正在逐渐被广泛采用。

1）条码技术

条码自动识别技术是运用条码进行自动数据采集的技术，主要包括编码技术、识读技术、符号表示技术、生成与印制技术和应用系统设计等。条码技术是广泛应用的集光、机、电以及计算机技术为一体的高新技术，是将数据自动采集并输入计算机的重要手段和方法。以汽车制造企业为例，汽车制造是通过流水作业线来完成的，一辆汽车是由成千上万个零件装配而成的，根据汽车型号不同，所需要的零部件的品种和数量也不同，企业在原材料管理过程之中，为每一零件标有唯一条形码，在生产过程管理阶段，不同型号的汽车需要在同一生产线上装配，为了能按用户需求的订单生产并避免差错，在零部件进入装配线前，使用便携式条码数据采集器识别零部件的条形码，确认它是否与所要装配的汽车匹配。在汽车装配完毕后识别整车上的条形码，并且送往成品库，完成产品的成品库管理。其优点在于一方面对生产完成情况做记录，另一方面，不同型号的车辆要通过不同的试验程序。

条码技术无论在企业的原材料管理、生产过程管理、成品库管理、销售过程管理还是在售后服务管理等方面的应用都不是相互孤立的，而是需要紧密联系在一起的，是整个企业生产管理系统的一个有机组成部分。

2）无线射频识别

无线射频识别，是非接触式的自动识别技术，它通过射频信号自动识别目标对象并获取相关数据，识别工作不需要人工干预，可工作于各种恶劣环境。射频识别系统的主要硬件设备包括应答机（标签）、收发器、天线、读写器。将射频识别系统与条码系统结合，可用于智能仓库货物管理，有效解决与仓库和货物流动有关的信息管理。把射频卡贴在货物要通过的仓库大门边上，读写器天线置于叉车上，每个货物都需要贴条形码，所有条形码信息存储在仓库中心计算机里。当货物被装走运往别地的时候，由另一读写器识别并告知计算中心它被放在哪辆拖车上。这样管理中心就可以实时地了解已经生产了多少产品和发送了多少产品，并且可自动识别货物，确定货物的位置。

与传统的条形码、磁卡相比，标签具有非接触、无磨损、不受环境影响、寿命长、阅读速度快、便于使用的特点，具有防冲突功能，能够同时处理多张卡片。射频识别技术可识别高速运动物体并可以同时识别多个标签，操作快捷方便。在国外，射频识别技术已被广泛应用于商业自动化、工业自动化、交通运输控制管理等领域。

2. 基于射频识别的物流信息融合

信息融合方法的实质就是处理不确定信息，可分为两大类：概率统计方法和人工智能方法。将来自传感器、射频识别、全球定位系统和移动智能终端的信息进行融合，不仅可以全程准确跟踪在运货物，还能实时获得在运货物状态完整准确的描述。

仓库采用基于全球定位系统、射频识别、地理信息系统技术的物流监控管理系统可实现运输、保管、配送的信息共享、协同运作并能做到快速反应。物流监控管理系统可分为四个子系统模块：运送监控管理、订单出货管理、收货验证管理和回收验证管理。订单出货管理子系统主要完成把各商品通过射频识别标签化，生成唯一的信息标识，同时生成装箱单；运送监控管理通过全球定位系统和地理信息系统监控关联商品射频识别标签，以实现商品的运送全程的监控；收货验证管理系统在零售商店通过射频识别读卡器扫描送到商店的商品，确认订单商品的准确送达并回执；回收验证管理系统也就是负责回收装运商品的容器管理。

企业能够通过信息融合所获得的在运货物物理和位置的信息，依据物流运作的实时情况，即时调动内外部各种资源，确保货物在规定的时间内按照要求到达目的地，降低运营风险，减少意外损失，提高企业在高端产品和特殊产品物流中的竞争力。

3. 电子数据交换技术

电子数据交换是在公司之间传输订单、发票等作业文件的电子化手段。它通过计算机通信网络传输贸易、保险、运输、银行和海关等行业信息，实现各有关部门或公司与企业之间的数据交换与处理，完成以贸易为核心的全部过程，是将计算机、通信和现代管理技术相结合的产物。

传统企业的贸易过程是在买方向卖方提出订单，卖方得到订单后，进行内部的纸张文字票据处理，准备发货。买方在收到货物发票之后，开出支票，寄给卖方。卖方持支票至银行兑现。银行再开出票据，以确认这笔款项的汇兑。

生产企业的电子数据交换系统就是要把买卖双方在贸易处理过程中的所有纸面单证由电子数据交换订单通信网传送，并且由计算机自动完成全部（或大部分）处理过程。企业收到一份电子数据交换订单，则系统会自动处理该订单，检查订单是否符合要求；然后就通知企业内部管理系统安排生产，向零配件供销商订购零件等；有关部门申请进出口许可证，通知银行并且给订货方开出电子数据交换发票，向保险公司申请保险单等。国际贸易中的电子数据交换系统更是将订单、发货、报关、商检与银行结算合成一体，从而大大加速了贸易的全过程。

4. 智能运输系统

智能运输系统是建立在较完善的道路基础设施之上，将先进的信息技术、通信技术、传感器技术、控制技术和系统综合技术等有效地集成并应用于地面运输系统，从而建立大范围内发挥作用的、准确、实时、高效的地面运输系统。由于运输和配送对地理空间信息和城市道路交通状况有较强的依赖性，所以必然要求将智能运输系统技术和现代物流活动紧密地联系在一起，充分应用地理信息系统技术和全球卫星定位系统、遥感技术以及互联网技术，更好地满足现代企业物流的配送要求。通过智能运输系统技术，企业物流车辆驾驶员可及时获取实时的交通信息，避开拥挤的路段，及时调整其行驶路线以便在客户要求的时间内尽快完成运输和配送任务。企业的物流管理者利用全球定位系统的车辆跟踪定位技术可实时地对在途货物进行监控，既保证运送货物的安全性，也有利于对驾驶员进行监督。此外，当在途车辆或货物出现意外情况时，物流管理者可以按照监测到的信息迅速做出对策，从而提高企业的物流服务水平，加快其工作效率，减少了物流成本。

5. 全球定位系统

全球定位系统是一个结合了卫星及无线技术的导航系统，具备全天候、全球覆盖、高精度的特征，能实时、全天候为全球范围内的陆、海、空的各类目标提供持续的实时三维定位、三维速度和精确的时间信息。将全球定位系统与企业物流管理结合起来的典型示例就是企业的车辆实时监控系统，此系统是一个集全球定位系统技术、地理信息系统技术和现代通信技术于一体的高科技系统。其主要功能是把装有全球定位系统接收机的移动车辆的动态位置（纬度、经度、高度）、时间、状态等信息，实时地通过无线通信网传至监控中心，而后在有强大地理信息处理、查询功能的电子地图上进行移动车辆运动轨迹的显示，并能够对目标的准确位置、速度、运动方向、车辆状态等用户感兴趣的参数进行监控和查询，以确保车辆的安全，方便调度管理，提升运营效率。

6. 地理信息系统

地理信息系统主要是以地理空间数据库为基础，在计算机软硬件的支持下，对空间相关数据进行采集、管理、操作、分析、模拟与显示，并采用地理模型分析方法，适时提供多种空间和动态的地理信息为地理研究与决策服务，从而建立的计算机技术系统。简言之，地理信息系统其实就是一个空间数据库管理系统。

从企业角度上讲，物流管理是通过对原材料半成品和成品的库存进行合理的地理定位，以达到成本最小化的目标。物流管理是全局性的，它的良好实现取决于网络设计的合理性、信息采集的充分度，企业各部门（包括采购、运输、生产、包装和仓储等）的协调性等。将地理信息系统与企业物流管理结合起来，就是在地理信息系统的可视化环境之中对物流进行可视化，实时动态管理。将地理信息系统应用于企业物流管理体现在以下两个方面：①物流管理工作人员用地理信息系统数据库处理各自的日常事务，如采购、运输、订货、仓储等数据的管理；②工作人员应用地理信息系统技术完成日常管理，通过确定性模型解决结构化的问题，如物资的调动、配送路径的选择和运输方式的选择等。

2.2.2 物流专业技术在流通领域的应用

一次完整的流通过程主要包括由生产厂家生产出来后将产品通过仓储、运输、加工、配送到用户、消费者的物流全过程。其中分为以下几个方面：首先，生产厂家把生产的单个产品进行包装，并将多个产品集装在大的包装箱内；其次，经过运输批发等若干环节，在这一环节中通常需要更大的包装；最后，产品通过零售环节流通到最终消费者手中，产品通常在这一环节中再还原为单个产品。人们将上述过程的管理称为供应链物流管理。

1. 条码技术在仓储配送业中的应用

仓储配送是产品流通中非常重要的一个环节。以美国最大的百货公司沃尔玛为例，该公司在全美有25个规模非常大的配送中心，一个配送中心要为100多家零售店服务，日处理量为20多万个纸箱。每个配送中心分三个区域：收货区、拣货区、发货区。在收货区，大多采用叉车卸货。先把货堆放到暂存区，工人用手持式扫描器分别识别运单上和货物上的条形码，确认匹配无误才能进行下一步处理，有的要入库，有的则要直接送达发货区，称作直通作业以节省时间和空间。在拣货区，计算机在夜班打印出隔天要向零售店发运的纸箱的条码标签。白天，拣货员拿一叠标签打开一只只空箱，在空箱上贴上条码标签，然后用手持式扫描器识读。根据标签上的信息，计算机立刻发出拣货指令。在货架的每个货位上都有指示灯，表示哪里需要拣货和拣货的数量。当拣货员完成该货位的拣货作业后，按一下"完成"按钮，计算机就能够更新其数据库。装满货品的纸箱经封箱后运到自动分拣机，在全方位扫描器识别纸箱上的条码之后，计算机指令拨叉机构把纸箱拨入相应的装车线，以便集中装车运到指定的零售店。

2. 电子数据交换在流通业中的应用

电子数据交换指的是按照统一规定的一套通用标准格式，把标准的经济信息通过通信网络的传输，在贸易伙伴的电子计算机系统之间进行数据交换和自动处理，又称为"无纸贸易"。

电子数据交换是一种信息管理或处理的有效手段，它是对流通业中的信息流进行运作的有效方法。电子数据交换的目的主要是充分利用现有计算机及通信网络资源，提高贸易伙伴间通信的效益，降低成本。

电子数据交换在流通业中一个很重要的应用就是快速响应，减少商场库存量与空架率，以加速商品资金周转，降低成本，建立物资配送体系，来完成产、存、运、销一体化的供应链管理。

在国际流通过程之中，电子数据交换可以快速通关报检、经济地使用运输资源，降低贸易运输空间、成本和时间的浪费。

2.3 物流专业就业分析

2.3.1 中职物流就业方向与前景

1. 物流就业前景

随着中国社会主义市场经济体系建立、世界经济一体化进程的加快和科学技术的飞速发展，物流产业作为国民经济中的一个新兴的产业部门，将成为21世纪重要产业和国民经济新的增长点。目前，从中央到地方以及许多市场意识敏锐的企业，已把物流作为提高市场竞争力和提升企业核心竞争力的重要手段,把现代物流理念、先进的物流技术和现代物流模式引入国家、地方经济建设和企业经营与管理之中。但是中国的物流教育仍十分滞后,造成了现代物流综合性人才、企业尤其是流通企业改造传统物流与加强物流管理、城市规划物流系统运筹、第三方物流企业的运作技术操作等现代物流人才严重匮乏,阻碍了经济的发展和经济效益的提高。

物流是一个新生职业,目前就业行情看好,各大城市人才奇缺。今后一段时期,除储存、运输、配送、货运代办代理等领域的物流人才紧缺外,相关的系统化治理人才、懂得进出口商业业务的专业操作人才、电子商务物流人才、把握商品配送和资金周转以及本钱核算等相关知识和操纵方法的国际性物流高级人才将更短缺。

物流管理专业的毕业生可在物流企业、港口、海关、货运公司、商贸企业等就业,就业前景良好。物流专业人才已被列为中国12类紧缺人才之一,缺口达60余万。据了解,目前最为抢手的物流人才,是掌握现代经济贸易、运输与物流理论和技能,且具有扎实英语能力的国际贸易运输及物流经营型人才,其年薪最高可达100万元。

鉴于中国加入世界贸易组织后所面对的机遇与挑战,引进和发展现代物流理论与技术,培养现代物流经营治理的高级人才,已成为当务之急。现在这个专业,市场缺口很大,过去商品从出产到销售经由好几个批发商,从一级批发商到二级、三级批发商层层剥皮,现在能通过物流公司配货,大大减少中间环节,降低企业本钱,所以物流专业很有发展前途。

2. 就业岗位分析

中职物流专业培养的人才要以一定的理论知识作为铺垫,但主要倾向于实用性和操作性。一般而言,从事物流行业的人员可以分为几个层次。第一个层次是操作工,他们基本上都并不太掌握物流的理论知识,主要从事一些体力劳动,如搬运、装卸、货车驾驶员等,通常体力劳动消耗很大,精力旺盛的年轻人或者中年人比较能胜任。这一层次上的人数非常多。第二个层次是基层管理者,这部分人往往有一定的理论知识基础或在某一方面的技能特别突出,如物流客服人员、采购员、车辆调度人员等,这一层次上的人数也比较多,但相比较而言少于第一个层次的人。第三个层次就是中层管理者,这部分人不仅要具有一定的专业知识技能,而且要能胜任管理岗位的工作,如业务经理、客服经理等,都属于企业的业务骨干,同基层管理者相比较,他们熟悉并掌握物流某个环节的流程,并对这个流程进行计划、组织与管理,然而这部分人数也比较少。第四个层次是高级物流管理者,是整个物流系统的设计、掌控者,就属于这个领域的精英,人数也是少之又少。

根据物流行业目前的行业层次的划分就可以清晰地分析出作为中职类院校物流专业的学生的培养方向,不能把自己的学生定位在操作层,因为一旦定位在这个层次,学生在校所学的专业知识就将无用武之地了,也不能体现出中职类院校培养学生的特色。当然也不可能把他们定位在高层管理者,因为客观地讲,学生的条件还远远达不到这样的高度。所以物流管理专业培养人才只能定位在基层管理者,主要是为在物流企业中从事设备的操作、维护，物流信息搜集、加工、整理，企业配送中心管理以及经济核算，储存、运输、配送、货运代理、报关等从事具体工作的中初级实用型人才。将中职毕业生定位在基层管理者这一层次，可以充分发挥中职学生在学校所学的专业知识和技能，在经过一定的社会历练和几年的工作经验之后，他们再向中层管理者挑战并加以冲刺。

目前，根据用人单位电话访谈、问卷调查、网站查阅及文献查阅，适合中职物流专业毕业生从事的典型行业及岗位群见表2-1。

表2-1 中职物流专业毕业生的典型工作

行业方向	典型工作
仓储与配送	仓储部门：收货员、装卸搬运员、发货员、上架员、仓库保管员、拣货员、包装员、质检员、退货员、设备管理员、成本分析员、安全管理员、自动仓库操作员 配送部门：接单员、备货员、拣货员、盘点员、配货员、补货员 流通加工部门：包装检验员、包装员
运输	货运部门：车辆调度员、驾驶员、押运员、维修员、租车员、随车理货员、保险业务员、拼箱员、装卸员、搬运员、叉车操作员
国际物流与货运代理	海运部门：订舱员、市场营销业务员、拼箱业务员、单证员、海运中转科业务员、租船业务员、代运业务员、客服业务员、现场业务员、报关行业务员、报关行内勤 国际货代部门：报检员、审单员、申报员、监卸员、跟单员
物流市场营销与客服	市场营销部门：营销专员、策划专员展运专员、综合管理员、综合业务员、客户销售专员、市场调查专员、公关专员 客户服务部门：客户服务话务员、投诉处理员、客户关系维护员、理赔处理员
物流信息处理	运输信息处理员、配送信息处理员、仓储信息处理员、市场信息员

2.3.2 物流专业中等职业人才的能力要求

1. 基本能力要求

根据中国物流行业劳动力市场的特点和客观需求，考虑不同地区经济、技术、社会和职业教育与培训的发展水平，物流专业中等职业人才普遍来说应具备如下能力。

（1）了解物流企业的基本活动过程并具有初步的工作经验。
（2）具有物流从业人员的精神和气质以及较强的服务意识，爱岗敬业。
（3）熟练运用计算机技术，能进行物流信息的收集、分类、处理、发布。
（4）具有较强的商务交流、人际沟通和合作协调能力。
（5）能够解决本专业的简单技术问题，制订初步的工作计划并组织实施和评估。
（6）具有熟练的安全作业和环保、消防能力。
（7）取得本专业1～2个工种的职业资格证书以及相关的技能证书。

2. 专业能力要求

具体专业方向又各有不同的能力要求。

1）仓储与配送方向

（1）了解仓储与配送的基本流程，以形成对仓储与配送作业的整体认识，掌握物流中心功能区域的相关知识。

（2）具有一般的仓储设备的维护能力。

（3）具有仓储货品进、出、存相关作业流程的计划及实施能力。

（4）能使用装卸搬运设备、计量设备、保管设备、养护检验设备、消防设备、监控设备。

（5）具有仓库安全、返品处理和流通加工等相关作业能力。

（6）掌握仓储与配送所使用的搬运、存储、运输等工具的相关知识，具有合理选择存储设备和配送设备的能力。

（7）具有根据配送计划进行分拣作业、配载作业、送货作业的能力。

2）运输业务方向

（1）具有填制、识读、制作和修改运输单证的能力。

（2）能确定运输线路和审核运价，了解运输保险、理赔的程序。

（3）掌握运输企业岗位所需的业务知识、基本技能，并具有一定的初步经验。

（4）正确进行货物代理作业。

（5）具有安排与监管现场货物装卸搬运和执行特殊货物装卸搬运与运输的能力。

（6）具有一定的组织运输作业的能力。

（7）根据集装箱运输与多式联运的组织形式进行操作。

3）物流营销方向

（1）能应用物流营销中的常用方法，制订初步的物流营销计划。

（2）了解物流营销的基本过程并具有初步的经验。

（3）掌握一定的物流推销技巧，熟悉业态分布和管理规律，具有初步的市场拓展能力。

（4）能用主要的调研方法和技术进行初步的物流市场调查。

（5）具有理财常识，能进行初步的成本和盈亏核算。

（6）熟悉国内物流政策、法律、法规和国际惯例，具备自觉遵守法律法规的意识和习惯。

4）国际物流与货运代理方向

（1）掌握一定的国际贸易知识，例如，贸易术语的含义与应用、国际货物运输保险、国际支付结算方式等。

（2）能够审核和制作各种货运单证。

（3）具有一定的货运代理业务知识和良好的控制能力。

（4）熟悉中国对外政策及有关法律和国际上有关海运、铁路运输、航空运输的主要规则公约。

（5）具备相应的专业英语能力。

（6）具有解决货物事故的索赔和理赔能力。

5）物流信息处理方向

（1）熟知物流信息系统的架构和功能，具有仓储、运输、配送、货代、订货等物流软件的操作和运用能力。

（2）能进行局域网的简单维护并能熟练操作相关网络软件。

（3）具备使用条形码技术、电子数据交换技术、射频识别技术等进行信息处理的能力。

（4）运用常用方法进行数据采集和数据库物流信息编码。

（5）有计算机维护与操作能力、外部设备的操作和简易维护能力。

2.4 物流管理业务流程

（1）营运管理及绩效管理作业。除了上述物流中心的实体作业，良好的物流中心运作更要基于较上阶层的管理者透过各种考核评估来达成物流管理流程中心的效率管理，并制订良好的营运决策及方针。而营运管理和绩效管理可以由各个工作人员或中级管理阶层提供各种资讯与报表，物流管理流程包含出货销售的统计资料、客户对配送服务的反映报告、配送商品次数及所用时间的报告、配送商品的失误率、仓库缺货率分析、库存损失率报告、机具设备损坏及维修报告、燃料耗材等使用量分析、外雇人员、机具、设备成本分析、退货商品统计报表作业人力的使用率分析等。

（2）采购作业。自交易订单接受之后由于供应货品的要求，物流中心要由供货厂商或制造厂商订购商品，采购作业的内容包含由商品数量求统计、对供货厂商查询交易条件，而后依据所制定的数量及供货厂商所提供较经济的订购批量，提出采购单，采购单发出之后则进行入库进货的跟踪运作。

（3）进货入库作业。当采购单开出之后，采购人员进货入库跟踪催促的同时，入库进货管理员即可依据采购单上预定入库日期，做入库作业排程、入库站台排程，而后于商品入库当日，当货品进入时做入库资料查核、入库品检，查核入库货品是否与采购单内容一致，当品项或数量不符时即做适当的修正或处理，并将入库资料登录建档。入库管理员可依一定方式指定卸货及栈板堆叠。对于由客户处退回的商品，退货品的入库亦经过退货品检、分类处理而后登录入库。

一般商品入库堆叠于栈板之后有两种作业方式，一种方式为商品入库上架，储放于储架上，等候出库，有需求时再予出货。商品入库上架，由计算机或管理人员依照仓库区域规划管理原则或商品生命周期等因素来指定储放位置，或于商品入库之后登录其储放位置，以便日后的存货管理或出货查询。另一种方式为直接出库，此时管理人员依照出货要求，将货品送往指定的出货码头或暂时存放地点。在入库搬运的过程中，由管理人员选用搬运工具、调派工作人员，并做工具、人员的工作时程安排。

（4）库存管理作业。库存管理作业包含仓库区的管理及库存数控制。仓库区的管理包括货品在仓库区域内摆放方式、区域大小、区域的分布等规划；货品进出仓库的控制遵循先进先出或后进先出的原则；进出货方式的制订包括货品所用的搬运工具、搬运方式；仓储区储位的调整及变动。库存数量的控制则依照一般货品出库数量、入库所花时间等来制定采购数量及采购时点，并做采购时点预警系统。

（5）补货及拣货作业。根据对客户订单资料的统计，可知道货品真正的需求量。而在出库日，当库存数足以供应出货需求量时，即可依据需求数印制出库拣货单及各项拣货指示，做拣货区域的规划布置、工具的选用及人员调派。出货拣取不只包含拣取作业，更应注意拣货架上商品的补充，使拣货作业得以流畅而不至于缺货，这中间包含了补货水准及补货时点的制订、补货作业排程、补货作业人员调派。

（6）流通加工作业。商品由物流中心送出之前可于物流中心做流通加工处理，在物流中心的各项作业中以流通加工最易提高货品的附加值，其中流通加工作业包含商品的分类、过磅、拆箱重包装、贴标签及商品的组合包装。而欲达成完善的流通加工，必须执行包装材料及容器的管理、组合包装规则的制订、流通加工包装工具的选用、流通加工作业的排程、作业人员的调派。

（7）出货作业处理。完成货品的拣取及流通加工作业之后，即可执行商品的出货作业，出货作业内容主要包含依据客户订单资料印制出货单据，制订出货排程，印制出货批次报表、出货商品上所要的地址标签及出货检核表。由排程人员决定出货方式、选用集货工具、调派集货作业人员，并决定所运送车辆的大小与数量。由仓库管理人员或出货管理人员决定出货区域的规划布置及出货商品的摆放方式。

（8）配送作业。配送商品的实体作业包含将货品装车并实时配送，而达成这些作业则需事先规划配送区域的划分或配送路线的安排，由配送路径选用的先后次序来决定商品装车的顺序，并于商品的配送途中做商品的追踪及控制、配送途中意外状况的处理。

（9）订单处理作业。物流中心的交易起始于客户的咨询、业务部门的报表，而后由订单的接收、业务部门查询出货日的存货状况、装卸货能力、流通加工负荷、包装能力、配送负荷等来答复客户，而当订单无法依客户的要求交货时，业务部加以协调。由于物流中心一般均非随货收取货款，而是于一段时间后，予以结账，因此在订单资料处理的同时，业务人员需依据公司对该客户的授信状况查核是否已超出其授信额度。此外，在特定时段，业务人员需统计该时段的订货数量，并予以调货、分配出货程序及数量。退货资料的处理亦该在此阶段予以处理。另外业务部门需制订报表计算方式，做报表历史资料管理，制订客户订购最小批量、订货方式或订购结账截止日期。

（10）会计作业。商品出库后销售部门可依据出货资料制作应收账单，并将账单转入会计部门作为收款凭据。而于商品入库后，则由收货部门制作入库商品统计表以作为供货厂商请款稽核之用，并由会计部门制作各项财务报表以供营运政策制订及营运管理参考。

2.5　物流管理人员应具备的能力

由于物流业务落后，物流人才需要具有前瞻性，即不受现有的机构、制度和一些做法的约束。特别是物流管理人员必须具有能够创造合理化的物流条件，并具有组织年轻人为物流合理化而奋斗的魄力，物流业务是一项新事物，应具备开拓未知领域的先驱者的气概，因为物流较多地受其他因素的制约，必须具有向这些制约因素挑战的精神以及为构筑最好的物流系统所应具有的系统思考（总体思考）的能力。具体而言，物流专业人员应具备以下基本能力。

（1）对于现代综合物流的新的理念和运作模式有突破传统的认识，由此能进一步发展对物流的认识，提出新的物流运作的模式。

（2）对于物流的各个环节的业务具有同等的认知。未来从事物流业的人才往往现在从事的是物流业中的某一个环节的业务，如航运、仓储、公路运输、铁路运输、货物包装、信息管理等。但是，一个物流业务人员应该将其知识延伸到物流的其他领域，逐步建立起物流系统的概念，能统筹考虑整个物流运作的安排。

（3）对于计算机网络技术有较深刻的理解，并能在业务中对物流信息管理的计算机网络系统提出需求。

（4）对于物流各个环节的有关技术有一定的知识，能够合理使用和调配这些设施和设备。

2.6　物流管理专业术语

MM（PD）　　material management　物料管理（physical distribution　产品销售物流）
ILM　　　　integrated logistic management　综合物流管理
SCM　　　　supply chain management　供应链管理
TCO　　　　total cost of ownership　　所有权总成本
MRP　　　　materials requirement planning　物料需求规划
MRP Ⅱ　　　manufacturing resource planning　制造资源计划
ERP　　　　enterprise resource planning　企业资源规划

LSP（ISP）logistic supply provider　物流供应提供商（integrated service provider　综合服务提供商）
MTO　　make-to-order　按订单生产（推式）
MTS（MTP）make-to-stock = make-to-plan　按计划生产（拉式）
ATO　　　assemble-to-order　按订单装配
KPI　　　key performance indicator　重要绩效指标
SKU　　　stock keeping unit　库存单位
LT　　　lead time　前置期
VAS　　　value-added service　增值服务
CRM　　　customer relationship management　客户关系管理
JIT　　　just-in-time　（准时制）零库存
MPS　　　master production schedule　主生产计划
BOM　　　bill of materials　物料清单
EOQ　　　economic order quantity　经济订货数量
OEM　　　original equipment manufacturer　（原始设备制造商）生产外包
ROP　　　reorder point　再订货点
LP　　　lean production　精益生产
TL　　　truck load　整车运输
LTL　　　less-than-truck load　零担运输
FCL　　　full container load　整箱
LCL　　　less than container load　拼箱
FAK　　　freight-all-kind　均价费率
TOFC　　　trailer on a flatcar　平板车装运载箱拖车
COFC　　　container on a flatcar　平板车装运集装箱
DC（RDC）distribution center　分销中心（regional distribution center 地区分销中心）
AS/RS　　automated storage and retrieval system　自动化存取系统
RFID　　　radio-frequency identification　无线射频识别
Performance cycle　（履行周期的时间）运行周期
Trade off　效益背返关系
Core competence　（主业）核心竞争力
Fill rate　订单履行率
Safety stock　安全库存
intermode（multi-modal）多式联运
land-bridge（mini-bridge）大陆桥（小陆桥）
cross-dock　越库 穿仓 直接转运
postponement　延迟
WIP　　work-in-process　在制品

ISO   International Organization for Standardization   国际标准化组织
EDI   electronic data interchange   电子数据交换
TCM   total cost of manufacturing   总生产成本
TQM   total quality management   全面质量管理
S&OP   sales and operating planning   销售和作业计划
CPFR   collaborative planning，forecasting，replenishment   联合计划，预测，补货
MAD   mean absolute deviation   误差绝对值
FOB   free on board   原产地订货方式
DRP   distribution requirements planning   分销要求规划
QR   quick response   快速响应
VMI   vendor-managed inventory   供应商管理库存
PR   profile replenishment   系列补货
TMS   transportation management system   运输管理系统
EDLP   everyday low pricing   天天低价
FIFO   first in first out   先进先出
WMS   warehouse management system   仓库管理系统
MCS   master cartons   主货箱
P/D   pickup and discharge   取货和卸货站
SDWT   self-directed work team   自我指导工作组

第3章 中职物流相关专业的教学分析

3.1 典型职业任务分析和教学目标

3.1.1 物流典型职业任务分析

1. 物流经理

(1) 控制仓储与送货成本以符合公司目标。
(2) 全面负责审批物流配送计划。
(3) 保持实际存货的高度精确性。
(4) 全面负责物流作业,确保物流体系的正常运作。
(5) 安置、组织并调动整个团队充分执行目标要求的任务。
(6) 负责根据市场需求制订物流服务初步计划,并组织协调各部门按计划进行生产。
(7) 负责监督、指导物流服务所需基础设施和对工作环境的控制,确保服务需求得到满足。
(8) 要确保区域层面上的最优组合。
(9) 管理物流供应商以使货物送达目标客户手中,并不断提升对客户的服务水平。
(10) 提供实时管理和作业报告,确保计算机系统和手工操作系统数据精确。
(11) 确保正确执行各类服务作业指导书。
(12) 保证日常操作顺畅高效有序。

2. 物流规划专员

(1) 制订配送渠道建设和考评的指导政策。

（2）对公司物流、供应链运作模式及物流配送网络进行规划和设计。
（3）贯彻落实公司的相关工作流程，建立、健全公司的物流管理制度。
（4）组织制订产品开发项目的整体物料预算，监控实际开发过程之中的物料使用，并进行物料预算符合度分析。
（5）承担产品新旧版本切换的预警、实施监控、方案评审等工作，保证新旧版本切换有序进行。
（6）根据产品的开发进度，组织评审、制订产品开发各阶段物料需求计划并对其监控实施。
（7）要组织协调新产品上市初期小批量发货工作，保证及时供货。

3. 采购主管

（1）拟定并执行公司采购策略。
（2）调查、分析和评估市场，明确客户的需要并及时抓住采购时机。
（3）对采购助理和其他相关员工进行管理，以确定采购的产品符合客户的需求。
（4）按照产品的价格和质量对产品进行分类，有效地管理特定货品的计划和分配。
（5）发展与维护总部和区域采购部、销售部、市场部、物流以及其他的相关职能部门的内部沟通渠道。
（6）改进采购的工作流程和标准。通过尽可能少的流通环节，减少库存的单位保存时间，预防额外收入，以达到存货周转的目标。
（7）向管理层提供采购报告单。
（8）发展、选择并处理与当地供应商关系，如价格谈判、采购环境、产品质量、供应链以及数据库等。

4. 采购专员

（1）搜集、分析、汇总并负责考察评估供应商的信息。
（2）签订并送审小额采购合同。
（3）编制单项材料采购计划并且实施采购。
（4）填制与货物入库相关的单据，并且积极配合库房，确保保质保量完成采购货物的入库。
（5）协助采购经理处理日常进出口业务，以完成采购订单制作，确认、安排发货和跟踪货物的到货日期。
（6）编写单项采购活动的分析总结报告。
（7）完成上级所交办的其他工作任务。

5. 仓储主管

（1）依据公司的生产销售能力，确定原材料以及产品的标准存量。
（2）定期编制采购物品的进货台账、退货台账以及库存台账，报送财务部和生产部。

(3) 定期编制商品入库台账、出库台账和库存台账，报送生产部和财务部。
(4) 及时与生产部和市场部沟通，保证生产用的原材料库存供给及时和市场部发送产品所需的库存供给。
(5) 制订并实施材料库及成品库的管理制度和管理方法。
(6) 组织相关人员保证材料库与成品库的仓储环境，确保库存产品或者材料的材质不变。
(7) 完成上级交办的其他工作任务。

6. 仓库管理专员

(1) 核对所有货物的入库凭证，清点入库货物，与送货员办理交接手续。
(2) 安排货物的存放地点，并登记货位编号和保管账。
(3) 根据销售情况调整、控制库存数量，并及时配货。
(4) 管理货物进出库，如入库商品质量检验与核对、商品堆码等。
(5) 填制、报送各种商品的单据，定期盘点商品并上报盘点报告。
(6) 完成上级交办的其他工作任务。

7. 商品保管员

(1) 本着区、架、层、位的原则把商品码放上架。
(2) 审查入库手续完整性，以清点实物入库。
(3) 如发现货单上数量与实数不符合，应该及时书面通知。
(4) 定期盘点，做到账实相符、账账相符。
(5) 及时、准确地包装产品。
(6) 按企业规定的准则（如先进先出、后进后出等）及时、准确发货。

8. 运输主管

(1) 提出关于运输工具或运输方式上的建议。
(2) 选择并评价最佳送货路线和方式。
(3) 检查货物丢失和损坏情况，并及时进行问题处理。
(4) 组织、指导有关订单货物送达活动。
(5) 作为组织代表就有关事宜同政府部门进行沟通。
(6) 评价送货人关于工作质量、送货及时性和费用情况。

9. 运输专员

(1) 正确填写商品运输单证，办理商品托运手续。
(2) 编制商品运输计划。
(3) 进行商品的组配。
(4) 能正确填写商品《运输统计表》和《运输事故查询书》。
(5) 组织接受和中转商品。

（6）监督承运人员装卸商品的全过程。
（7）指导并协助装卸人员搬运、堆码和装载待运商品。
（8）签发护运票，做好护运记录。
（9）办理商品交接手续。
（10）对护运途中发生的商品损坏进行可行性修复。

10. 调度员

（1）在运输主管领导下开始工作，协助主管抓好各项规章制度，并认真落实。
（2）经常征求用户、驾驶员的意见，并不断改进工作，提高服务质量。
（3）负责有关运输任务的安排和车队人员的考勤工作，做到服务热情、调度合理，达到客户、领导和驾驶员"三满意"。
（4）抓好车辆的安全检查工作，协助做好各种数据的统计报表工作。
（5）负责安排节假日、夜间值班的人员。

11. 信息管理专员

（1）负责信息的搜集和整理。
（2）负责开展电子商务。
（3）确保质量管理体系在本部门的正常运行。

12. 客户管理专员

（1）协助物流部门开发和维系客户关系。
（2）整理客户信息及报价。
（3）保持与客户的紧密联络，跟进货物运输状态并反馈。
（4）协助操作部门妥善解决客户的问题或投诉。

3.1.2 教学目标的确立

1. 教学目标概述

1）教学目标的定义

教学目标是指对于教学活动的预期结果所要达到的标准或要求而作的规定或者设想。因为教学活动所要达到的预期结果就是学生的身心发展，或者是有规律、有秩序的身心变化，所以教学目标其实是对教学活动所要促成的身心变化要求达到的标准、要求所做的规定或者设想。换句话说，所谓教学目标，也就是通过教学活动所欲促成的预期的身心变化。

因为教学目标受到教育目的、培养目标的支配与制约，所以其制订要以教育目的、培养目标为依据，以确保教育目的、培养目标和课程目标在教学中得到充分体现。教学目标包括专业教学目标、课程教学目标、单元教学目标和课时教学目标四个层次。在教学过程中要分单元,而单元教学目标应当支撑教学目标。单元教学目标之中还应包含学生在完成本单元的学习任务后其自身心理结构的变化。课时教学目标就是教学目标中最具体和最具操作性的目标,它是单位课时教学后所需要达到的目标。

2)教学目标的分类

在职业教育领域之中,对于教学目标的分类,人们通常会想到布鲁姆的分类方法。但是事实上,霍恩斯坦所提出的教学目标分类框架,更加适合于职业教育教学目标的分类。他将教学目标划分为四个领域,分别是认知领域、情感领域、动作技能领域和行为领域。下面进行具体介绍。

(1)认知领域。认知领域包含如表 3-1 所示五个层次的目标。

表 3-1 认知领域目标层次

层次	目标	内涵	分层次
1	概念化	在一个特殊的情境中认出、定义、概括一个思想的能力	认出
			定义,也就是识别一个概念的本质特征、范围以及意义的能力
			概括,也就是把一个思想、物体或现象的各个部分加以综合以便能够传递出一个概念的所有方面和性质的能力
2	理解	翻译和解释一个思想,并且判断内容信息的能力	翻译,也就是把信息转换成另一种形式的能力
			解释,也就是解释概念和相互关系的能力
			推断,也就是由给予的信息进行推理的能力
3	应用	澄清一个问题或一种情境,且用适当的原理与程序解决一个具体问题或者情境的能力	澄清
			解答
4	评价	描述和分析信息与资料或者情境以进行评判的能力	描述,也就是把信息与一个应当遵循的准则或标准作对比时识别其差异的能力
			分析,也就是把物体或思想分解成更简单的部分,并了解部分如何联系或组织起来的能力
5	综合	假设或者解决产生新的办法或者答案的复杂问题的能力	假设,也就是做出尝试性的假定以引出或检验逻辑或经验的结果的能力
			解决,也就是回答复杂问题的能力

(2)情感领域。情感领域的目标可分为表 3-2 所示五个层次的目标。

表 3-2 情感领域目标层次

层次	目标	内涵	分层次
1	接受	觉察、愿意和注意的意向	觉察,也就是意识到一个人周围的生活倾向
			愿意,也就是选择容许和考虑特定的经验,而不是忽视和拒绝它们
			注意

续表

层次	目标	内涵	分层次
2	反应	默认、遵从和估价一种反应情境的倾向	默认
			遵从，也就是在很少有或没有督促的情况下行动的倾向
			估价，也就是估价一个人关于一种反应的感情倾向
3	价值评价	认可、更喜爱和确认一种价值的倾向	认可
			更喜爱
			确认，也就是通过经验证实一种价值之重要性的倾向
4	信奉	相信并将一种价值作为指导原则的倾向	相信
			承诺，也就是内化并坚持一种价值原则的倾向
5	举止	遵照一种价值或信念显示和改变行为的倾向	显示，也就是遵照某种价值或信念而行动的倾向
			改变，也就是遵照价值和信念调整或升华行动的倾向

（3）动作技能领域。动作技能领域的目标包括如表 3-3 所示五个层次的目标。

表 3-3 动作技能领域目标层次

层次	目标	内涵	分层次
1	知觉	接受和认识到关于概念、思想、物体以及现象的详情的能力	感觉
			辨认，也就是认出并将特定刺激和提示与特定概念、思想、物体或现象联系起来的能力
			观察
			意向，也就是了解、领悟和识别一个概念、思想、物体、现象的作用或者价值的能力，以及以一定的方式摸索或行动的意向
2	模仿	激活、模仿和调节自然能力以形成一种符合一般模式或者情境的行动或行为样式的能力	激活，也就是开始实施符合一般模式的自然的行动能力
			模仿
			协调，也就是按照控制的动作次序或顺序，以适当的程度模仿行动的能力
3	整合	将适当动作结合起来并以达到技能认定的质量和特征做出动作	统整，也就是把两种或更多的能力转换或者结合成更复杂的样式或任务的能力
			标准化，也就是以达到技能认定的规定的质量和特征执行任务的能力
4	创作	保持并调适能胜任的、有效的技术和技能以执行指定的职责的能力	保持，也就是执行规定的或期望效果活动程序的能力
			调适，也就是把技能与方法的变化注入正在进行的实践之中的能力
5	熟练	创始和完善技能的能力与愿望	创始，也就是有目的地、有创造性地改变任务以及技能的构成来产生新的技巧、过程和作品的能力
			完善，也就是寻求和达到更高水平的能力、专长、艺术才能、智慧、敏感性的能力与愿望

(4) 行为领域。行为领域是认知领域、情感领域以及动作技能领域的综合。行为领域包括表 3-4 所示五个层次的目标。

表 3-4 行为领域目标层次

层次	目标	内涵	分层次
1	获取	在特殊的情境中接受、知觉并使一个概念、思想或者现象概念化的能力	接受
			知觉
			概念化
2	同化	在一种情境中理解并做出适当反应的能力，它是将概念、思想和观念转换或改变为类似情境的能力	反应
			理解
			模仿
3	适应	改变与指定的质量、依据和标准相符合的知识、技能和性格的能力	价值评价
			应用
			整合
4	施行	对情境进行评价和产生结果的能力，即根据情境描述、分析、评价和整合知识、价值和信仰的行动	信奉
			评价
			创作
5	达成	综合知识和精通相关技能并将这些表现在行为中的能力	举止
			综合
			熟练

3）教学目标的功能

（1）导向功能。日常物流教学活动开展的前提基础是要进行教学设计，而教学设计是以教学目标为根据的，教学设计是为实现中职物流专业教学目标服务的。在物流教学活动之中，教师的教学行为是由教学目标支配的，与此同时，学生的心理结构的构建也是由教学目标决定的。此外，教师的水平、教学内容、教学方法、学生的状况、教学设施与空间因素的完整性、和谐性以及物流教学活动展开的阶段与步骤的有序性、连贯性，都必须以教学目标的实现为前提进行协调。所以只有确定明确的教学目标，才能够进行中职物流专业教学设计。

（2）激励功能。教学目标为学生提供了明确的发展方向和预期的发展结果，并且物流专业教学目标的制订，主要是以物流职业岗位的要求及学生身心发展的需要为依据，一旦学生有了清晰而且明确的目标意识，且把它延伸到行为领域并同行为相联系时，动机也就相应形成了，因此，物流教学目标的制订，能激发学生学习的动力并提高学生学习的积极性，激发学生产生强烈的学习愿望。这其中激励作用的大小主要由教学目标是否高低适度决定，只有教学目标高低适度，才能激发学生的学习动机，如果教学目标过高，就会令学生望而生畏；假如教学目标过低，学生学习的潜能又很难得到发挥。

（3）标准功能。物流教学目标确定以后，测评物流教学效果的尺度就成了是否会达到既定目标。物流教学目标的制订为教学测评提供了衡量的尺度，而教学评价信息的反馈又为物流教学目标的确定提供了关键的参照。教师的教学活动就是紧密围绕教学目标组织并且开展的，而教学效果如何，是否达到预期结果，就成为进行职业教育教学活动评价的重要内容。但因为物流教学目标要在教学活动开展之前制订，所以为了更好地发挥其标准功能，物流教学目标一定要合理、客观，否则测评的效度、信度、难度以及区分度都将失去合理的保障。

2. 教学目标的确立原则

根据加涅的观点，在描述学习目标时应力求做到精确化，从而避免传统描述中所存在的模糊性。通过实验，心理学家耐特（Knight）和瑞莫斯（Remmers）发现，学习者一旦明确学习目标，就会产生一种强烈学习动机。

1）规范的教学目标包含的要素

（1）主体——谁？学习者。教学目标是指学习者的行为，而不是教师的行为，有的教学目标描述成"教师给学生……"或"教师将说明……"都是错误的。规范的教学目标开头应阐述成"学生应该……"。

（2）行为——做什么？即要求的目标行为内容。选择最合适的行为动词来描述由学生完成的动作或活动，并且在行为动词后面跟上所学课题内容的具体描述。

（3）条件——在什么条件下？表示学习者完成规定行为时所处的环境。相同的行为表现，假如条件不同，行为的性质也将有所变化。

（4）标准——做到什么程度？即表示所要求的行为要完成的质量水平。标准的设立不仅使教师评估学生完成行为的好坏有了根据，而且对学生有很大帮助，他们知道教师的评判，也能够对自己做出判断。

2）教学目标的描述原则

（1）学生主体原则。编制教学目标应该充分体现出以学生为主体，以教师为主导的原则，从改进学生心理结构出发制订教学目标。在描述的时候，无论是一般的还是具体的，都需要把每项行为目标描述成学习者的行为而并非教师的行为。无论是一般的还是具体的，都需要把每项行为目标描述成学习者的最终行为而并非写成教材、教学程序或学习过程。即要按照学生自身的情况将每项行为目标的水平规定得恰到好处。

（2）可测度原则。教学目标的可测度性主要是由教学这一实践活动所要求的。原因是只有在教学目标具有可测度性的情况下，教师才能对学生的学习做出正确的评价，并且及时开展有效的教学活动。在编制教学目标的时候，为使教学目标具有可测度性，要注意以下三点：这个行为应是短时间内能完成的；用可被观察到的行为来描述教学目标；尽量能单独完成。

（3）可操作原则。可操作指的是教学目标的具体化以及规范化。为了令教学目标在教学实践中能够得到落实，所编制的教学目标应当具有可操作性。马杰（Mager）认为，规范、具体、完整的行为目标一定包含三个要素：一是谁（即学习者）；二是做什么（即要求的行为);三是已经做到什么程度(即要求的行为的水平,也就是可以接受的行为的标准)。如果教学目标的可操作性不强,就会导致教师教的方向和学生学习的方向笼统不清,从而给教学增加负担。而克拉克(Clark)和斯塔尔(Starr)则对编写教学目标时应该注意的问题进行了更为详尽的阐述。

①应该明确达到教学目标的时间。
②应该有一个关于具体行为目标的充分的抽样来说明每项比照一般的目标是否已经达到。
③应该明确地写清楚每一项行为目标,如理解、了解、掌握及鉴赏等。
④应该以描述最终行为的具体行为目标的实例来确定各项一般的行为目标。
⑤应该使各项行为目标只包含一项学习成果,并不是学习成果的组合。
⑥应该使行为目标包括复杂的、高级的认知和情感目标,这些目标写起来困难,因而通常被忽视。

描述教学目标的主要方法有五要素目标表述法、ABCD法、内部过程和外显行为等相结合的方法。与其他的方法相比,五要素目标表述法对目标的界定更为详尽。这一方法中学业行为的目标主要包含:行为的情境;习得能力的类型;运用习得能力的具体行为;行为的对象;与行为有关的工具、条件或者限制等五个方面。

3. 教学目标的确立步骤

物流教学目标的确立大致可分为以下五步:物流专业教学目标体系的确立、教学科目教学目标的确立、教学单元教学目标的确立、单节教学目标的确立以及教学环节教学目标的确立。

(1) 物流专业教学目标体系的确立。物流专业教学目标体系指的是建立在相应的中职学生物流专业培养方案基础上的。运用现代课程理论方法建立的中职物流专业培养方案,为物流教学目标体系的确立提供了清晰的课程目标和课程内容。所以建立物流专业教学目标体系一方面要深入研究中职物流专业培养方案,尤其是要把握住课程目标,即学生心理结构构建目标;另一方面要根据课程目标,找出学生在技能、知识、态度等各个方面存在的差距,确定教学任务,构建起物流专业教学目标体系。

(2) 教学科目教学目标的确立。整个物流专业教学目标的实现需要以教学科目教学目标为依托。因此,需要根据物流专业教学目标进行划分,以形成教学科目教学目标。

(3) 教学单元教学目标的确立。因为物流教学活动通常都是以教学单元形式进行的,所以需要编写单元教学目标。一种方法是利用布鲁姆的教育目标分类法进行物流专业单元教学目标编制,把单元教学内容归入认知(知识)、情感(品性)、技能(心智技能和操作技能)三大类;另一种方法是用霍恩斯坦的教育目标分类法,是把单元教学内容分为认知、情感、技能以及行为,从而构成单元教学目标。

(4) 单节教学目标的确立。在对中职物流专业学生所需要达到的单元教学目标(知识、技能、态度)及其三者之间的关系进行具体剖析的基础之上确立单节教学目标。对已经确定的单元教学目标(母目标)进行提问并进行相关分析,发现单元教学目标要求学生具备哪些次一级的从属能力（子目标）。子目标是衡量母目标是否达成的一个具体指标，母目标的达成取决于子目标的逐一实现。

物流专业单元教学目标的细目分解，往往要求在一项母目标之下列举4～5个子目标，而各项子目标的确定，一定与学生的具体情况相联系，从而了解学习者是否已掌握了学习新内容所应具备的相关知识以及相关技能。教师可以通过观察、访问、谈话、开调查会等多种多样的方法，了解学生的成熟程度、学习基础、心智发展水平、态度等，以确保教学目标的高低适度。此外还需注意的是，母目标与子目标均要表示学生的学习结果，而不是教师期望做什么。

（5）教学环节教学目标的确立。在物流教学过程之中，按照能力形成的过程，安排了多个教学环节。每个教学环节应该达到什么样的教学目标对物流教学方案的设计也非常重要。教学环节教学目标通常包含知识的学习结果、技能的学习结果和态度的变化结果等。

3.1.3 物流专业教学目标确立的示例

以某中职学校物流专业为例来进行说明。该中职学校物流专业招收初中毕业或者相当于初中毕业文化程度的毕业生，学制一般为全日制三年。培养适应中国经济发展及物流行业变化的需要，德、智、体全面发展，以完善人格作为根基，具有良好职业道德和行业规范，掌握必需的文化基础知识，具有相应的综合职业能力，能胜任货运代理、仓储配送、物流信息操作、运输业务、港口码头作业等相关岗位群的初、中级物流作业专业人员。

该专业的毕业生要求可以在运输企业从事物流运输业务工作；在配送中心从事物流配送业务工作；在仓储企业从事保管、装卸、拣取、检验、流通加工等一线操作；在港口码头从事物流相关工种的工作；在企业中从事市场调研、业务咨询、营销计划、客户服务、业务洽谈与揽货、信息管理等工作；在企业中从事国内外现代物流信息采集、处理等相关业务工作。根据上述要求，该专业教学目标应该包括以下内容，以满足学生健康的发展和未来社会的要求。

（1）专业教学目标。根据专业的培养方案确立了专业的教学目标，该目标是由基本素质、社会能力、专业能力构成的。图3-1所示为该校物流专业的教学目标。

（2）科目教学目标。根据该校物流专业的培养方案和相应教学科目的课程大纲或者实训大纲，可确立教学科目的教学目标。以物流客户服务科目作为例子，根据物流专业培养方案和物流客户服务课程大纲，确立物流客户服务科目的教学目标，如表3-5所示。

（3）单元教学目标。根据教学科目课程大纲及教学授课计划，可以确立单元教学目标或者项目教学目标。根据物流专业物流客户服务科目课程大纲及教学授课计划，可以确立物流客户投诉和理赔单元教学目标，如表3-6所示。

（4）单节教学目标。根据教学科目教学大纲和授课计划，可以确立单节教学目标和项目教学目标。确立的处理客户投诉单节教学目标，如表3-7所示。

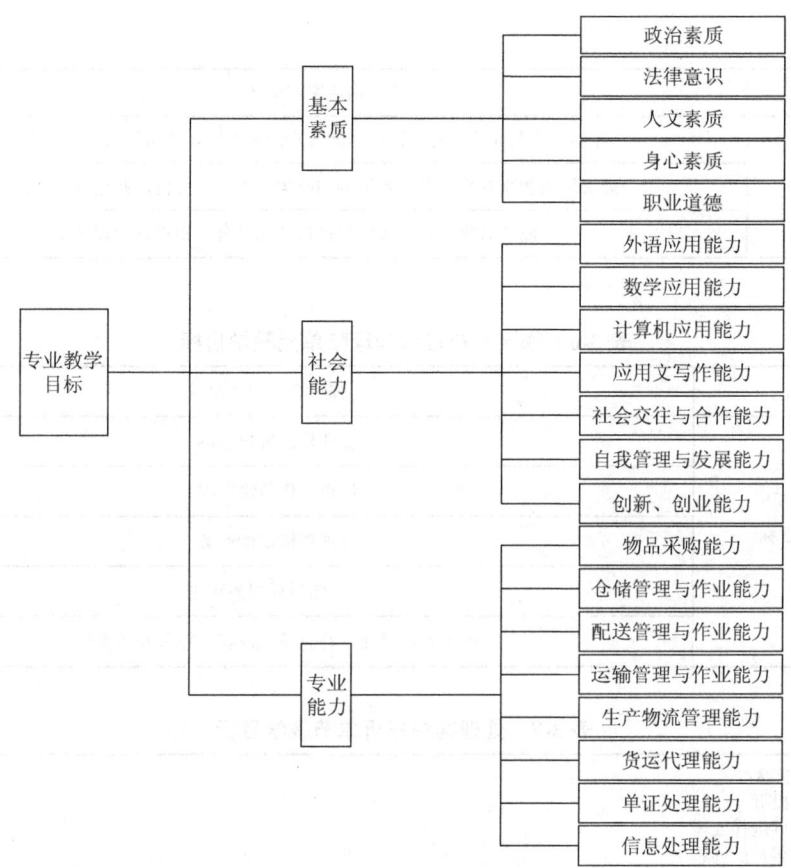

图 3-1 物流专业的教学目标

（5）环节教学目标。依据单节教学目标和单节教学的各环节，可以确立环节教学目标。确立的单节教学目标，即物流客户投诉受理环节的教学目标，如表 3-8 所示。

表 3-5 物流客户服务科目的教学目标

教学科目	物流客户服务
科目教学目标	对物流客户来访目的原因进行判断的能力
	能够熟悉物流企业日常业务处理流程
	能够结合某一企业掌握其前台业务办理方法和技巧
	对客户投诉原因进行快速判断和处理的能力
	能够应用各类通信工具对客户进行日常沟通与维护
	能够应用各类方式对客户进行回访
	能够针对大客户的特征进行不同活动的策略和组织

续表

教学科目	物流客户服务
科目教学目标	能够结合企业的目标设计合理的客户回访方案，并组织人员进行实施
	能够运用物流客户信息进行正确的收集、整理、分析，并进行分类管理
	能够对物流企业大客户进行合同管理、招投标管理等

表3-6 物流客户投诉和理赔单元教学目标

教学单元	客户投诉和理赔
单元教学目标	受理物流客户投诉
	调查工作差错原因
	办理差错赔偿业务
	进行赔付后服务跟进
	落实差错责任，补充条款内容，完善业务流程

表3-7 处理客户投诉单节教学目标

通过学习，学生能够：
1. 学会受理客户投诉
2. 对物流客户投诉进行处理
3. 正确填写物流客户投诉表单
4. 正确撰写物流客户投诉报告

知识	技能	态度
1. 客户投诉的原因分析 2. 物流客户投诉的级别评定 3. 客户投诉的途径 4. 物流客户投诉的处理办法 5. 与投诉客户的沟通技巧 6. 客户投诉处理流程	1. 受理客户投诉的能力培养 2. 尝试与投诉客户进行沟通 3. 物流客户投诉报告书的撰写 4. 物流客户投诉处理报告表的填制	1. 沟通意识 2. 尊重他人 3. 认真态度

表3-8 物流客户投诉受理环节的教学目标

阶段	教学环节	环节教学目标
1	知识学习	1. 物流客户投诉受理的基本准则 2. 物流客户投诉受理的方法 3. 物流客户投诉受理工作流程 4. 物流客户投诉受理的主要方式
2	技能学习	1. 与投诉物流客户沟通的技巧 2. 填写物流客户投诉登记表
3	态度学习	1. 培养与人沟通的意识 2. 严格按程序操作，培养学生认真、严谨的工作态度
4	整合学习	能够完成物流客户投诉受理业务，掌握与投诉客户的沟通技巧

3.2 教学重点内容的选择和分析

3.2.1 重点教学内容的选择

1. 教学内容的取向

教学内容的选择取向主要分为道德主义取向、文化复演取向、百科全书取向、唯科学取向、形式训练取向、经验取向和社会取向七种。

1）道德主义取向

这一取向主要是选择以道德教育方面为主的内容作为教学内容的。而其他如科学技术、艺术等方面的内容则没有涉及，或者涉及很少。这种道德主义取向在中国古代是非常典型的。

2）文化复演取向

这一取向主要是文化复演派所主张的选择教学内容。文化复演派是近代西方主张"文化复演论"的一个流派，以赫尔巴特特别是其弟子戚勒等为代表。文化复演论的基本观点是：个体的发展及个人知识的发展，在其模式上都重复上演人类历史上知识发生的进程；每一代人为了使得其时代的文化达到成熟，都需要重复人类文化的各个历史时期。

在文化复演论的基础之上，出现了影响教学内容选择的两种教学理论。一种认为应该按照能力成熟的程度安排教学内容的顺序，如图 3-2 所示。另一种则认为，应根据种族发展史上的社会—经济时期安排教学内容，比如，先研究游牧民族；再研究畜牧民族；然后研究农业文明的文化；最后研究工业时期。

3）百科全书取向

百科全书取向来源于培根（Bacon）和夸美纽斯（Comenius）。这一取向主要是选择百科全书式的知识作为教学内容的，所谓百科全书式的知识，也就是试图使学生通过教学而掌握百科全书式的几乎会涉及一切领域的知识。百科全书取向主张把一切知识作为教学内容的源泉，特别是强调自然科学、各种应用科学和现代语文知识在教学内容中应占有至关重要的地位。

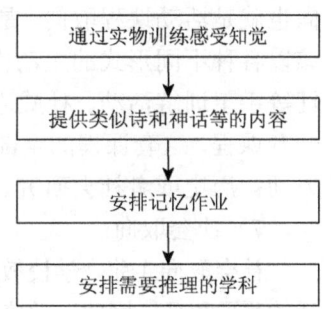

图 3-2 按能力成熟程度安排教学内容的顺序

4）唯科学取向

近现代西方，科学得到了长足的发展，并在社会生活各个领域中得到普遍的应用，对于改变人的生存状况起到了非常大的作用。同时，人们的生活日益离不开科学，这种状况影响到教育领域，使教学内容的选择出现了唯科学化取向。这一取向是选择科学知识作为教学内容，而其他如艺术、道德等知识就很少被选择作为教学内容。换言之，科学知识在教学内容中占有压倒一切的地位，而道德、艺术等方面的知识则相对没有受到关注。

5）形式训练取向

这一取向主要是形式教育论者所持的选择教学内容的取向。形式教育派主要是在近代西方教育史上的一种影响非常广泛的教育理论流派，它的理论基础就是官能心理学。官能心理学认为，人的心智能被划分为几种各自独立的官能，每种官能都可经过单独训练而得到发展。不同的官能心理学家或者形式训练者对于人的心智官能的划分观点都不相同。成熟形式的官能心理学通常认为人的心智官能分为情、知、意等几个方面。

依据官能心理学的理论，形式教育论者认为，教育的根本任务并不是使人获得实用的知识，而是训练人的心智官能，学校教学内容选择的根本宗旨应该是心智的训练；在教学中，心智官能的训练远比实用知识的传授重要，理由是倘若人们的心智官能通过训练而得到发展，那么随时都能吸收任何知识，故与实用知识传授相比，官能训练具有永久性的价值。因此，选择的教学内容应该是最为适合训练各种心智官能的学科，而并不是那些实用的知识。

6）经验取向

这一取向主张主要是以儿童自己的经验为根据选择教学内容，而不是以学科知识为根据。这种取向的代表人物就是美国实用主义教育家杜威。经验取向者认为，以学生的直接经验作为教学内容选择的根据，符合学生的需要和兴趣，可以使教学内容变得具体、生动，同时能够在他们的直接经验之中综合各个领域的知识。教学内容选择上的这种经验主张取向也就是活动课程取向，是以学生的活动作为教学内容选择的根据。杜威则进一步主张应该以各种不同形式的主动作业作为学校教学的主要内容，如金工、纺织、园艺、木工、烹饪等手工训练活动。杜威遵守"从做中学"的基本原则，设计出以主动作业活动为核心的一套课程，这套课程的全部内容都由同各种作业活动相平行的理智活动所组成，包括三个方面：历史或者社会研究、自然科学和思想交流。

7）社会取向

社会取向主张，学校教学应该直接满足当前社会生活的需要，也就是为满足当前社会生活的需要服务，因此，学校必须以当前的社会生活需要为主要的根据来选择教学内容。在教育史上和当代的教育实践之中，这种选择教学内容的取向都大量存在。例如，中国古代的学校教育是为培养政治统治人才服务的，然而当时统治者用于从事政治活动的是"四书""五经"等儒家经典，因此，以其作为学校的主要教学内容。然而在古希腊的斯巴达，社会生活要求学校培养军人，因此，学校基本上以军事方面的知识来作为主要的教学内容。

2. 教学重点内容选择原则

美国教育学家泰勒提出了教学内容选择的十条原则。

（1）使学生具有积极投入的动机。
（2）学习经验必须使学生由于实践目标所蕴涵的那种行为而获得满足感。
（3）必须使学生看到自己以往反应方式的不当之处，以便激起学生去尝试新的反应方式。
（4）必须使学生具有使他有机会实践目标所蕴涵的那种行为的经验。
（5）学生不应该只是简单重复，而应该循序渐进地从事大量实践活动。
（6）学生应该有时间学习和实践这种行为，直到这种行为成为他全部技能中的一部分。
（7）学生在尝试学习新的行为时，应该得到指导。
（8）学生应该有从事这种活动的足够的时间和适当的材料。
（9）要为每个学生制订超出他原有水平但能达到的标准。
（10）要使学生在没有教师的情况下也能继续学习，也就是要让学生掌握判断自己成绩的手段，从而能够知道自己做得如何。

3.2.2 物流专业教学重点内容分析

1. 教学内容分析的内涵

所谓教学内容分析，是对于学生从初始能力转化成教学目标所规定的能力所需学习的所有从属先决知识、技能、态度以及各项先决知识、技能与态度之间的纵向与横向的关系进行详细剖析的一个过程，也就是为了实现总的教学目标，学生一定能完成哪些学习任务。初始能力指的是教学之前具有的相关知识、技能以及态度。

2. 教学内容分析的范围

教学目标指的是由专业教学目标、教学科目教学目标、单元教学目标以及单节教学目标等多个层次组成的，所以教学内容分析的范围也就包括专业层面、教学科目层面、单元层面以及单节层面教学内容分析。

3. 教学内容分析的步骤

教学内容分析就是一个逆向分析过程，它以学生的学习结果为起点，并且以学习起点为终点。换言之，教学内容分析从学习需要分析所确定的总的教学目标开始，利用反复提出"学生若要掌握这一水平的能力，需要预先获得哪些更简单的能力"这样的问题，并且逐一作答，直至分析到学生已经具有的初始能力。

1）教学内容的确定

职业教育的教学目标指的是能力目标，能力是指完成任务所需要的知识、技能以及态度。因而按照教学目标和能力的内涵，能够确定出教学内容的范围，也就是教学中包括什么，不包括什么。

2）先决条件的分析

先决条件的分析是将能力形成过程中的各个步骤都作为一个终极目标，再具体分析在完成终极目标之前，学生需要掌握哪些从属的先决知识、态度、技能、单项能力或综合能力。如果学生并未掌握这些先决条件，它们就会成为使能目标，而使能目标可能又需要从属的先决条件，照这一方法依次分析下去，从属的先决条件就越简单，直至分析到它们是学生已经掌握的知识、技能或者态度，便找到了教学起点，而这些先决条件就构成了教学内容的一部分。

3）教学内容的组织

职业教育专业教学内容的组织通常要遵守能力形成的心理逻辑顺序、职业活动的逻辑顺序、学习动机发展的心理逻辑顺序。

4. 教学内容分析的评价

选择并安排了教学内容之后，就要对教学内容做出初步的评价，来检验这些内容能否为实现总的教学目标服务。初步评价的工作应从以下几方面进行。

（1）选定的教学内容是否能够满足实现教学目标的需要。

（2）安排的教学内容结构是否符合职业活动的逻辑顺序、能力形成的心理逻辑顺序以及学习动机发展的心理逻辑顺序。

（3）选择的学习内容及其结构安排是否符合学生的心理发展水平和心理结构。

（4）选择的教学内容是否贴近社会、贴近工作以及贴近学生的生活实际。

3.2.3 物流专业教学重点内容分析示例

以某中职学校物流专业为例，说明其教学重点内容的选择与分析过程。

1. 专业教学内容分析

首先应该分析当今社会对物流专业毕业生的能力素质要求，从而指导学校选择适应中职教育的专业教学内容。

1）知识要求分析

对于物流专业毕业生应该掌握的知识分析如表 3-9 所示。

表 3-9 知识结构与要求

序号	模块名称	每一模块的内涵及要求	对应课程和实践环节
1	文化基础知识	掌握一定的邓小平理论基本原理及法律等必要知识	毛泽东思想、邓小平理论与"三个代表"重要思想概论、思想道德修养与法律基础、形势与政策
		具有必备的人文知识	人文类选修课
		具有必备的体育知识	体育、体育专项提高课
		具有必备的英语知识	英语、英语提高课
2	专业基础知识	掌握应用数学基础知识	高等数学、经济数学
		掌握计算机与通信网络技术应用的基础理论知识	计算机文化基础、计算机语言、物流信息技术、电子商务及相应的实验与实训

续表

序号	模块名称	每一模块的内涵及要求	对应课程和实践环节
2	专业基础知识	掌握市场经济学和管理学的基本理论知识	管理学原理、财务会计、微观经济学、商品学概论、基础会计
		掌握对物流市场进行调查、分析、预测的理论知识与方法	统计学原理、物流市场统计调研、物流管理概论
		掌握应用文和技术文献写作基础知识	应用文写作及一些课程的设计与实训的书面报告
3	专业技术知识	掌握进行物流管理活动所必需的专业理论知识及一般管理常识	物流管理概论、供应链管理、物流采购仓储与配送管理、物流信息技术、运输管理实务、物流系统规划与设计及相应的课程设计与实训
		掌握国内外商品贸易、营销的理论知识及发展规律	国际贸易实务、电子商务、商务谈判、市场营销、公关礼仪
		掌握与物流管理相关的法律知识、行业政策法规、标准化要求等	经济法及相应的各专业课程和实训

2）能力要求分析

对于物流专业毕业生所应拥有的能力分析如表 3-10 所示。

表 3-10　能力结构与要求

序号	模块名称	每一模块的内涵及要求	对应课程和实践环节
1	基本能力	具有较强的英语听、说、读、写能力	大学英语、外贸函电
		具有必要的计算机应用技能，熟练掌握物流业务操作软件，并且懂得简单的维护	计算机文化基础、物流信息技术、电子商务、计算机语言、ERP 操作及相应的实验与实训
		具有较强的物流市场调查、分析、预测的能力，熟知物流市场现状与发展	物流市场统计调研、理论和实践课中融入国内外物流案例分析与学生自查相关资料、物流市场的介绍
		具有较强的社会活动能力、协调组织能力、社会交往能力以及物流营销能力	商务谈判、市场营销、公关礼仪、国际贸易实务及相应的调查、参观、实训
2	专业能力	具有在工商企业、物流企业从事物流活动所必需的科学操作技能以及管理能力	物流采购仓储与配送管理、运输管理实务、物流信息技术、供应链管理、物流系统规划与设计及相应的课程设计与实训、参观等
		具有在物流管理活动中熟练自如地运用相关专业知识处理具体问题，并且在实践中进一步培养自己的能力	平时查阅资料、案例点评、物流系统设计规划、案例讨论、专家演讲及不断的自学
		具有对不同物流运作方案进行成本、可行性分析评价的初步能力	各专业课程的学习以及各种实践活动
		具有熟练应用物流信息和各种技术对物流活动进行整合运作的能力	各种实践性教学活动

3）素质要求分析

对物流专业毕业生所应具备的素质分析如表 3-11 所示。

表 3-11　素质结构与要求

序号	模块名称	每一模块的内涵及要求	对应课程和实践环节
1	基础素质	具有较高的政治理论素质，拥护党的基本路线、政策、方针	思想品德修养与法律基础、毛泽东思想概论、邓小平理论、形势与政策
		具有良好的个人品德和修养，要心理健康、遵纪守法	就业指导、心理咨询、军训
		有较强的文化基础知识，并且具备一定的文化艺术修养，有良好的语言、文字表达能力	音乐欣赏、美术欣赏、其他校内外学生文化、业余活动
2	专业素质	具有高尚的职业道德修养	职业技能鉴定、法律基础知识、就业指导
		具有较强的物流管理基本素质	物流采购仓储与配送管理、物流信息技术、供应链管理、物流系统规划与设计及相应的课程设计与实训、参观等
		具有较强的物流活动操作技能及管理能力、创新能力	运输管理实务、工商企业认识实习、毕业实习、社会公益劳动、就业指导、职业资格考试

2. 物流专业教学内容分析

因为中职学生的能力素质可能稍低于当前社会对物流人才的能力素质要求，所以在选择专业教学内容的时候应该作出适当调整。学校物流专业（仓储配送方向）所选择的专业教学内容如下所述。在对于中职物流专业教学内容进行选择以后，就要对所选择的教学内容进行分析。

1）德育类课程

（1）心理健康教育。本课程就是中等职业学校学生必修的一门德育课程，是中等职业学校德育工作不可或缺的一个重要方面。主要针对中等职业学校学生的思想、学习以及生活等方面的心理问题而设，旨在加强学生的公民道德素质，增强学生心理健康教育。

（2）职业指导。本课程就是中等职业学校学生必修的一门德育课程，旨在对学生进行职业道德教育和职业指导。其任务是：使学生了解职业、职业道德、职业个性、职业选择、职业素质、职业理想的基本知识与要求，建立正确的职业理想；掌握职业道德基本规范和职业道德行为养成的途径，陶冶高尚的职业道德情操；形成依法就业、竞争上岗等符合时代要求的观念；学会依据社会发展、职业需求以及个人特点进行职业生涯设计的方法；加强自主择业、立业创业的自觉性。

（3）法律基础。本课程就是中等职业学校学生必修的一门德育课程，旨在对学生进行法律基础知识教育。其任务是：使学生了解宪法、民法、经济法、刑法、行政法、诉讼法中与学生关系密切的有关法律基本知识，初步做到知法、懂法，加强法律意识，树立法制观念，提高辨别是非的能力；指导学生提高对于有关法律问题的理解能力，对是与非的分析判断能力和依法律己、依法做事、依法维护权益、依法同违法行为作斗争的实践能力，成为有较高法律素质的公民。

（4）政治经济基础。本课程就是中等职业学校学生必修的一门德育课程。其任务是：依据马克思主义经济政治学说的基本观点，以邓小平理论为指导，对学生进行经济和政治基础知识等方面的教育。引导学生正确分析常见的政治现象、社会经济现象，提高参与社会经济、政治活动的能力,为在今后的职业活动之中,积极投身社会主义经济建设、积极参与社会主义民主政治建设打下基础。

(5)哲学基础。本课程就是中等职业学校学生必修的一门德育课程,旨在对学生进行马克思主义哲学知识和基本观点的教育。其任务是:通过课堂教学和社会实践学习等多种方式,使学生了解并掌握与自己的社会实践、人生实践和职业实践密切相关的哲学基本知识;引导学生用马克思主义哲学的观点、立场、方法观察分析最常见的社会生活现象;初步树立正确的世界观、人生观和价值观,为将来从事社会实践打下良好的基础。

(6)创业教育。本课程就是中等职业学校学生必修的一门德育课程,旨在培养职高学生的创业意识,掌握创业的知识和基本方法,并且通过成功人士的创业案例,激发学生毕业之后自主就业、自我创业的主动性和积极性。

2)公共基础类课程

(1)语文。在初中语文学习的基础上,进一步加强现代文和文言文阅读训练,提高学生阅读现代文和浅易文言文的能力;加强文学作品阅读教学,培养学生欣赏文学作品的能力;加强写作与口语交际训练,提高学生应用文写作能力和日常的口语交际水平,并利用课内外的教学活动,使学生进一步巩固和扩展必需的语文基础知识,养成自主运用语文的良好习惯,接受优秀文化熏陶,以形成高尚的审美情趣。

(2)数学。在初中数学学习的基础上,进一步学习数学的基础知识。必学和限定选学内容:集合与逻辑用语、函数、任意角的三角函数、指数函数与对数函数、不等式、数向量、复数、解析几何、概率与统计、初步立体几何、列与数列极限、排列与组合。选学内容:导数的应用、积分及其应用、极限与导数、统计。通过教学,提高学生的数学素养,培养学生的基本运算、数形结合、基本计算工具使用、逻辑思维以及简单实际应用等能力,为学习专业课打下坚实的基础。

(3)英语。在初中英语学习的基础上,巩固、扩展学生的基础词汇和基础语法;培养学生听、说、读、写的基本技能和运用英语进行交际的能力,使学生能听懂简单对话与短文,能围绕日常话题进行初步交际,能够读懂简单应用文,能够模拟套写语篇及简单应用文;提高学生自主学习和继续学习的能力,并且为学习专业英语打下基础。

(4)信息技术基础。在初中相关课程学习的基础上,进一步学习信息技术的基础知识、文字处理软件的使用、常用操作系统的使用、计算机网络的基本操作和使用,掌握计算机操作的基本技能,使学生具有一定的文字处理能力,信息获取、整理、加工能力,数据处理能力,网上交互能力,为以后的学习和工作打下坚实的基础。

(5)体育与健康。在初中相关课程学习的基础上,进一步学习体育与卫生保健的基础知识和一些运动项目的技能,掌握科学锻炼和一些娱乐休闲方式的基本方法,养成自觉锻炼的习惯;培养自我保健、自主锻炼、自我评价以及自我调控的意识,全面提高身心素质和社会适应能力,为终身锻炼、继续学习和创业立业奠定基础。

3)专业类课程

专业类科目分为专业核心科目和专业方向科目(以货运代理方向为例)。

（1）专业核心科目主要包括以下几个方面。

①现代物流基础。教学要点主要包括物流活动的本质、内容、功能以及作用，供应链运营与管理、现代物流系统，供应链运营与管理、供应链管理、物流管理的联系，第三方物流、物流基本业务以及管理、物流与电子商务、现代物流管理基本知识和基本技能，现代物流技术和管理的主要发展趋势。

通过学习，学习者能够说出物流的概念，陈述物流的基本内容，说明物流活动要素作用；能够区分不同类型的物流企业，说出物流标准化的内容与作用；说明第三方物流的特点和作用，结合本地经济情况举例说明供应链。

②物流技术实务。教学要点主要包括物流保管、流通加工、物流设施与装备、物流配送、物流运输与装卸、物流拣取、物流集成、物流信息、物流系统要素及其集成等技术。

通过学习，学习者能知道物流企业各环节的技术构成和物流技术发展方向，初步学会应用装、卸、拣等常用物流技术，为将来学习专业方向课程打下基础。

③物流客户服务。教学要点主要包括物流客服认知、客户投诉处理、客户回访与咨询、客户信息归类整理与评价、物流前台业务处理、大客户管理等。

通过学习，学习者应能够掌握物流企业前台客户接待、物流客户投诉处理、对物流客户进行回访和物流大客户管理等一系列的措施与方法，并且能够胜任物流客户服务部门关于前台客户来访或者客户投诉处理、咨询接待、客户回访及对大客户进行日常管理和维护等工作。

④物流信息技术。教学要点主要包括物流信息管理、POS 系统设备选用、IC 卡设备选用、条形码应用（BAR-CODING）、全球定位系统设备选用、地理信息系统在物流系统中的应用、无线射频识别技术的应用、电子数据交换技术的应用。

通过学习，学习者能描述物流信息的基本处理流程，会应用电子数据交换、智能标签、全球卫星定位系统操作、射频、条形码、电子自动订货系统、地理信息系统等物流信息技术。

⑤物流企业管理实务。教学要点主要包括现代物流企业管理的概念和内容，现代物流企业管理的原则及标准，现代物流企业制度，现代物流企业基本业务的运作和现代管理的方法。

通过学习，学习者能陈述物流企业管理的基本内容，解释物流企业管理的过程，分析物流企业管理的策略，举例分析物流企业管理的过程。

（2）专业方向课程包括以下几个方面。

①搬运装卸机械。教学要点主要包括常用搬运装卸机械的功能、使用以及保养。通过学习，学习者能够阐述常用搬运装卸机械的功用和特点，熟悉常用的搬运装卸操作程序；能操作常用的搬运装卸机械并能够简单维护装卸机械设备。

②配送作业实务。教学要点主要包括入库、分拣、配装、配货、出库、退货作业的操作；配送信息的处理；配送路线的选择；配送单据的周转；配送车辆的调度的作业流程。通过学习，学习者应该会进行入库、分拣、配货、配装、出库、退货作业的操作；学会配送信息处理；掌握配送单据的周转过程；合理选择配送路线。

③仓储作业实务。教学要点主要包括接运、入库、验收、上架、保管、移库、盘点、堆码、补货、复检、出库和仓库安全等作业的操作。通过学习,学习者应能够熟悉仓储作业流程;能合理安排仓位;依据各环节的操作规范,能实际操作仓储设备,能正确填制提货单、理货单、仓单、费用结算单等单证;能够处理一般异常情况;具有初步使用仓储管理软件的能力。

④商品知识。教学要点主要包括商品质量、商品质量管理与质量监督、商品分类与编码、商品检验、商品标准与标准化、商品包装、商品的储运与养护等。通过学习,学习者应该能分析区域典型商品的性能、性质、用途、基本要求、商品标准等;具有商品鉴别、储存、包装、养护等实际操作能力。

4)选修课程

限定选修课程要求学校按照专业的需要选择必须开设的课程。主要包括电子商务基础、物流法律法规、国际贸易基础和其他课程。

任意选修课可依据电子商务各专业方向的具体要求、校本特色以及校内学生情况有所侧重地选择商务礼仪、打字、书法、物流英语听说写、国际贸易实务、ERP 实训、物流成本管理、航运管理、商贸英语、物流软件操作等相关课程。

5)实训项目

（1）进行商品验收入库手续办理实习,仓库安全检查实习,商品堆码实习。

（2）进行超市 POS 端操作实习,理货作业实习。

（3）进行商品苫垫实习,商品盘点和检查实习,库存商品养护实习。

（4）进行商品出库手续办理实习,配送中心理货作业实习,配送中心分拣配货作业实习,配送中心商品包装集合以及分拆作业实习,配送中心送货作业实习。

（5）进行仓储配送管理系统工作站操作实习。

3. 科目教学内容分析

以专业物流客户服务科目为例,来进行科目教学内容分析。

本科目以物流企业客户服务部的主要工作任务为载体,按照工作过程进行教学内容的解构与重构原则,设置"物流客服认知、物流前台业务处理、物流客户投诉处理、物流客户回访与咨询、物流客户信息归类整理与评价、大客户管理"等六个情境,其教学内容如表 3-12 所示。

表 3-12 物流客户服务科目教学内容

情境	工作任务	相关理论与实践知识点	实践项目
物流客服认知	认知物流客户服务基本常识	物流企业的常见组织结构; 物流客户服务定义; 物流客户服务的主要内容和方式; 物流客户服务的三要素及其评价指标; 物流客户的分类; 物流客户的五种需求; 物流客户服务部日常管理规范	区域物流企业客户服务状况调研分析

续表

情境	工作任务	相关理论与实践知识点	实践项目
物流客服认知	了解物流客户服务部门主要工作岗位	物流客户服务代表工作描述； 物流企业的物流客户服务部主要工作岗位； 物流客户服务部各岗位职责和操作流程； 物流客户服务人员的能力素质要求； 物流客户服务人员的道德要求	打造职业化的物流客服人员
物流前台业务处理	前台业务处理流程	物流客户服务部涉及的主要部门及其主要问题； 异常情况处理； 前台客服岗位作业标准； 前台业务受理流程； 电话业务受理流程； 传真业务受理流程； 网上业务受理流程	前台业务受理训练
	接待客户或来电咨询	物流前台人员任职要求； 物流企业前台服务十标准； 物流前台人员工作礼仪； 客户来访接待礼仪； 动作礼仪； 前台客户接待文明礼貌用语和服务禁语； 前台客户投诉处理技巧； 接听电话的基本礼仪； 电话沟通的技巧； 物流企业前台客服人员接听电话的礼仪规范； 使工作顺利的电话艺术； 前台客服人员沟通技巧	接待客户来电咨询训练
	核实、受理客户数据并生成或转换订单	物流企业前台开单流程； 接待受理前台货源相关数据； 检查四环节作业内容； 计价作业内容； 收费六策略作业内容； 开单； 编号； 入库； 转换前台所生成的清单	核实、受理客户数据并生成或者转换订单
	更新进销存数据，汇总分析	进销存涉及的数据； 各类信息和数据交换流程与方法； 相关单据进销存处理； 相关单据收集、整理、汇总与分析及客户信息	物流前台业务相关单据的流转
物流客户投诉处理	物流客户投诉受理	客户投诉受理流程； 物流客户投诉处理员的岗位职责； 物流客户投诉受理的基本准则； 物流客户投诉的受理方法； 物流客户投诉的基本缘由； 物流客户投诉原因分析方法； 物流客户投诉的主要方式； 物流客户投诉受理的主要方式； 物流客户抱怨处理办法； 物流客户沟通技巧； 面对面沟通技巧； 物流客户投诉接待工作礼仪规范； 物流客服人员的心态和情绪控制； 填写相关物流客户投诉管理工具表单	倾听训练 提问训练 观察训练 同理心训练（即换位思考训练）

续表

情境	工作任务	相关理论与实践知识点	实践项目
物流客户投诉处理	工作差错原因调查	客户投诉原因调查方法； 投诉级别如何评判； 物流客户投诉的分类处理； 相关物流业务流程； 企业内部沟通技巧	恰当使用 E-mail 体会客户角色服务态度检查
	差错赔偿业务办理	差错赔偿的处理程序； 如何做好差错责任的确认与落实工作； 物流客户退换货处理程序； 物流客户退换货票据处理； 物流客户索赔处理； 填写差错赔付处理表； 物流客户索赔的处理方法	退换货处理情境训练
	赔付后服务跟进	如何实行赔付后的客情维护； 撰写客情维护报告； 如何修复和改善客户关系； 赔付后上门拜访八部曲； 如何进行赔付的后续服务跟进	撰写一份客户投诉后差错赔付的客情维护报告
	差错责任落实及补充条款、完善业务流程	差错责任的判定和落实； 撰写物流客户投诉报告表； 物流客户投诉案件统计表； 编制补充条款，完善业务流程； 物流客户纠纷问题防范	撰写一份物流客户投诉报告书，填写物流客户投诉处理报告表
物流客户回访与咨询	物流客户回访方案设计	物流客户回访步骤； 物流客户回访方案撰写的角度和侧重点； 物流客户回访方案撰写的关键点	设计物流客户回访调查表； 撰写一份物流客户回访方案
	物流客户回访方案实施	客户回访"三部曲"； 物流客户服务回访员要求； 物流客户服务回访技巧； 电话回访技巧； 电话回访注意事项； 商务信函回访的撰写技巧； 信函回访需注意的问题； 电子邮件回访	某物流公司客户回访方案设计； 模拟进行物流客户电话回访
	物流客户回访信息分析及回访报告的撰写	物流客户信息分析； 物流客户相关信息保密； 撰写物流客户服务回访提纲； 物流客户回访报告的内容； 物流客户回访报告的体例； 物流客户回访信息的维护	物流客户回访信息进行整理和分析，撰写物流客户回访报告
物流客户信息归类整理与评价	物流客户信息管理流程	物流客户信息的内涵； 物流客户信息质量要求； 物流客户信息的作用； 客户信息收集工作流程； 物流客户信息管理专员的主要工作任务； 反映物流客户信息的指标	优化物流公司客户信息管理流程
	物流客户信息收集	物流客户信息收集的流程及其工作标准； 物流客户信息收集的要求与原则； 物流客户信息收集的内容； 物流客户信息收集的方法； 物流客户信息收集的过程中，如何与人进行有效沟通；	调查问卷设计； 物流客户信息调查实施

续表

情境	工作任务	相关理论与实践知识点	实践项目
物流客户信息归类整理与评价	物流客户信息收集	物流客户信息调查问卷设计工作流程和工作标准； 物流客户信息调查工作流程和工作标准； 物流客户信息调查的具体实施	
	信息归类整理，撰写客户信息分析报告	物流客户信息处理流程和工作标准； 物流客户信息整理的要求以及管理办法； 物流客户信息整理的目标； 物流客户信息人工整理方式； 物流客户信息计算机分类整理； 撰写物流客户信息分析报告	撰写物流客户信息分析报告
	物流客户信息分类管理	当前物流客户信息管理存在的问题及其原因分析； 如何建立一个规范的信息分类体系； 如何分析物流客户价值及其客户贡献率； 物流客户 ABC 分类管理方法； 物流大客户的识别和管理策略	依据城区规模和物流企业流体种类合理进行客户分类
大客户管理	大客户管理工作内容及工作流程	物流大客户管理工作流程； 物流大客户关系维护流程； 物流大客户满意度调查流程； 分析客户，选定关键客户； 物流大客户信用管理流程； 大客户级别划分； 建立关键客户档案； 物流大客户回访； 大客户服务的主要方式； 大客户关系维护； 大客户服务管理法则	物流大客户确定及级别判定训练； 物流大客户信用管理训练
	物流大客户俱乐部管理	大客户俱乐部管理的章程； 大客户俱乐部的申请、提交及批准与加入流程； 建立俱乐部客户档案； 物流俱乐部活动形式； 活动实施中的餐桌礼仪； 如何策划俱乐部活动并且实施； 根据物流企业的实际情况，完善俱乐部管理规范	物流企业俱乐部活动的策划和实施
	物流投标管理	招标、投标的定义； 招标形式：公开招标、邀请招标； 招标过程的关键要素； 招标书的结构组成； 投标书的一般格式； 如何编制一份合格的投标书	设计某某贸易公司全区10年公路运输招标物流方案
	物流合同管理	合同的定义； 合同内容主要包括的条款； 一般货物运输合同的格式； 订立物流合同时的注意事项； 货物运输合同范例	模拟物流企业与物流客户，签订一份物流合同
	物流大客户个性化服务方案管理	大客户个性化服务方案管理流程； 大客户个性化服务方案管理工作标准	个性化方案撰写

4. 单节教学内容分析

物流客户服务教学科目之中,"处理客户投诉"一节课的教学目标如表 3-13 所示。

表 3-13 学习内容表

一、知识学习
（一）物流客户投诉受理工作流程
接听投诉电话→确定是否在受理范围→填写《受理登记表》→转交相关部门→提出拟办意见→报主要领导审批。
（二）物流客户投诉的基本准则
1. 受理四原则；
2. 受理内容；
3. 受理范围；
4. 受理工作纪律；
5. 受理机构——客户投诉中心。
（三）受理物流客户服务投诉的主要方式
1. 一般式；
2. 专业投诉站式；
3. 快速反应式；
4. 网络受理式；
5. 电话热线受理式。
（四）物流客户投诉的受理方法
1. 态度上：把提出投诉的客户看作一位有价值的客户；
2. 注意力集中到投诉客户上，在面对面情形中，尽可能多目光接触；
3. 说话、动作应镇定自如；
4. 耐心、认真倾听，辨明客户到底在申诉什么。
二、技能学习
（一）物流客户投诉登记表的填制
案例引入：乘风物流公司和美颜化妆品公司达成协议，于 2009 年 9 月 15 日以前将一批化妆品由上海运往广州。这批货物在抵达广州以后，客户发现有部分货品发生了溢出、泄漏等情况。于是美颜化妆品公司于 9 月 20 日向乘风物流公司客户投诉中心打电话投诉，要求其对破损货物和由此给公司带来的经济损失进行赔偿。要求填写物流客户投诉登记表。
物流客户投诉登记表的模板如下。
投诉种类：　　　　　　　　　　编号：_____　　　　填写日期：　　年　　月　　日
填制示范：（步骤与要求）
1. 投诉种类：填写"一般投诉"；
2. 投诉客户名称：填写"美颜化妆品公司"；
3. 客户地址：依据公司资料，填写此项内容；
4. 电话：同上；
5. 受理日期：填写"2009 年 9 月 20 日"；
6. 受理编号：可依据投诉中心当天收到投诉的具体时间进行编号，比如，于 2009 年 9 月 20 日 10 点 30 分收到投诉，则其受理编号为"200909201030"；
7. 客户要求：填写"对破损货物与由此给公司带来的经济损失进行赔偿"；
8. 受理部门意见：填写投诉接待单位、营业单位、处理单位及其他单位对于此次投诉的受理意见（可由学生扮演不同的部门工作人员，对这项内容进行填写）。
（二）与投诉客户沟通的技巧训练
案例引入：乘风物流公司承运了新华钢铁公司的一批钢材，合同规定货物应该由 2009 年 8 月 10 日之前抵达台湾，但是因为"莫拉克"台风的影响，所以货物延迟了一周才到达台湾，于是新华钢铁公司向乘风物流公司打来了投诉电话。由两名学生分别扮演挑剔的投诉客户和乘风物流公司物流客户投诉中心的电话接听员进行对话。
1. 面对面沟通技巧
（1）语言表达的技巧；
（2）倾听的技巧；
（3）电话沟通的技巧；
（4）身体语言的技巧。
2. 物流客户投诉接待工作礼仪规范
（1）关怀；
（2）态度；
（3）倾听；
（4）道歉；
（5）许诺；

续表

（6）现场记录； （7）解决方案； （8）有效暗示。 3. 物流客服人员心态及情绪控制 （1）保持一颗"微笑心"； （2）保持一颗"同理心"； （3）保持一颗"克制心"。
三、态度养成 1. 与人沟通的意识 2. 认真、严谨的工作态度 3. 案例分析
四、模仿、整合训练 受理客户投诉并正确填制《物流客户投诉登记表》

3.3 教学内容的组织

3.3.1 教学内容的组织形式分类

教学是一项有计划、有组织的活动，任何教学活动都是通过一定的组织形式有条不紊地进行的。教学过程中时间和空间、人与物的不同因素的组合，直接会影响教学的规律和效果。因此要想提高教学质量，就必须要依照教学最优化的原则选择教学内容，研究并探讨教学内容的组织形式。而教学内容的组织形式指的就是在一定时空环境中，围绕既定教学内容，师生间相互作用的方式、结构与程序。中职学校的教学内容组织形式是由其学校所开设的课程以及教学特点决定的。中职教育最常见的教学内容组织的形式如图 3-3 所示。

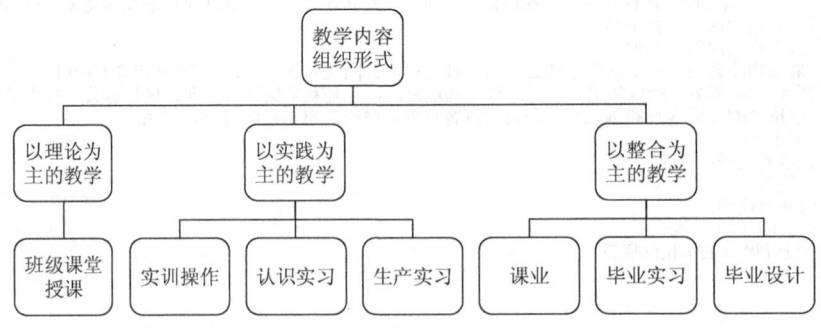

图 3-3　教学内容组织的基本形式

在这一教学组织形式之中，中职教育教学的基本教学形式是课堂理论教学与实践性教学相结合。在中职教育教学中，不仅需要向学生传授必要的基本知识，还要在此基础之上培养学生的实践技能，因此这就决定了中职技术教育教学形式将会表现出多样化的特点。

在具体的教学活动过程之中，每种教学形式都不是孤立存在的，通常是多种教学形式的综合。技能的培养也是以掌握必需的基础知识为基础，而将理论知识转化为实际技能，又必须通过实践教学来完成。在物流专业的理论教学过程中常常都要讲求实践，也就是包含实践性的教学成分。那么在实践性教学的成分当中，必然也需要教师面向集体传授理论知识。根据职业教育的教学目标以及能力本位的教学思想，在中等职业教学中更加突出实践性教学形式。但在这里需要指出的是，在物流课程的学习过程中，不论知识性学科还是技术性学科，都以理论知识传授够用为度，强调在物流实践训练之中培养学生的实际操作技能。那么课业、实习、实训、毕业设计等都是重要的实践性教学内容的组织形式。

3.3.2 教学内容的组织形式分析

1. 课堂理论教学

这种教学组织形式是根据学生的年龄或者文化程度按照一定数量组成教学班，以班为单位，教师按照教学计划所规定的内容和学时，系统地传授理论知识，实行集体教学的一种形式。课堂理论教学因为有利于知识的习得性，所以比较适合于陈述性知识的教学。在教学之中教师应充分认识到课堂理论教学既有优点又存在不足，应该尽量避免缺点，弥补不足。

1）课堂理论教学的优点

（1）依据教学计划、教学大纲、教学目标等要求，选择教学内容和适合的教学方法，能够确保每位学生学到系统完整的科学文化知识。

（2）由教师设计组织上"课"，有助于发挥教师的主导作用，使每个学生都能自始至终在教师的严密组织以及有效指导下完成学习任务。

（3）这种教学方法可以使学生在班集体之中，师生之间、学生之间进行多项交流，互相影响，互相启发，有利于教师全面完成智育任务，促进学生智力因素以及非智力因素的协调发展。

（4）这种方法使一位教师能够同时教许多学生，因此扩大了每个教师的教育能量，有利于提高教学效率。

2）课堂理论教学的缺点

（1）课堂理论教学在教学内容、时间以及过程的固定化、程式化上，使教学活动缺乏灵活性和新异性，妨碍了学生生动活泼、积极主动地学习。

（2）由于这种教学形式是以教师为核心的，教师往往只注重自身的影响。而学生的学习却是接受性的，这样不利于学生探索精神、创造力以及实践操作能力的培养。

（3）课堂理论教学的形式，是教师面向集体，采用"同步化"教学，对全班同学按照同一进度、同一时间进行教学。因此不能够很好地照顾到个别学生的差异，不便于因材施教。

3）中职教育课堂理论教学改革趋势

（1）将课堂理论教学与个别教学、小组教学、现场教学等有关辅助教学形式有机结合、相互补充，这样不仅保留了课堂理论教学的长处，也在一定程度上弥补了它的不足，不仅重视了集体的提高，同时又兼顾了个性的需要，不但强调必要的理论知识的传授，同时也加强了实践操作技能的培养。

现场教学这种辅助教学形式在职业教学中起到至关重要的作用。它是班级理论教学的一种变式，贯彻理论联系实际的原则，加强教学和实际生活的联系，对于扩大学生的信息源有重要的意义。虽然现场教学保留了班级课堂理论教学集体授课的基本特点，但在教学活动进行的地点、教学的时间限制、施教的人员等方面又与班级课堂理论教学有所不同，其主要表现在三个方面：现场教学的地点在事物发生、发展的现场，不在教室；上课时限要比课堂理论教学灵活；教学人员不但可以是任课教师，也可以是现场相关人员。

（2）可以加强学生之间、师生之间的密切配合，共同参与，充分调动学生的学习积极性。在统一要求的基础上，致力于使每一位学生的优点、特点以及专长都能得到良好的发挥，同时充分调动和利用现代化教学手段，以增强教学的直观性，活跃课堂气氛，提升教学质量。

2. 实训操作

实训是指在一定条件的控制之下，在教师的指导下，学生利用一定的设备、器材，通过技能训练，实现理论和实践相结合的一种实践性教学形式。应用性技术人才培养的一项重要内容就是培养学生的操作能力，它与课堂理论教学不仅有联系，还有分工，分担着不同的内容。两者在中职教学之中相辅相成，都发挥了自己特有的作用。

3. 课业形式

在英国职业教育教学之中，课业形式得到了广泛应用。这一教学形式实施的目的是将学生所学知识、品性、技能进行一级或者二级的整合，从而便于学生将从课堂理论教学或者操作实验中获得的所需知识与所形成的技能进行归类和整理。课业形式对于学生技能的形成起到显著的作用。但在运用的时候，要注意按照不同专业的要求，确定不同内容的课业形式，同时也要依据学生现有的知识水平决定课业完成的时间以及复杂程度。

4. 认识实习

认识实习是指按照教学的要求，参观校内外专业对口的场所，从而知道单位人员的素质要求、能力要求以及将来的工作环境、工程流程。实习的目的主要是适应学生心理结构定向的需要，让学生在学习部分专业知识之后，置身于具体的职业环境之中，体会所学的理论知识在具体的操作实践中的运用情况。在这个过程之中，教学的主要任务并不是要求学生进行知识的迁移，而是令学生仔细体会职业环境的特点、操作的规范化要求，使学生形成明确的职业意识，熟练掌握职业所要求的主要知识、品性和技能培养学生的合作能力和共事能力。

5. 生产实习

这一教学形式是实习教师以及学生有计划、有组织的一种活动，其目的是在教师的指导下，学生通过生产劳动、亲自操作演练，熟悉符合现代生产技术水平的职业知识以及技能技巧，同时全面提高自身的素质。在中职教学之中，安排生产实习的目的是进行学生能力的培养。在学习大部分基础技术课或者基本完成教学实习任务之后，学生通过到校外工厂或者生产单位去实习，无疑将有助于其能力培养。生产实习的主要任务是完成品性、知识、技能的广泛迁移。在具体、真实的职业环境中，学生通过生产劳动，操作演练，能运用课堂、实验或教学实习之中所获得的知识、品性、技能来解决现实工作之中的各种问题，从而形成职业能力。组织学生去企业生产现场进行生产实习的基本要求如下。

（1）发挥带队教师在生产实习之中的主导作用。带队教师在生产实习之中主要扮演协调者和指导者的角色。带队教师不仅需要结合生产实习任务的要求，与企业生产单位进行协调，进而获得有利支持与配合，还应该主动帮助学生解决实际之中出现的疑难问题，引导学生以正确的方法、原则开展工作，从而保证生产质量以及按时完成任务。

（2）努力实现教学与生产相结合。虽然生产实习与毕业实习都是学校根据教学目标和教学大纲要求设置的重要的教学形式，但是两者之间又有明显的不同。毕业实习是在学生已经结束在校期间所有基础理论知识学习后进行的，而生产实习是学生在校学习期间进行的。生产实习不仅需要将理论知识在生产实践中得到检验，还要使学生在具体生产环境之中，掌握某种专业的工种操作技能。因此，在生产实习中，生产是基础，教学是目的，要实现产学的精密结合是生产实习成功与否的要点。

（3）加强生产实习的组织与管理。无论从联系实习单位到选派带队老师，还是从实习大纲和实习计划的制订到带队教师以及实习学生的思想动员，或是从实习前的布置到实习过程中的检查再到实习后的成绩评定，对任何一个环节都要进行细致的安排。

6. 毕业实习与毕业设计

毕业实习与毕业设计是指学生在修完教学计划所规定的全部知识与技能课程后，依据培养目标规定的岗位要求而进行的有关各科知识以及技能全面的、综合的训练，其目的在于培养以及训练学生理论联系实际、解决现实问题、综合运用所学知识的能力，早为毕业后顺利就业做好准备。

1）毕业实习

毕业实习就是要求学生综合运用所学专业知识、技能，分析和解决实际问题的教学组织形式。那么在中职教学之中，安排毕业实习的目的是进行品性、知识、技能的二级整合，便于培养学生的全面素质。在整个实习过程之中，教师要指导学生将平时在教学中获得的品性、知识、技能综合运用到实习环境之中，同时将生产实习中积累的经验进行整合。可供借鉴的整合方式一般有如下三种。

（1）直接把原有的经验应用到本质特征相同的一类事物当中。
（2）将原有的经验应用于新的情境之中，为了适应新情况的变化，调整原有的经验或者对新旧经验加以概括，形成一种能包括新旧经验的更高一级的经验结构。
（3）保持原有基本经验成分不变，调整原有经验系统当中各成分之间的关系，进行经验重组。

在毕业实习之中，学生通过反复操作、演练，把所有知识、品性、技能不断进行迁移，使经验得到类化以及整合，从而形成职业能力以及全面素质。

2）毕业设计

毕业设计就是在整个教学过程的最后阶段采用的一种总结性的实践性教学形式，它是对学生素质，尤其是学生能力类化形成情况的考核。

3.3.3 教学内容组织的原则

中职教育培养的对象主要是高技能型的人才，因此对中职教学内容组织形式也提出了不同的要求，也就是要求必须强化技能（技术能力）的培养。产学研相结合教育方式是中职教育的必由之路，同时也是教学内容组织的中心指导思想。在认知领域、情感领域、技能领域以及能力整合这些具体教学组织之上，表 3-14 给出了中职教育教学内容组织的一些具体形式。

表 3-14 教学内容的组织形式

教学目标	教学内容的组织形式	
	低层次水平	高层次水平
认知领域	集体讲授、集体演示、个别化学习等	小组相互作用、个别化学习等（集体谈话发现教学）
情感领域	集体讲授、集体参观等	个别化学习、小组相互作用等（集体讨论）
心智技能	集体讲授、集体演示、个别化学习等	个体指导、个别化学习等（程序教学）
操作技能	集体讲授、集体演示等	个体指导、个别化学习、小组相互作用等
能力整合	集体讲授、集体演示等	个体指导、个别化学习、小组相互作用等（个体小组）

3.3.4 物流专业教学内容组织的示例

1. 专业教学内容的组织

以某中职学校物流专业为例进行简要说明。

1）横向组织

专业教学内容的横向组织是形成课程体系和项目体系，主要包括：课程设置、技能训练与考证、实训项目三个方面。

其中课程设置大致分为：公共基础课程、专业方向课程、专业核心课程、选修课程。本专业所必修的课程是公共基础课程与专业核心课程。按照培养目标与专业方向的需要，又可以分为五个方向：仓储配送方向、运输作业方向、货运代理方向、港口码头作业方向、物流信息处理方向。选修课程的设置主要是为了拓展学生知识，突出学校特色和符合地区经济发展对于人才的需求，适应今后就业的需要。

技能训练是学生获得专业能力的一个关键环节。它应贯穿于整个中职学习阶段。在物流专业之中，各方向的公共实践教学内容主要包括："仓储管理与仓储技术实践"，安排在第三学期，为期一周；"物流运输与配送技术实践"，依据教学进度执行，为期两周；"物流设施与设备的操作技术实践"，可以安排在第四学期，为期一周；"物流软件操作操作"，可以安排在第三学期，54学时。

第四学期末到第五学期为学生考证阶段。该阶段建议学生在此期间能够通过劳动技能鉴定中心主考的物流员考试，考前安排五周复习时间。各专业方向还要再另加考一个证书。货运代理方向：考单证员或者（报关员、货代员）证书，由中国国际货运代理协会或者海关总署颁发。仓储物流方向：仓库保管员或者仓库理货员证书，由人力资源和社会保障部颁发。运输业务方向：考货代员证书，由中国国际货运代理协会颁发。港口码头作业方向：考港机操作员证书，由人力资源和社会保障部颁发。物流信息处理方向：ERP操作员证书。

综合实训和顶岗实习安排在第五、第六学期。通过综合实训和顶岗实习使学生在专业实践中学会物流操作的实务知识和解决物流活动中的业务问题，缩短学生与企业的磨合期。在实习期间应进行实践操作和资料搜集的相关工作，撰写实习报告和实习心得。顶岗实习应有实习方案、实习管理规定和实习指导教师。实习结束后还要完成实习鉴定、实习报告等工作。学校根据专业编写实训实习大纲同实施方案，建立健全实习辅导员制，执行教育部《中等职业学校学生实习管理办法》，保证学生实习安全、规范、健康、实效。

2）纵向组织

以该校物流专业（仓储配送方向）为例，专业教学内容的纵向组织将根据专业培养目标和教育教学内容形成专业教育教学的阶段目标（表3-15）和专业教育教学计划安排（表3-16）。

表3-15 专业教育教学的阶段目标

序号	一	二	三	四
阶段	入学教育阶段	在校学习阶段	毕业教育阶段	就业阶段
目标	明确位置；明确目标；明确任务	职业生涯素质准备	明确位置；明确目标；明确任务	就业；创业
内容	面对时代与人生规划；专业目标与职业生涯设计；任务与生活、学习、自我管理	基本素质与课程活动；关键能力与课程活动；专业能力与课程活动	社会环境与职业发展；组织环境与职业发展；职业发展模式与人职匹配原理	择业；求职；创业

表 3-16 专业教育教学计划安排

类型		课程名称	课时数	学分数	学期、周数与课时分配					
					1	2	3	4	5	6
					18	18	18	18	18	20
德育课程		心理学健康教育	36	2	2					
		职业指导	18	1	1					
		法律基础	36	2		2				
		政治经济基础	36	2			2			
		哲学知识	36	2				2		
		创业教育	18	1				1		
		小计	180	10	3	2	2	3		
公共基础课程		语文	198	11	3	3	3	2		
		数学	162	9	3	3	3			
		英语	144	8	4	4				
		信息技术基础	108	6	3	3				
		体育与健康	144	8	2	2	2	2		
		小计	756	42	15	15	8	4		
专业课程	核心课程	现代物流基础	72	4	4					
		物流技术实务	72	4	4					
		物流信息技术	72	4			4			
		物流客户服务	72	4		4				
		物流企业管理实务	54	3				3		
		小计	330	20	8	4	7			
	方向课程	搬运装卸机械	54	3					3	
		配送作业实务	72	4					4	
		仓储作业实务	90	5					5	
		商品知识	54	3					3	
		其他课程	54	3					3	
		小计	324	18					18	
选修课程	限定性	电子商务基础	54	3			3			
		物流法律法规	54	3				3		
		国际贸易基础	72	4	4					
		其他课程	54	3				3		
	任意性		306	17	4	2	6	5		
		小计	540	30	8	5	12	5		
实习		综合实训与顶岗实习	1140	40					20	20
其他		社会综合实践活动		5						
		核心技能等级证书		5~15						
		合计课时/学分数	3300	170~180						

2. 科目教学内容的组织

仍以该校物流专业物流客户服务科目为例进行说明。

1）前期认识教育

通过新生入学之后的第一学期要开展专业教育、讲座，普及物流专业的基本思想和原理，例如，在第一学期要进行"现代物流基础"的教学，要比较全面地介绍物流管理与操作的相关原理、手段和方法，特别要重点对物流客户服务的基本知识、基本思想等作比较细致的介绍，结合参观实训室、组织讲座等使学生对物流客户服务课程的学习打下一定的基础。

作为开设在第二学期的课程，"物流客户服务"课程的前续课程有"现代物流基础"和"物流技术实务"两门专业课程，学生在对物流行业的基本知识、专业技能有了全面的熟悉之后，需要对物流企业的客户进行有效恰当的管理和服务，这与物流行业的运作流程相对应。

2）理论教学

系统地组织本课程和相关课程的理论教学体系，任课教师组对本课程的前修课程"现代物流基础"和"物流技术实务"进行深入的研究，并且提出大量宝贵意见，拟订这些课程的教学大纲和教学计划，提交给相关课程的任课教研室。与此同时，任课教师还要在每次教学中总结的经验和收集后续课程的相关信息的基础上，不断地修订教学计划、改进教学方法，加强课程的系统性。

单元一是物流客服认知，希望学生能具备物流客户服务的常识，并同时熟悉物流客户服务的主要工作岗位。

单元二是物流前台业务处理，目的在于使学生熟悉前台业务的处理流程，学会接待客户或者来电咨询，能够核实、受理客户数据并生成或者转换订单，最后要能够更新进销存数据，并且对其进行汇总分析。

单元三是物流客户投诉处理，目的在于使学生能受理物流客户投诉，进行工作原因调查并且办理差错赔偿业务，在赔付之后要学会服务跟进的方法，最后完成差错责任落实和补充条款，并完善业务流程。

单元四是物流客户回访与咨询，通过教学，使学生能够设计并且组织实施物流客户回访方案，让学生学会分析物流客户回访信息并且撰写回访报告。

单元五是物流客户信息归类整理与评价，目的在于使学生熟悉物流客户信息管理的流程，学会收集物流客户信息并且对相关信息进行归类整理，撰写客户信息分析报告，最后还要掌握物流客户信息分类管理方法。

单元六是大客户管理，目的在于使学生熟悉大客户管理工作内容和工作流程，熟悉什么是物流大客户俱乐部管理、物流合同管理、物流投标管理以及物流大客户个性化服务方案管理。

3）实践教学

对于"物流客户服务"课程实战性突出的特点，在教学过程中采用一体化教学，以企业实战训练教作为主导，综合应用案例教学法、任务驱动教学法、角色扮演训练法、项目教学法等进行教学。具体情况如表 3-17 所示。

表 3-17 《物流客户服务》实践教学内容的组织

学习情境	教学内容组织	建议教学方法	教学手段
物流客服认知	带领学生到物流企业现场参观； 了解物流企业的现状和客户服务状况； 到教学场地进行现场模拟并且讲解关键知识点	案例分析、讨论、任务驱动、角色扮演训练等	多媒体教学设备、相关物流企业的新闻、物流客户服务案例
物流前台业务处理	带领学生到物流企业客户服务部门现场参观； 了解客户服务部门的主要工作任务及其能力、素质要求； 到教学场进行现场模拟并且讲解关键知识点	任务驱动、角色扮演、实战训练、案例研讨	多媒体教学设备、客户扮演模拟、电话模拟、客户体验任务等
物流客户投诉处理	情境演练客户投诉处理； 角色扮演客户回访和咨询的流程； 就其核心工作内容来进行现场训练，交互反馈	任务驱动、角色扮演、实战训练、案例研讨	物流客户服务真实场景，角色扮演模拟、现场训练等
物流客户回访与咨询	结合某一项目如客户满意度调查进行； 对某一物流企业的客户群进行回访和咨询； 分析总结回访内容； 写出客户满意度调查分析报告； 为企业的服务决策提供有关数据与支持	角色扮演、任务驱动、实战训练、案例研讨、项目教学法	物流客户服务真实场景，角色扮演模拟、现场训练等，有条件地对于真实物流企业客户进行回访
物流客户信息归类整理与评价	结合企业具体项目进行； 完成客户信息归类整理和评价的整个流程； 邀请企业专家进行现场评价	任务驱动、项目教学	合理设置任务及项目，与物流企业合作
大客户管理	根据企业某一案例分析其具体的工作任务； 流程优化设计或者个性化服务方案设计	案例研讨分析、方案设计	多媒体教学设备、任务单

3.4 物流专业教材分析

3.4.1 物流专业教材分析的意义

教师讲好一堂课的关键是备课，只有备好课，才能保证教学质量，然而教材分析则是教师备好课的前提。教师应该将教材中所讲的知识放在知识整体当中去认识，进行全方位、多角度的分析研究，从而可以真正掌握教材的内容，认识其在整个教材结构之中的地位，认识与其他知识之间的联系。这一点对于教学质量的提高起到了十分重要的作用。

现代教学思路的一个基本着眼点就是如何在教学过程之中促进学生的全面发展，培养学生的能力。教学过程不但是一个知识的传授过程，也是一个能力的培养过程。学生能力的培养需要认识和比较各种知识的能力价值。但知识的能力价值具有隐蔽性的特征，其表现是不思则无，深思则远，远思则宽。只有通过对教材的深入分析，才可能挖掘出教材本身并没有写出来的知识的能力价值，以助于对学生能力的培养。

教学过程的设计和教学方法的选择是课堂教学非常重要的环节。教学过程与教学方法的确定并不是随意的，它不只是受到教学思想的指导，还要受到教学内容的制约。进行教材分析也是在酝酿设计教学过程和选择教学方法的过程。因此，教材分析的深广程度会直接影响课堂教学的质量。

教材分析是进行教学工作的一项最重要、最基础的工作，每个教师都应该重视这个环节，并要具有一定的教材分析能力，掌握教材分析的一般方法。

3.4.2 物流专业教材分析的基本依据

分析物流专业教材的时候，主要应以如下几个方面的要求为依据。

（1）学生学习物流的状况：接受水平、心理特点和思维规律。教学的一切活动都围绕着学生的发展，并且落实在学生学习的效果上。因此，在中职教学中也要充分地认识并把握学生学习物流的心理规律。只有充分把握学生在认识活动当中的智力和非智力因素的影响，才能使教学活动落实到学生身上。所以分析学生学习物流的接受水平、心理特点和思维规律是分析教材的另一个重要根据。

（2）教学大纲。教学大纲是依据教育目标，考虑到学科结构、学生情况所制订的对学科教学的指导文件。大纲不仅是教师指导教学和编写教材的依据，同时也是评价教学和考试命题的依据。教师必须认真学习和钻研教学大纲，按照教学大纲的规定和精神进行教学，才能够做好教学工作。

教学大纲主要包括两大部分：一是说明，主要是反映大纲的基本精神，它规定了课程的教学目的及教学任务，提出了确定教学内容的原则，说明了教学中应该注意的原则问题以及教学方法的要点。二是内容纲要，它具体地规定了教学内容的课题、实训、教学课时等项目，并对某些课题的要求作了说明或者限定。

教师应当非常了解大纲所规定的教学内容和大纲所要求达到的程度。尤其是在几年后出现一个大纲多种教材的情况之下，能否准确掌握大纲的知识内容就显得更加重要。只有掌握大纲才能对不同教材进行各种分析比较，从而在使用中做到删选取舍，以达到物流教学目的的要求。

（3）物流专业的知识体系。物流专业的知识体系（学科体系）就是物流业按照其自身发展所形成的知识内容和逻辑程序。物流专业的知识体系就可以分为运输、配送、客户服务、仓储、物流信息系统、国际物流等。只有明确这个知识体系，才能在分析教材的时候看清教材的知识结构和体系，将各部分教材内容放在物流专业知识体系当中来理解。只有认清它们各自的地位和作用，才能深刻地理解知识的内容，做到深入浅出，才能够从发展的观点掌握好知识，避免教学中过程中的绝对化和片面性。

3.4.3 教材分析的方法步骤

1. 仔细研读课程标准

课程标准就是学科教学的指导性文件，是教师编写教材和进行教学的依据。它详细规定了课程的性质、任务、教学目的等。所以在分析教材时应以课程标准为根据，以课标的要求为目的，认真研读课程标准就是正确进行教材分析的前提。

2. 通读教材整合内容

通读教材，对教材的体系结构、文字内容、地位作用、语言表达等方面进行整体了解。只有全面熟悉教材，吃透教材，才能够掌握教材的技能体系以及知识体系，才能弄清教材要实现的目标，才有助于分析、处理教材。教师熟悉了教材的体系结构和目标定位，在教学设计时，就可以整合内容、前后照应、反复渗透，就可以容易地串起教材的线索。

3. 教材内容分析

任何事物并不都是孤立存在的，而是和周围的事物或者现象处于一定的相互联系中。这一思想主要反映在教材内容分析上，就是需要充分校本化地分析、处理教材。教材分析的最终目的是方便更好地选择适合中职学生的教学，达到教学过程的最优化。所以教材分析一定要放在学校实际情境中，弄清教材要素、对象、过程、特点以及教材在教学过程中的地位和作用，要分析教材在帮助学生学习，促进学生智力、思想品德与成长方面的深层次的结构体系，抓住重点和难点，并科学正确地选择、整合教学内容。教材分析的内容具体主要包括以下几个方面。

1）静态内容分析

（1）全套教材及各章节的教学目标要求；

（2）教材的知识体系结构；

（3）教材中科学的思想、方法体系；

（4）教材的概念系列；

（5）各章节在整套教材中的地位和功能；

（6）教材所展示的知识发生与发展过程；

（7）教材所包含的实用性知识和生活知识的分量与类型；

（8）教材所安排的练习的分量、能力水平与难度；

（9）教材所安排的评定学生学习成绩的方法；

（10）每一节课所安排的学习活动的频密度、各种活动之间的默契程度；

（11）教材编排的实训特点及作用；

（12）教材对学校设施及器材的要求；
（13）教材的表达形式，如文字、插图等；
（14）各种表达形式之间的关系和规律；
（15）教材与其他学科配合上的问题。
2）动态内容分析

教材分析另一个重要方面是，要分析教材与学生、教师、教育目的、教学环境、社会等因素相互作用，可能使各个方面发生变化，对这种变化的预判，对于教学设计与提高教学质量和效益是必要的。主要包括以下内容。

（1）学生学业成绩变化及各方面的成长发展情况对教材使用的影响；
（2）学生对教材的使用方式；
（3）教师对教材的知识体系、科学性和教材所表现的文化内涵、同学生的认知和心理规律协调性的分析与判断；
（4）实际教学过程和教学方法与教材设计的差异；
（5）学校对教材的看法和改进意见；
（6）社会对教材的反映和评价。

3.4.4 教材分析设计示例

以《物流客户服务》中《物流客户投诉和理赔》单元为例进行教材分析。

单元三 物流客户投诉和理赔
1. 教学目标
2. 教学环境分析
2.1 学生状况
2.2 学科知识背景
2.3 学校条件
3. 内容分析
3.1 地位和功能
3.2 内容结构知识体系
3.3 重点难点
4. 教学建议
4.1 课时安排
4.2 教学设计
4.3 每节建议
任务一　处理客户投诉
任务二　处理客户索赔

第 4 章　物流管理专业教学设计

4.1　物流专业的典型教学媒体

4.1.1　教学媒体的概念

媒体（media），又译为媒介，其意介于两者之间。传播意义上的媒体指的是传播信息符号的物质实体，也包括同媒体相关的媒体组织。宣伟伯（Wilbur Schramm）认为，"媒介就是插入传播过程中，用以扩大并且延伸信息传送的工具"，具体来看，传播媒体有书刊、报纸、语言、广播、计算机、电影、电视、网络等各种形式。现在，一般意义上媒体被赋予两种含义：一是承载信息的载体；二是指存储以及传递信息的实体。

出于不同的认识以及理解，对于教学媒体的概念共有几种不同的阐述。"教学媒体：以教会别人为目的传递信息的中介物。""教学媒体是存储以及传递信息的工具。""当媒体用于传递以教学为目的的信息的时候，称为教学媒体。教学媒体就是众多教学材料的总称。""教育媒体是指在教育以及教学活动中传递教育信息的载体或中介。因为教育的根本任务及其具体活动都是需要通过教学活动来履行，教育媒体的意义必须通过其在教学活动当中的作用来实现，所以教育媒体亦可称为教学媒体。""教学媒体是指在传播知识或者技能过程中呈现信息的手段或者工具，它有广义和狭义之分。狭义的教学媒体专指电影、投影、录像、电子计算机等现代化教学工具与黑板、图片、教科书等传统教学工具。广义的教学媒体还要包括讲授、参观、实验以及讨论在内。"

上述定义虽然表述不一样，却无根本分歧。从中得出：一般的媒体想要发展成为教学媒体要具备两个方面的要素：一是媒体只有用于储存与传递以教学为目的的信息时，才可称为教学媒体；二是媒体要能够用于教与学活动的过程时，才能够发展成为教学媒体。归纳起来，我们将以传递教学信息为最终目的并且用于教学活动过程的媒体称为教学媒体。

4.1.2 教学媒体的特性

在课堂教学活动当中,教学媒体是教学信息的载体,是传递教学信息的工具,它直接沟通教与学两个方面,对于课堂教学的效果影响很大。伴随着教育技术的不断发展,越来越多的教学媒体被广泛运用于课堂教学当中,但同时因为部分教师不甚了解教学媒体的功能特性,对教学媒体的选择以及运用不合理,从而导致媒体在课堂教学之中的运用不仅没有取得应有的效果,反而影响了正常的教学活动,并给课堂教学带来了负面效应。我们应该认识到,不同的媒体在教学过程当中所体现出来的教学功能各不相同。若要真正发挥教学媒体的功能优势,实现课堂教学的优化效果,教师就一定了解不同媒体的功能特性。

1. 教学媒体的共性

(1)固定性。教学媒体可以将信息记录以及存储起来,在需要时再现。如录像、录音、光盘等都是可以用来记录以及存储教学信息的,也是教学媒体具有重复性的前提条件。

(2)重复性。教学媒体可根据需要,在特定的时间、地点多次使用,而它所表现的信息的质和量基本上保持稳定不变。如书本、录音和录像等则可以依据教学需要,随时获得内容的再现;而广播以及电视受到同时性的限制,则无法随时获取内容的再现。

(3)工具性。教学媒体在教学当中与人相比,处于从属地位,是人们获得以及传递信息的工具。"媒介是事物、内容、物化的符号的表达方式、工具、教学过程当中带有一定目的功能的各种手段,总之就是教学工具。"无论是电影、幻灯机、电视还是计算机都只是被当作传递教学信息的载体以及工具,同时也是学习者获得信息的工具。无论所使用的媒体具有多么强大的特性,都没有办法改变它的工具特性。

(4)扩散性。教学媒体可以把各种符号形态的信息传送到一定的距离,使信息在扩大了的范围内得以展现。如幻灯机、投影等教学媒体在使用时受到空间的限制,只能是在一定的范围内使用,如教室;而电视、广播、计算机网络等有很广阔的传播面,也可以跨越空间的限制把信息传播到很远的地方,因此,在远程教育中派上了很大的用场。

(5)组合性。教学媒体往往能组合。其组合性可表现为三种形式:第一种是把少数几种媒体技术紧密结合从而形成一种新的媒体,如声画同步幻灯、交互视频系统。第二种是依据教学活动的需要,把功能不同的几种媒体加以组合,形成优势互补。第三种是利用数字化技术把各种信息(如图、声、文、动画、视频等)集成在一起统一处理,如多媒体计算机。

(6)能动性。承载教学信息的教学媒体在某一特定的时空条件下,可以离开人的活动独立起作用。例如,优秀的录像教材以及计算机课件有时可以代替教师上课。大都符合教学设计原理,采用的是最佳教学方案,特别是由教学经验丰富的教师参与设计、编制的教学软件,比缺乏教学经验的教师设计制作的教学软件的教学效果通常更好。

2. 教学媒体的个性

教学媒体的个别特性,可以从五个方面来进行鉴别。如表 4-1 所示。

(1) 接触面。指的是教学媒体把信息同时传递到学生以及教师的范围;媒体的信息接触面,可分为有限接触和无限接触两种。如开路播放广播、电视就具有无限接触的功能,然而其他的一般媒体,只是具有有限接触功能。

(2) 表现力。指的是教学媒体表现事物信息的能力,由时间特性、运动特性、空间特性、颜色特性和声音特性等要素决定。例如,语言和文字材料是用抽象符号有顺序性地组织信息,其表现形式受时间顺序的影响;幻灯片、图片、投影等以静态图像的形式表现事物的颜色特性和形状、方位以及距离等空间特性;而电影、电视以及录像等媒体则是以动态图像的方式表现正在变化当中的过程,同时又可以依靠各种技术控制来表现事物的空间特性、时间特性、颜色特性以及声音特性。

(3) 重现力。指媒体不受时间、空间限制,将存储的信息内容重新再现的能力;它也是媒体的最基本特征。例如,课堂上教师可根据教学需要,随意调整幻灯片数目以及顺序,也可反复使用幻灯片,具有较大的灵活性,使学生对教学中的重点、难点有充分的时间观察、思考、讨论,来达到掌握知识、提高教学效果的目的。

表 4-1 教学媒体特性表

教学特征	媒体种类	教科书	板书	模型	无线电	录音	幻灯片	电影	电视	录像	计算机
接触面	无限接触	+			+				+		
	有限接触		+	+		+	+	+		+	+
表现力	空间特性			+			+	+	+	+	+
	时间特性	+	+		+	+			+	+	+
	运动特性							+	+	+	+
重现力	即时重现		+			+			+	+	+
	事后重现	+		+		+	+	+	+	+	+
参与性	感情参与				+	+		+	+	+	+
	行为参与										+
可控性	易控	+	+	+			+			+	+
	难控				+				+		

(4) 参与性。指教学媒体在被操作使用的时候,学习者还可以参与其他的学习活动。例如,实验模型等教学媒体就具备学生自己动手操作的可能性,同时学生可随时中断使用教学媒体而进行包括提问、思考、讨论等其他教学活动;交互式的计算机媒体,指学习者能够根据本人的需要以及学习程度去控制学习的内容,是一种行为和感情参与程度高的媒

体；而教学中使用电视、电影等媒体虽不能让学生直接进行操作，但因为它们具备了较强的艺术感染力，所以比较容易诱发学生的情感参与。

（5）可控性。指的是教学媒体受使用者操纵控制的难易程度。如模型、实验器材等传统媒体，教师或者学生可以随意使用；录像机、投影仪等电教媒体也易操作；而广播和电视节目的播出时间以及内容则无法控制。

4.1.3 物流专业的典型教学媒体种类和特点

1. 按照作用于人的感官分类

（1）听觉型媒体：呈现听觉信息的媒体，如录音、广播、口头语言等。

（2）视觉型媒体：呈现视觉信息的媒体，如投影、教科书、幻灯片、标本、模型、挂图等。

（3）视听型媒体：呈现视听觉信息的媒体，如电视、电影等。

（4）相互作用型媒体：使用者听触觉可同时参与的媒体，如计算机课件、微课训练等。

在物流专业相关课程的讲授中，可以将物流设备的声音、结构、操作方式等，以听觉型、视觉型以及相互作用型的方式加以展示，以增强学生对课程内容的了解。如叉车行进过程的声音、叉车的基本原理与结构图、叉车的基本操作等。

2. 按照媒体的物理性能分类

（1）光学投影类媒体：主要利用光学放大元件，把透明或者不透明的图片、标本、实物放大投射到银幕上，以表现教学信息。如幻灯机和幻灯片、投影器以及投影片等。

（2）电声类媒体：能将声音信号转化为音频电信号以及磁信号，并记录、传输、放大、播放的媒体。如扩音机、收音机、录音机、激光唱机、唱片以及录音带等。

（3）电视类媒体：能将静止或者活动的图像转化为视频电信号以及磁信号，并记录、传输、放大、播放的媒体。如电视机、大屏幕投影电视、影碟机、投影机、录像机、视频展示台和录像带、VCD、LD、DVD光盘等。

（4）计算机类媒体：将模拟信号转化为数字信号进行处理的媒体。如多媒体计算机和磁盘、CDROM光盘等。

考虑到技术的快速进步，基于计算机的教学媒体能给学生带来较为直观的感受，因此，可以在教学的过程中，借助计算机对物流的环节进行直观展示和模拟仿真等。如对出入库活动、运输活动、分拣活动的视频展示和软件模拟仿真。

3. 按照媒体发展先后分类

1）传统教学媒体

（1）传统教学媒体简介。过去传统教学当中常用的媒体称为传统教学媒体。这一类媒体就是"不带电"的，是最常规以及历史悠久的媒体。其中的语言媒体是人类交际活动中最为重要的一种传播媒体,即使在具备了多种现代媒体的今天仍具有其他媒体所无法替代的优势。其进一步的分类如图 4-1 所示。

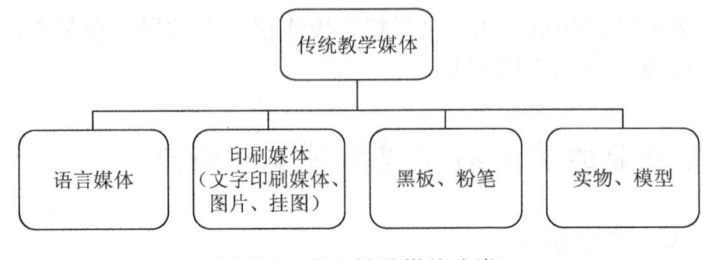

图 4-1　传统教学媒体分类

传统教学媒体的优缺点如表 4-2 所示。

表 4-2　传统教学媒体优缺点

教学媒体	优点	缺点
语言媒体	十分有效的交流途径	比较抽象,且稍纵即逝,只能是在有限的距离内交流
印刷媒体	制作成本低廉、易于分类保存、修改以及分发、易于携带,使用范围广泛,使用方便,在各学科、各种形式的教学中都适用,且教学信息稳定、可靠、持久、系统性强	制作周期较长,不能够及时迅速地传播
黑板、粉笔	价格便宜,经济实惠,信息的组织以及展示灵活,可随时调整	黑板的版面有限,书写板书需消耗较多时间,粉笔灰也容易污染环境
实物、模型	真实、直观、具体,便于学生观察,也可供学生动手操作,有利于提高学习兴趣	不是任何实物都可拿到课堂中当教具使用,而且有些实物难以获取,也不易做成模型

(2) 物流专业的典型传统教学媒体。如下简单介绍的几种传统教学媒体经常在课堂教学中应用到。

①黑板。黑板是随班级授课制共同普及起来的教学媒体,是近代教室以及课堂教学最明显的标志。目前,还出了功能相同的白板和电子复印白板等。教师利用黑板以及粉笔,采用板书的形式通过学生的视觉器官传递教学信息,要比语言富有直观性,是教师口头语言的书面表现形式。板书和诉诸听觉的语言符号相辅相成,可加强语言效果、加强记忆。表达教学内容更清晰、更简练、更容易被学生所接受,可弥补语言符号稍纵即逝的缺陷。

②挂图。挂图指的是不需要放映就能供学生观看的教学用的视觉媒体。挂图通常是大幅的,需要被挂起来展示的图表或者图画。它能对人物、环境以及事物提供生动的形象表达,有助于说明教材内容的意义,加深学生的了解,启发学生的想象。

③实物或者模型。实物或者模型是最典型的直观教学媒体。模型是依据教学需要,以实物为原型,经过加工而模拟做成的仿制品。模型不仅能帮助学生认识事物的立体外形,而且还能够向学生揭示事物的内部结构。在特定的情境之下,使用逼真的模型进行教学还能获得较使用实物进行教学更好的效果。

2）现代教学媒体

（1）现代教学媒体简介。20世纪以来通过科技成果发展起来并被引入教学领域的电子传播媒体称为现代教学媒体，在中国也称为电化教育媒体。这一类媒体有浓厚的时代气息，也属于"带电"媒体。其进一步的分类如图4-2所示。在科学技术快速发展的今天，现代教学媒体以它强有力的优势冲进课堂。它是以信息量大，表现手段直观、形象、生动，有强烈的感染力，概括性强，能够调动学生的多种感觉器官等优势，使课堂组织形式逼真、新颖，教学环境信息化，教学内容图文并茂、声形俱现，大大加强了学生的学习兴趣，调动了学生的学习积极性。且在现代媒体中视觉以及听觉可以同时感受，能够调动学生多种感官的参与。

纵然现代教学媒体有着非常多传统教学媒体所不能比拟的优势，但若不恰当使用，只是一味滥用现代媒体，而摒弃传统媒体，则会导致既不能充分发挥现代媒体的优点，又可能妨碍课堂教学的正常进行，也会影响教学效果。

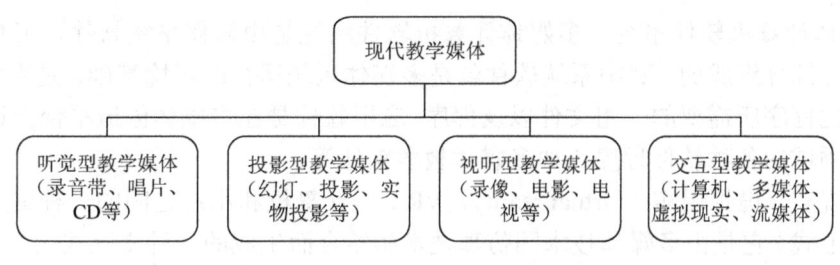

图 4-2　现代教学媒体分类

（2）物流专业的典型现代教学媒体。如下简单介绍几种经常被应用到物流课堂教学中的现代教学媒体。

①幻灯机。幻灯机是最早应用在教学中的一种技术型教学媒体。它是把光学胶片上的影像，通过光路系统放大以投射到银幕上的一种光学装置。它可提供影像逼真、清晰、放大的色彩静止的视觉画面。幻灯机构造简单，简单易学，制片方法非常容易掌握，教师可以自己制作教学需要的幻灯片。但是它只能提供静止画面，且对教室环境有一定要求，幻灯片也不易保管。但伴随着科学技术的发展，幻灯机的功能也在不断得到完善。

②投影机。投影机的工作原理与幻灯机相似，只是在光路上有些差异。投影机操作方便，教师就可根据教学实际需要灵活使用各种形式的投影片。使用投影机能较好地保持传统教学中师生面对面教学，具备容易理解以及及时交流的优点，能减少教师的板书劳动，使教师的课堂活动时间有了回旋余地。投影教学效果在很大程度上依赖于教师的媒体教学技巧。

③电视。电视是一种呈现动光图像的视听结合媒体。电视以其清晰的画面、丰富的色彩、真切的伴音，生动、具体地将许多教学内容呈现在学生面前，可用很直观的方式来呈现抽象的教学内容。但电视教材制作复杂，教学信息只能够做信息的单向传递，且在呈现经常需要修改的教学内容时，比不上投影媒体。

④广播以及录音。广播以及录音主要是单向传播声音信息,而没有交互作用。它主要应用于语言学习,如外语、音乐等课堂教学。

⑤多媒体计算机系统。多媒体计算机系统是以多媒体技术为支撑,在多媒体计算机硬件系统的基础之上,安装以及配备使用的多媒体软件。

a. 多媒体技术。多媒体技术是指能同时获取、处理、编辑、储存以及显示文字、图形、图像、声音、视频等两个以上不同类型信息媒体的综合技术。而这些信息媒体经过计算机软件、硬件设备处理之后,以单独或合成的形态呈现出来。多媒体技术的发展为多媒体计算机的出现以及广泛应用提供了坚实的技术基础。

b. 多媒体计算机硬件系统。自从第一台电子计算机诞生以来,在经历了电子管时代、晶体管时代、集成电路时代、大规模集成电路时代以后,通过和多媒体技术相结合,出现能处理多种媒体图形、文本、动画和声音功能的多媒体计算机。以多媒体技术为支撑的多媒体计算机,突破了传统的基于文字以及简单图形界面的人机交互方式,为人们的信息交流提供了一种全新的手段。

c. 多媒体计算机软件系统。多媒体计算机软件系统是由操作系统软件、工具软件以及应用软件三部分组成的。其中系统软件就是多媒体系统运行的环境基础,是生成、准备以及执行其他程序所需要的一组文件以及程序。应用软件是在多媒体创造平台上设计开发的面向应用领域的各种软件程序,如多媒体教学软件等。

⑥虚拟现实。虚拟现实(virtual reality,VR)是计算机和用户之间的一种更为理想化的人机界面形式。它是由多媒体技术同仿真技术相结合而生成的一种交互式人工世界。用户只需要戴上一个特殊的头盔(用来显示立体图像的头式显示器),手拿传感手套,即可将自己置身于一个虚拟的世界中漫游,并能够操作其中的各种对象,如仓库管理、分拣业务操作等均让学生亲自体验现实之中无法实现的一些经历,变抽象内容为具体感知,提高教学效果。因为虚拟现实也具备承载信息的功能,所以我们也可以把它看作一种媒体。同传统影视媒体比较,虚拟现实能使学生自己控制体验的进程以及顺序,挑选自己感兴趣的环节而略过其他部分(传统影视媒体只能够按照录制的顺序播放,参与者也不可改变其播放顺序,缺乏交互性)。而跟多媒体比较,虚拟现实又能够使参与其中的学生获得更加深刻的感知体验、情景体验,完全使其置身于虚拟世界当中,而对其真实性丝毫不产生怀疑。因为虚拟现实能弥补学校教学条件的不足,避免真实实验或者操作所带来的各种危险,并能够彻底打破空间、时间的限制,虚拟人物形象等,所以它在学生知识学习、技能训练、虚拟实验、探索学习和远程教育中得到广泛应用。

⑦流媒体。流媒体技术(streaming media technology)主要是为解决以互联网为代表的中低带宽网络上多媒体信息(以视音频信息作为重点)的传输而产生、发展起来的一种网络技术。它主要涉及流媒体数据采集、视/音频编解码、传输、存储、播放等诸多领域。采用流媒体技术,能有效地突破低比特率接入互联网方式下的带宽瓶颈,以克服文件下载传输方式的不足,来实现多媒体信息在互联网上的流式传输。在既不用下载等待需求又不占用客户端硬盘空间的情况下保证实时播放。流媒体数据流的最大特点就是允许播放器及时反应而等待整个文件的下载。

流媒体技术在促进教育电视发展以及推动现代远程教育等方面具有非常重要的意义。教育电视能够给学习者提供多种感官刺激，具有丰富的表现力、感染力以及教学过程可分离等诸多优点，但是传统的教育电视系统又存在着诸多不足。例如，缺乏双向沟通的渠道，师生间难以进行多方面交流；而在课程难易程度、学习的时间、地点等方面，学习者没有真正的主动选择权等。因为通过流媒体技术可以实现视音频信号的数字化以及网络化的存储、处理、传输，所以使学习者能够真正主动地、有选择地获取视音频信息，加强他们的主动性以及视频信息本身的可控性，更好地满足他们的学习需求。除此之外，在远程教育领域方面，因为流媒体技术能很好地解决视频等大容量实时多媒体信息对带宽的占用，所以丰富了互联网上的信息资源，提高了信息资源的利用价值以及应用效率。

（3）现代教学媒体在物流专业课堂教学当中的作用。

①有利于提高学生的学习积极性。心理学认为，在课堂上，学生的注意力的集中时间是有限的。而长时间地集中注意力，会引起他们的思维疲劳甚至厌烦，与此同时，如果能不失时机地利用现代教育媒体的表现力，给学生一种具有新意的刺激，可以使学生从原来的抑制状态转化为兴奋状态，从而提高学生的学习积极性。例如，在讲到物流配送时，适时地给学生在幻灯片上展示配送中心从接到订单到货物分拣、配货再到货物的配装、运送的整个操作过程，与此同时，配以声音，可以吸引学生的注意力，激发学生的兴趣，调动学生的学习积极性。

在以往的教学过程当中，呈现教学内容信息基本上是抽象式的，也就是通过语言、文字、符号、图表为信息载体来表现教学信息。即使是很形象化的语言描绘，始终并不是形象本身。这种教学模式最大的弊端是体现信息的方式是从教学内容的编写者以及讲授者的阅历和经历出发，而不是从学生的阅历以及经历出发，因此，呈现信息的方式往往不符合一般人特别是中小学生的思维习惯。由于人们（尤其是中小学生）的思维通常是从直觉开始的，由感知产生表象，再由感性上升到理性。所以在中学教学当中，仅靠抽象的语言信息的传统式教学是不符合学生思维习惯以及思维规律的。而在多媒体组合教学当中，通过运用声形并茂的信息载体传授知识，加上教师适时的点拨以及注释，将具体与抽象、感性与理性有机地结合起来，将直观性强的演绎法和抽象性强的归纳法有机地结合起来，使学生从形象当中提炼出理性的认识，这样就使其对知识的理解记忆深刻、全面、不易遗忘。形象化的教材以及教法也使教学更加生动、活泼，能够充分调动学生的学习积极性和主动性，挖掘以及培养学生的能力和潜力。

②便于形成知识网络，使学习更具系统性以及高效性。电教媒体组合教学系统因为采用了超文本结构，所以克服了传统教学知识结构的缺陷，具有体现信息的形式多样、非线性网状结构的特点，也符合现代教育的认知规律。CAI 的应用，能够更实用、省时、丰富多彩，其效果是传统教学手段所无法比拟的。它体现的直观形象的教学内容既适合课堂式教学，又为学生个别化自主学习指示了路径以及方法，为学生充分利用计算机等多媒体工具进行复习巩固提供了示范，且同时为学生自主探索知识规律、建构知识网络、学会相互协作学习和提高思维能力铺垫了基础。它融文、声、图、像于一体，使知识容量增大、内容充实形象，更具吸引力，为学习者创造了一个更大的时空范围，利于其扩大知识面，拓

宽视野。由于电教媒体组合教学系统强调了以计算机为核心的多媒体的作用，从根本上改变了传统教学中教师、教材、学生三点一线的格局，使教学过程的基本要素增加到四个，并使教师、学生、教学内容以及教学媒体四要素的相互作用更加密切，从而产生更大的共域，达到更好的教学效果。

比如，在传统的物流基础课堂教学当中，许多章节里的概念性的内容不容易表现，学生又缺乏相应的经验，所以学生不能很好地认识概念。而利用现代教育媒体所对相应的内容作出展示以及模拟，能够帮助学生建立相应的经验，在学生、老师以及教学内容之间形成相互关联的纽带，建立互相沟通的渠道，进而帮助学生正确地理解概念。

③有利于启发学生的思维。要想实现教学目标，学生必须积极地思维，如果只是学生被动地接受，这是有悖教学原则的，而要启发学生的思维，仅简单地进行课堂提问也是不够的，还应该有一些新方法。课堂多媒体组合教学设计就是现代教育技术的重要组成部分。在课堂教学过程当中，因为幻灯、录音、VCD、投影、录像和计算机等电教媒体以声、像的形态来传递教学信息，具有丰富的表现手法以及很强的表现力，能够具体形象地再现各种生物的生理特点、形态结构、生态演化等知识规律，能有效地揭示生命的现象和本质，使教师从黑板、粉笔中解脱出来，为教师提供了多样化的教学信息空间，令教师可以因人而异地调节教学进度以及组织教学内容；使学生的不同感官可以在同一个时间内接受到多种信息，达到"虚拟现实"的效果，加上教师适时的评点以及注释，使教学信息多样化、集成化，并且产生交互作用，从而丰富教学信息的表现力，利于学生对信息的理解以及加工，缩短教学时间，提高教学效率。充分利用电教媒体组合组织教学，可提高视听觉形象的传递比率，提供生动逼真的学习环境，以图文并茂的方式呈现知识、提供示范、开拓练习以及提供边演示边讲解的启发式教学方法，从而激发学生的求知欲望以及潜能。

例如，在讲到牛鞭效应这一物流现象时，学生对这一现象形成等内容的理解比较困难，传统的教学过程当中，对牛鞭效应的原理和产生原因等内容用普通的板书很难讲解。若利用相关软件，模拟供应链上整个订货的过程，学生很快就能发现牛鞭效应的产生过程并思考其产生的原因与减少牛鞭效应的途径。因为适时地运用了现代教育手段，学生的思维活跃了，思路打开了，所以达到好的学习效果。

④有利于体现学生的主体作用。学生是课堂教学活动的主体，在教学过程当中，必须让学生有机会以及有时间对所授内容作判断、比较、分析、综合，使学生处于积极动脑、动口的状态，充分发挥其主体作用。

例如，在学习仓库内部规划的时候，可利用几张不同布局的仓库内部结构图，令学生在比较几种不同的布局模式可能对于不同种类的商品以及仓储作业产生的影响后，找出最合理的仓库内部布局模式，最后自己就会得出结论。这样使学生从被动地接受变成主动地学习，发挥了学生的主体作用。

3）物流专业传统教学媒体同现代教学媒体的比较分析

（1）从显示教学信息角度来看：现代教学媒体虽然在很大程度上提高、丰富了信息的表现力和感染力，但从信息显示方式以及学生学习的特点来看，在课堂教学当中，传统教学媒体仍然是教学信息体现的主要方式。任何抛弃教材、板书以及教师讲授的极端做法，都会给课堂教学效果带来极大损失。另外，在课堂教学当中，现代教学媒体在显示信息以后，需要及时关闭，否则会干扰学生的注意，如幻灯、投影等。传统教学媒体，如板书，在显示教学信息以后，还可以给学生持续刺激，不但不会分散学生注意，而且更有利于集中学生注意，使学生随时能获得十分关键信息的帮助。

（2）从学生参与性角度来看：现代教学媒体具有形象、生动等特点，通常有利于创造轻松、活跃的课堂氛围，很容易诱发学生的感性参与，引起学生较高的情绪反应；而传统教学媒体相对较概括、抽象，容易激起学生的行为参与，就会引起学生的思考动机。

（3）从教学媒体的操作难度角度来看：现代教学媒体从硬件操作到软件制作、设计，通常需要专门的培训，操作难度相对较大；而传统教学媒体因为教师有多年教学经验，所以对板书以及教材等的操作更加得心应手。

由此可见，现代教学媒体的功能虽然强大，但也不能抛弃了传统教学媒体，它们有着不同的优缺点，它们之间的关系却并不是非此即彼、相互对立，而是和谐统一、优势互补的。实际上，现代化教学媒体是传统教学媒体的延伸以及发展，它的确具备很多传统教学媒体所无法比拟的优越性，但是毕竟不是"万能灵药"；传统教学媒体的确有不少弱点，但是并非一无是处，有些传统媒体就是永远不会过时、不会失效的。

应该看到：在教学当中，不但需要如多媒体计算机等现代化工具来辅助，以帮助我们更好地进行教学优化以及改革，而且任何高科技的现代技术都无法代替如教师和语言等传统媒体，所以必须继承和发扬传统教学媒体，重视现代教学媒体的运用，将二者有机结合起来，最大限度地优化课堂教学的整体结构，为学生创造最佳的学习情境，以激发学生学习的主动性以及积极性。

4.1.4 物流专业教学媒体的选择

1. 影响物流专业教学媒体选择的因素

任何物质都是依靠一定环境存在的，并通过与周围的事物相互作用而表现自身的价值。所以，媒体也不例外。前面对课堂教学的阐述当中已经知道，课堂教学是个非常复杂的过程，各种因素之间有着千丝万缕的联系，任何不恰当的作用都会影响整个课堂教学的进行。作为课堂教学设计十分重要的组成部分，教学媒体选择也是一个非常复杂的过程，为了保证所做的选择恰当、准确，需要考虑很多方面的因素，如图4-3所示。

从图4-3中可以知道，影响媒体选择的因素有四大类：有效的传播、师生的技能、合理的代价、实际的制约。还可以继续细分为八小类：教学目标、教学内容、学生因素、教师因素、媒体是否容易获得、操作便利程度、媒体的适用性、花费的时间等。在实际的选择教学媒体的过程中，还有许多其他的影响因素，这就要求依据具体的情况做进一步的分析。物流专业教学媒体的选择根据如下。

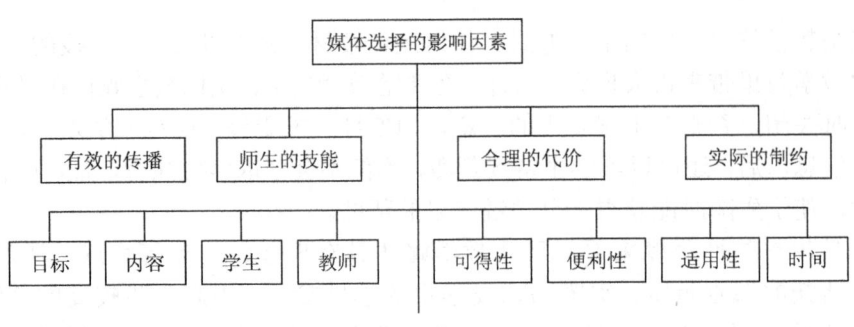

图 4-3 影响教学媒体选择的因素

1）教学目标

从教学目标出发，宏观上就要考虑教学媒体的选用，来保障总体教学目标的实现。教学目标是教师依据教学大纲的要求，对学生应达到的学习成果或者最终行为的明确阐述，它为每一门课、每一章节中教师、学生以及教材的相互作用明确了方向，在教学中起着至关重要的作用。

威廉·艾伦（Willian Allen）曾经给出学习目标—媒体关系的二维矩阵，用来说明教学媒体的选择与教学目标的关系，如表 4-3 所示。

表 4-3 学习目标—媒体关系表

教学媒体	学习目标					
	学习视觉鉴别	学习真实信息	学习原理、概念和规律	学习过程、程序	完成熟练的直觉运动动作	发展所期望的态度、观念以及动机
口语表述	低	中	中	中	低	中
印刷课本	低	中	中	中	低	中
演示	中	低	低	高	中	中
静止图片	高	中	中	中	低	低
动画片	高	中	高	高	中	中
电视	中	中	高	中	低	中
三维物体	高	低	低	低	低	低
自动录音	低	中	低	中	低	中
程序教学	中	中	中	高	低	中

由表 4-3 可以观察出，不同的教学媒体对同一教学目标的实现，其功效是不同的。比如，对于物品仓储过程或者是进出口货物报关程序的学习，选动画片、演示、程序教学这三种教学媒体的教学效果较好，印刷课本、口语、静止图片等媒体的教学效果次之，然而三维物体的教学效果最差。所以教学媒体的选择应以教学目标为指向，为实现不同的教学

目标需要使用不同的媒体去传输信息。教学媒体应遵循教学目标，而并不是反过来支配教学目标。精心设计教学目标就是设计教学的首要任务。应尽量避免仅为了激发学生较浅层次的兴趣而使用电教媒体，更应避免仅仅因为计算机程序、电影、展览以及其他材料方便可得，并以某种方式与当前的课堂教学内容相关联就简单地使用它们。

2）教学内容

从具体的教学内容出发，微观上就要考虑教学媒体的选用，确保教学要求的具体实现。因为学科的不同，媒体的选择是不同的，即便是同一学科，不同章节的内容对于教学媒体要求也是不同的。例如，物理和英语、数学和政治就有很大差别。数学、物理等学科的概念、法则以及公式都比较抽象，要经过分析、比较、综合等一系列复杂的思维过程才能够理解，因此，选用的媒体既要能以动态、交互的方式表现对象之间的关系，又要利于学生主动探索和发现，这样才能够使学生的逻辑思维能力、空间想象力以及运算能力得到较好的训练。另外，对于可以直接传递的内容，教师只需要采用诸如语言之类的教学媒体就可将其表述清楚；而对于说理抽象、理论性强、学生不易听懂的内容，或是比较枯燥、口头讲授效果不佳、学生易感疲乏厌倦的教学内容，就需要适时插入一些图文、音像、动画等媒体资料，增强学生的感性认识。

3）教学对象

在课堂教学之中，教师的教学对象是学生，他们是学习的主体因素，任何教学内容和方式必须通过学生来起作用。教师的教是服务于学生，同时又受学生自身的特征、学习规律等的影响以及制约。只有通过对学习者的特征分析，让教师掌握每个学生在学习中存在的差异，并采取符合学生学习规律的教学方法，才能够组织起有针对性的教学，以充分发挥教学对于学习的促进作用，取得良好的教学效果。因此，在选择为教学服务的媒体时，也需要充分考虑教学对象的特点，以找到真正恰当的媒体。

（1）教学对象年龄与媒体选择。不同年龄段的教学对象因为心理年龄、思维逻辑、学习背景的不同，以及对事物的接受能力不同，所以在选择媒体时还要充分考虑到他们的年龄和接受能力。对于低年级的小学生，因为他们的逻辑思维能力较差，以感性思维为主，自我控制能力也比较差，所以应尽可能地为他们选用直观、具体、生动的教学媒体，如幻灯片、电视、电影等来激发他们的学习兴趣，但媒体的播放时间也要适当，否则会让他们感到乏味。而对中学生、大学生来说，因为他们的抽象逻辑思维已经得到一定的发展，并逐渐由经验型过渡到理论型，辩证思维迅速发展，能够通过对外部现象的观察归纳出关于客观世界的某些知识，也要具备一定独立处理事务的能力，所以在选择媒体的时候就应该选择抽象性以及实践性较强的媒体来表现教学内容，来引发他们的理性思考，培养其抽象思维以及动手操作能力。

（2）教学对象性别差异与媒体选择。不同性别的学生对于学习采取不同的态度，其思维方式也存在一定差别。男生的自主探索意识比女生较强，其想象更具抽象性，偏向于抽象思维类型；而女生的想象相对男生更偏于形象性，习惯用形象思维来解决问题。因此，在选择媒体时，要同时考虑到男女生的性别差异，兼顾抽象思维以及形象思维的需要，以确保教学的平衡性。

（3）学生的学习风格与媒体选择。学习风格是指学习者在感知不同刺激并对不同刺激做出反应这两个方面展现出来的所有心理特性，是学习者的特征性以及一贯性的组织和加工信息的方式，也是一种与认知活动密切联系的人格变量。教师对于课堂教学中教学对象学习风格整体分布趋势的分析研究能帮助教师选择适合学生特点的教学媒体以及教学方法，贯彻因材施教、扬长避短的教学原则。另外，教师还可采取有意失配原则，即有意识地选择学生不喜欢或者感到困难的方法，弥补他们学习风格上的不足，拓展以及丰富学习途径，例如，可以鼓励视觉型学生多使用磁带等声音媒体，发挥听觉通道在语言学习中的重要作用。

此外，对于学习风格为场独立型以及场依存型的学生，美国心理学家威特金研究发现，场独立型的人倾向于更多地利用其内在的参照作为信息加工的依据，而场依存型的人就倾向于更多地利用外部参照系来进行学习。所以独立学习的书本、程序教学等更加适合场独立型的学生，而适应个性的教学媒体对于场依存型的学生是十分理想的。

从这些可看出，教师对教学对象学习风格的把握程度，对学生学习风格以及教学媒体关系的了解程度，也是影响教师能否选择到恰当的教学媒体的重要因素。

4）资源环境条件

应该根据具体的设备条件、社会环境以及资金技术等可能实现的情况选择。例如，现有设备的条件，目前许多学校都没有配备足够的媒体的硬件以及软件资源，如果选择了一种本来并没有配备的媒体，那等于是空谈。再如，很多学校还没有专用的计算机教室，或计算机的资源不能够满足需求，面对这样的情况，当需要把计算机作为教学媒体的时候，则必须合理安排好课程表，避免冲突。

5）教学媒体自身的特性

选择媒体还应考虑媒体自身特点以及一些使用上的实践性因素；媒体的图像尺寸大小（放大/缩小）、效果（色彩及形体是否逼真）、静止还是动态等；媒体制作的难易程度和学会操作所花的时间；媒体所具备的功能在不同使用情况下能发挥的程度等。这些因素都制约着媒体的抉择。

6）教师能力要求

传统的教学媒体使用起来相对简单，但是对于一些现代的教学媒体操作起来就需要一定的技术，如计算机，部分教师在计算机使用水平上还相对欠缺，在用计算机进行教学时，因为不够熟练往往需要在操作上花上一定的时间，这样既缩短了上课的时间，又会影响教学的顺利进行，所以提高教师自身的操作技能也成了很重要的步骤，学校应通过各种途径提高教师使用教学媒体的技能，使教师不仅能够掌握常用教学媒体的使用方法，也能进行简单的维护工作，能灵活控制教学过程、处理一定的突发事件。此外，教师应尽量选择自己能驾驭的教学媒体，既省时省力，又得心应手，还能使教学媒体的功效在自己的教学当中得到最大的发挥。

2. 物流专业教学媒体的选择方法

在实际选择物流教学媒体的过程当中，由于考虑的因素、思考的角度的不同，设计以及选择的方案也就不同,因此形成了多种方法。本书介绍对常见物流教学媒体进行选择的五种经验方法。

1)问题表法

首先,我们需要提出如下一组问题。

(1)所需媒体是为提供感性材料还是提供练习条件?

(2)教学内容是否要做图解或者图示的处理?

(3)视觉内容是以静态图像还是动态图像来呈现?

(4)动态图像是否需要配音?

(5)有没有现成的电影或者其他放映材料以及放映条件?

(6)什么时候要考虑使用多媒体技术?

(7)与其他媒体相比,我所选择的媒体是否能做到"低耗高效"?

上述所列出的七个问题只是问题表这种模型中的一部分,与此同时,也是教师在选择物流教学媒体时经常碰到的,具有一定的代表性。从中就不难看出,问题表法指的是列出一系列要求教师回答的问题,并通过对这些问题的逐一回答,来比较清楚地发现适合于一定情境的教学媒体。因为这种方法简单易行,所以在早期比较流行。可是随着媒体的种类的增多和功能的加强,问题表中的问题显得比较空泛,所涵盖的范围不够广、更不够深,具有很大的随意性。

2)流程图法

流程图法的应用就是建立在问题表法的基础上的。它先把选择过程分解成一套按序排列的步骤,每一个步骤都会设有一个问题,由选择者回答"是"或"否",然后按逻辑被引入不同的分支。回答完最后一个问题,就会有一种或者一组被认为是最适合于某种特定教学情境的媒体,直到此媒体选择结束。

媒体选择的流程图可根据不同需要设计成不同的形式。最常用的两种形式的流程图是视觉媒体选择流程图(安德森的辅助教学媒体流程图)以及根据教学模式设计的流程图(媒体选择流程图),如图4-4和图4-5所示。

流程图法为教师选择物流教学媒体提供了思维步骤以及明确指向,是辅助教学媒体选择的很好的工具。教师在实际教学过程当中,既可以选择使用已有的流程图,也可以依据自己的需要设计具有个人特色的、更加适合于自己使用的流程图。

3)经验之塔法

经验之塔把媒体提供的学习经验进行排列,形成一个金字塔状,由下而上分为11个层次。最底层的内容提供的学习经验最具体、直观,逐层上升直接感觉的程度越来越下降,而趋向抽象的程度越来越高。如图4-6所示。

4)矩阵选择表法

这一方法是把教学媒体的种类作为一维,把它们的教学功能作为另一维,进行列表,再用一种评价尺度来反映两者之间的关系。评价尺度可用很有利、较有利、困难以及不利四种层次。表4-4为教学媒体矩阵选择表。

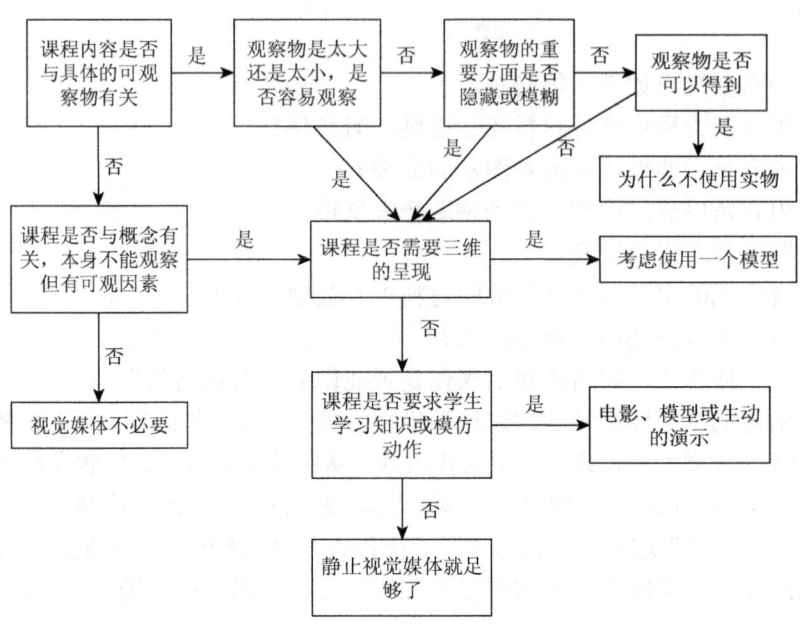

图 4-4　视觉媒体选择流程图

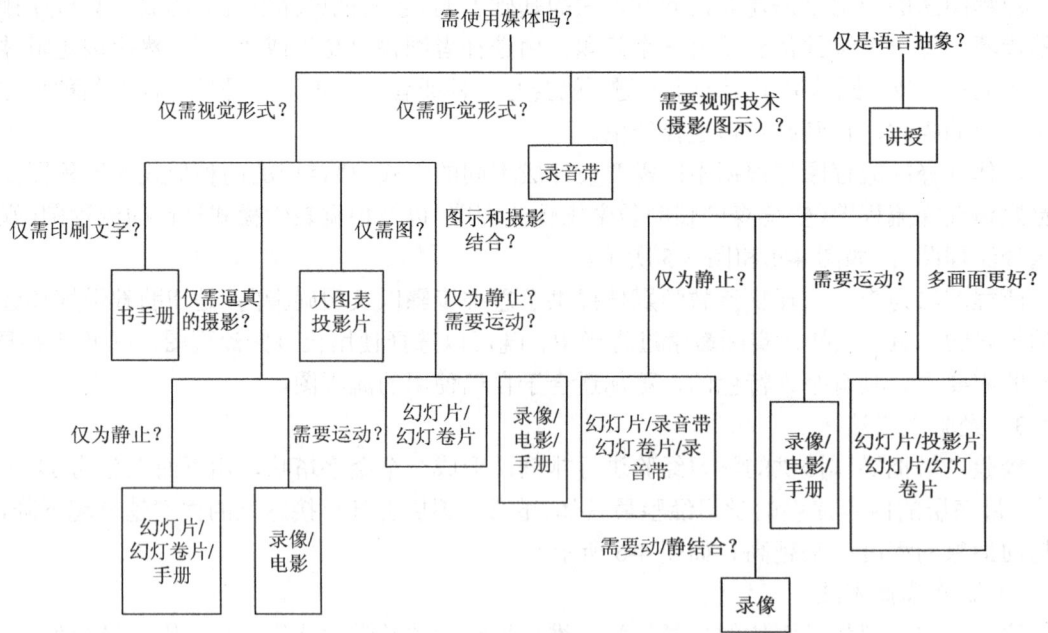

图 4-5　媒体选择流程图

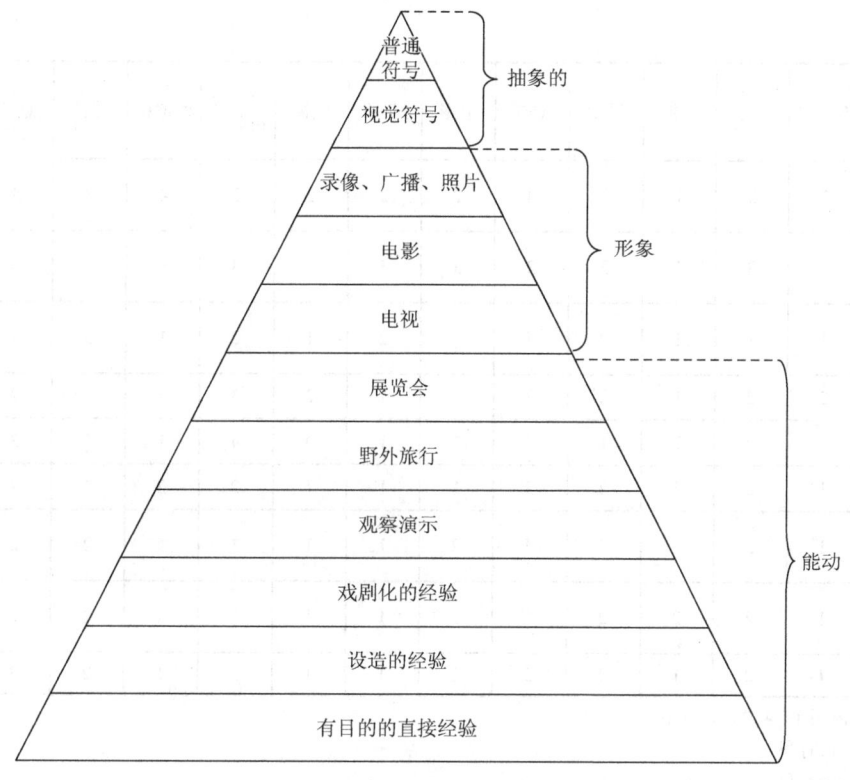

图 4-6　经验之塔

表 4-4　教学媒体矩阵选择表

教学性质	媒体种类	教科书	程序课本	黑板	模型	幻灯	电影	投影	电视	反应分析装置	模拟机	录像节目	教育信息处理器	计算机教学系统
目标	知识	1	1	2	2	1		1	2			1		1
	技能	4	3	4	2	4	2	4	4		1	1		3
	能力	2	2	2	2	3	2	2	2		2	2		2
	态度	2	3	3	2	1	2	4	1		3	3		3
功能	呈现知识	1	1	1	2	1	1	2	1	4	2	1	4	2
	反馈信息	3	2		3	4	3	2	4	2	1	2	4	1
	激起反应	2	1	3	2	1	2	2	2	1	4	1	4	1
	控制反应	2	1	3	3	2	2	3	2	4	1	1	4	2
	诊断评价	4	2	4	3	4	4	4	4	1	2	2	1	1

续表

教学性质	媒体种类	教科书	程序课本	黑板	模型	幻灯	电影	投影	电视	反应分析装置	模拟机	录像节目	教育信息处理器	计算机教学系统
代价	精力准备	2	3	1	2	4	2	2	2	3	4	3	4	4
	设备投资	2	3	1	3	3	3	3	3	4	4	4	4	4
	日常耗费	1	1	1	2	4	3	2	1	2	1	3	4	4
	保存性	2	2	1	2	3	2	1	2	3	3	1	2	2
	反复性	2	2	2	1	3	1	1	4	4	1	1	3	3
使用方式	便利性	1	2	3	2	3	1	1	1	1	2	2	4	3
	个别指导	1	2	2	2	4	2	1	1	1	4	2	2	2
	集体指导	1	2	2	2	1	2	1	1	1	4	2	2	2
		1	2	1	2	2	1	1	2	1	2	3	3

注：评价尺度用 1~4 表示，其中

1——很有利；

2——较有利；

3——困难；

4——不利。

5）算法型

这一方法的基本思就是想尽可能选择低价、高效能的教学媒体，计算公式为

$$媒体选择的概率 = \frac{媒体产生的效能(V)}{需付出的代价(C)}$$

依据上述基本思想，用图 4-7 来表示媒体的最佳选择区以及可选择区。

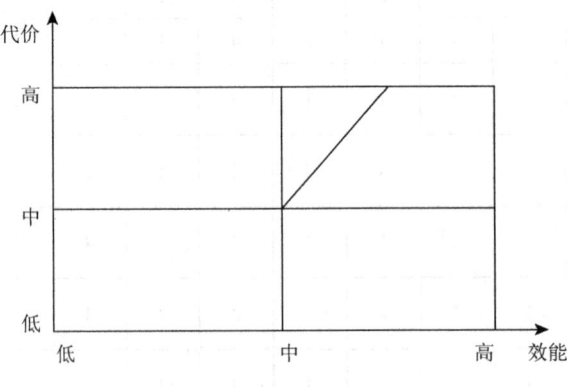

图 4-7　媒体选择决策模型

4.1.5 物流专业教学媒体的设计

1. 物流教学媒体的设计模式

常见的物流专业教学媒体的设计模式如表 4-5 所示。

表 4-5 物流常规教学媒体设计模式

教学媒体	设计模式
计算机辅助教学	训练与实习型
	指导型
	咨询型
	模拟型
	游戏型
	问题求解型
计算机网络教学	讲授式
	个别辅导式
	讨论式
	探索和协作式
幻灯、投影教学	书写法
	图片法
	实物投影法
	作业法
	导引法
	声画教学法
音像教学	演播—设疑法
	演播—讨论法
	演播—情境法
	演播—发现法
	演播—实验结合法
	演播—操练法

2. 物流媒体教学的设计过程

物流专业课程媒体教学的设计过程如图 4-8 所示。

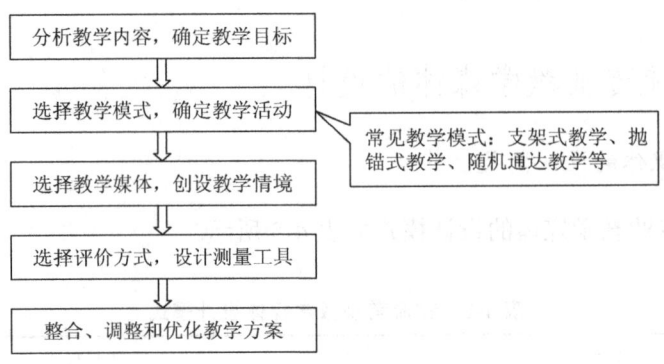

图 4-8 物流媒体教学的设计过程

4.2 物流专业教学环境设计

4.2.1 教学环境概述

1. 教学环境的内涵

教学环境就是一种特殊的环境。概括地说，教学环境就是学校教学活动所必需的各种客观条件以及主观条件的综合。学校是一个复杂的社会组织系统，学校内部的一切事物主要包括：精神的、有形的、物质的、无形的，都是教学环境的内容。教学环境有广义和狭义之分。从广义上说，教学环境包括科学技术水平、社会制度、家庭条件、社会关系等内容，这些因素都在一定程度之上制约着教学活动的效果。从狭义上说，也就是从学校教学工作的角度来看，教学环境还包括学校教学活动场所、校风班风、各种教学设施、师生人际关系等。

2. 教学环境的分类

因为不同的研究目的，研究者对学校教学环境所包含内容的分类也就不同。目前，比较权威的是 Tagiuri 的分类。他认为教学环境主要由生态学维度、背景变量、社会系统因素以及文化因素构成，教学环境的功能是以上四个因素的一个交互作用。

（1）生态学维度：指学校的物质资源。包括校园规划、建筑物、校园景观、各种教学设施和各种物理环境因素等。

（2）背景变量：指学校成员所具有的社会角色特征。主要包括成员的社会经济地位、教育水平、经验、校风、班风、自我概念、教师和学生对教学环境的满意感等。

（3）社会系统因素：指学校中的正式以及非正式角色和各种角色的相互作用。如教师与教师、学校领导与教师、教师与学生之间的相互沟通和相互作用，学校领导、教师以及学生的参与模式等。

（4）文化因素：包括学校的校训、校歌、规章制度、价值观、校园文化等。

3. 教学环境的作用

学校教学环境与教师以及学生的行为有着极为密切的关系，教学环境是教学过程当中必不可少的条件，这种关系可用图 4-9 来表示。教学环境在某种程度上制约着教学过程，同时教师和学生的行为也在某种程度上制约着教学环境条件，并且最终影响学生能力以及成绩的提高。如果教师以及学生是教学活动的主角，那么教学环境就是他们活动的舞台，缺乏这样一个舞台，师生活动就失去了依托以及基础，教学活动也就变成了无本之木、无源之水。了解这些理论有助于学校领导、教师更深入地了解、思考、确定特定教学环境中所规定的行为模式，以便对教学环境作相应的调节以及控制，保证教学环境各种教育功能的实现。

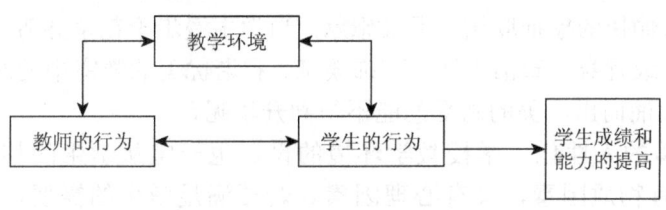

图 4-9 教学环境的作用机制

4.2.2 教学环境设计的一般原则

（1）教学环境设计的整体化和协调化。教学环境设计的整体化和协调化指的是在学校教学环境设计过程当中，无论学校领导还是教师，都要有全局观念，要从整体上对于教学环境的各个方面进行全面规划、调整，以便将各种环境因素有机地协调为一个整体。正如我们所知，构成教学环境的因素非常复杂，它们既有有形的又有无形的，既有物质的又有心理的，只有当这些因素协调一致时，教学环境的积极作用才能发挥出来。所以学校领导和教师在设计教学环境的过程当中，首先要做到全面调控。所谓全面调控，就是要把校舍建筑、课室内的布置、学校绿化、良好人际关系的建立，积极向上的学校以及班级气氛等内容，作为一个整体进行全面考虑，并把这些环境因素产生的影响协调起来，使它们向有利于促进教师和学生的身心健康以及提高教学效果的方向发展。其次要做到合理设计，要求教学环境的设计以及完善要符合学生身心发展的特点和教学规律，要遵循心理学、教育学、生理学、美学的基本规律。通过对整个教学环境的合理设计，使教学环境以及教学过程达到真正的协调统一。

（2）教学环境的教育化。学校是实施教育的场所，也是大自然以及社会的缩影，教学环境的教育性要求学校中的一树一木、一花一草、一砖一瓦都应具有教育意义。所以教学环境设计的目的就是要使学校的每个角落都变成教育的场所，每个主题都是一个教育的题材，这样的教学环境才真正具有潜移默化的教育功能。因此，学校要重视挖掘和运用学校中可利用的一切环境因素，为教学活动来创造一个良好的氛围。研究表明，在积极和谐的教学环境之中，各种环境因素都有助于激发学生的学习动机。以课堂教学气氛为例，积极主动、生动活泼的课堂教学气氛具有强大的感染力，在这种教育情境当中，学生很容易受到感化以及熏陶，进而激发出无限的学习热情，积极主动地参与到教学过程中。

（3）教学环境的自然化。在经济快速发展，自然景观社会性越来越浓的今天，人们对于大自然的向往从来就没有停止过。当一个学校在设计其教学环境时，尽量地保留原始自然风貌，有效运用空气、土壤、阳光、流水等自然资源，让学生贴近大自然，爱惜大自然，这样在无形之中就会提高教育效果。教学实践以及心理学研究表明，整齐清洁、优雅宁静的教学环境使得个体心情舒畅、精神振奋，学习效率大大提高，有助于促进学生的智力发展。Flensborg 认为环境的自然美学主要有三个维度：①有令人兴奋的知觉结构；②提供愉悦的感觉；③有愉快的象征联结。不难想象，当学生漫步于花草芬芳、绿树成荫、空气清新的教学环境，或置身于整洁干净、装饰淡雅、和谐优美的教室中的时候，美的情感怎能够不从心底里喷涌而出，美的感受怎能不得到升华呢？

（4）教学环境的人性化。学校教学环境的设计也一定从学生的相关因素去考虑。这些相关因素既有物质因素，又有心理因素。若要满足学生的需要，就必须同时满足学生情感以及物质两方面的需要。从某种意义上来讲，注重人性的学校本身就是一个教育过程，可以促进学生的学习以及活动的效率，并给予学生丰富的感观刺激。在学校当中，教师应该是教学环境的设计师，需要经常让学生接触、了解、热爱周围的自然环境。与此同时，教师也要为他们提供以及创设良好的教学环境，以充分发挥学生的兴趣、爱好以及聪明才智。人性化的教学环境不仅能够启迪学生的心智，而且还能够陶冶他们的道德情操。

（5）教学环境的社区化。作为社区系统中的一个非常重要的组成部分，社区的发展和变化对于学校教学环境也有着不可忽视的影响作用。但在教育制度化的过程中，学校教育却会有一种逐渐脱离社区环境，成为一个独立部分的趋势。从长远角度来看，这样不利于学校教育的发展，更不利于学生身心的发展。学校教学环境设施不能够孤立于周围的社区环境，应是一个开放系统，取决于周围的社区环境而存在。可以说，一直以来，学校教学环境设计的社区化是最容易被忽视的内容。校园是社区中最为主要的公共设施，社区是学校教学环境设计之中可以利用的最重要的资源。社区对于学校资源有分享的权利而且承担相应的义务，学校服务的对象也不仅是在校的学生，而应是整个社区中的所有公民。比如，学校可以采取提供信息咨询服务、倡导社区文化、开办各种培训班等方式来加强与社区之间的联系和互动。所以教学环境的设计必须考虑到当地的社区环境，然而社区环境的营造也必须考虑教育的功能，这样才能够培养出高质量的公民。

4.2.3 中职物流专业教学环境的设计

1. 物流课堂教学环境的创设

1) 课堂教学的物理环境的创设

课堂教学的物理环境指的是师生所处的微观物理环境,就其自身特点角度来看,它属于一种有形的硬环境,如洁净状况、空气光线、教室布置、周边噪声程度等。学校是一种特殊的环境,其特殊性就在于它是一个净化、平衡化、简化、精神化、以人为中心的环境。诚如苏联著名教育家苏霍姆林斯基曾经说过的:"孩子在他周围(在走廊的墙壁上、在活动室里、在教室里)经常看到的一切,对他精神面貌的形成具有非常重要的意义。"如何发挥教学物理环境的作用将对学生的发展产生经常性的影响。

优化物理环境的总体原则是有助于中职学生的全面发展。学校的物质基础(也包括学生周围的一切陈设在内)既是一个完备教育过程所不可或缺的条件,又是对学生精神世界施加影响的重要手段,可以从校园规划、教室设计、教学设备等方面入手。干净、整洁的可感外观,多种多样的宣传栏,科学合理的布局,"连墙壁甚至都在说话"的教室充分展示对学生的人文关怀。德国对教室的要求就是:向窗子的一侧采用草绿色,放黑板一侧则是白色,天花板是淡黄色,地板用棕色机织地毯,课桌要用洁白塑料板贴面。学生在这样的环境当中,会有一种开阔清爽的感觉,有益于提高视敏度以及学习效率。丰富健康的物理环境能够以生动活泼的形式,积极向上的内容,对学生的思想教育寓于可感知的情景之中,造成一种意境,产生一种"润物细无声"的渗透作用。就像周恩来早年就读的南开中学内正衣冠、督德行的穿衣镜一样,在潜移默化地影响着学生的日常思想行为,以形成着学生的心灵。

2) 课堂心理教学环境的创设

心理环境就是一种无形的软环境,主要以社会各种心理气氛以及人际关系表现出来。教学环境的设计应主要包括教师的自我变革在内的"人的情境"——"对话场"或者"关系场"的设计。在这里"学"就是学生借助于能动地形成经验而发现意义的过程;而"教"则是教师帮助学生发现、理解教材的意义,并且付诸行动的技术过程。从这个意义上讲,教师应算是最为重要的教育环境。教师必须承担起为学生提供安全心理环境的责任,真正让课堂焕发生命活力,并充溢人文气息与关怀。这可以从如下几个方面入手。

(1) 设置悬念,构建迫切学习的活动情景。物流专业教与学的双边活动从本质上来说是一个以"疑"为纽带的动态统一体系。以问题为出发点,可以激发学生的求知欲,使学生产生迫切学习的心理,进而营造出积极的课堂气氛。比如,在"仓储与配送实务"的学习中,为了让学生更加了解仓库工作人员岗位操作规范,教师可播放仓库人员作业过程的光盘,并让同学自己找出哪些作业行为是错误的,先有同学提出自己的看法,再通过教师汇总筛选这些看法,并做一些适当的引导以及补充,正确的仓储作业人员岗位操作规范就在学生的积极参与中"出炉"了。

(2) 以激励为手段,倡导自主学习。高效的课堂教学和教师恰当应用激励手段分不开,善于在课堂教学之中应用激励手段,既能加强学生的荣誉感、自豪感,还能活跃课堂气氛,激发学习兴趣,沟通师生情感交流,增强学生的学习信心以及效果。主要的激励手段有目标激励、过程激励以及评价激励三种。目标激励就是帮助学生确立适当的学习目标,通过目标去调动、激发学生的学习积极性;而过程激励就是教师在教学过程当中对学生的激励,包括教师的"怎么教"以及对学生"学"的启发、引导两个方面;评价激励是教师在教学过程中对学生的学习态度、学业成绩、学习方法、进步情况给予积极的评价。教师依据不同的学生、不同的授课内容,可以选择不同的激励手段。

(3)建立友好、合作的群体环境。教学的气氛好坏主要依赖于班集体的人格。要想完成高质量的课堂教学,教师不仅要具备广泛的物流专业知识,还应该有一颗真挚热爱教育事业以及敏锐感受学生心理需要的心。只有这样,才能够产生一种人格上的号召力,以教师普遍的友爱以及与人为善的精神感染每一个学生,创造出一个具有创造活力、凝聚力、充满爱意的班集体环境。除此之外,在教师人格感召的前提下,应该把创造群体个性的任务交给学生,让他们自己用心以及行动去创造。

(4)营造安全、民主的课堂氛围。教师在课堂上应该表现出对每个学生的尊重和真诚的关爱。教学的关键在于心理气氛的形成,而并不在于知识的传授。温暖而有鼓励性的教学气氛能够在心理上给学生一种安全感,把教室变成一个互相尊重、共同提高的场所。学生应该从教师身上感受到对自己的理解、信任与尊重。如果教师愉快幽默、面带微笑、亲切和蔼地同学生交流,师生之间没有心理距离,教学也就先成功了一半。

(5)创设和谐平等的师生关系。教育中最基本的关系之一就是师生关系。教师与学生之间的关系是否和谐,就直接关系到教育的现实绩效。人文教学环境的创设更要求教师改变以往权威式管理者的角色,和学生建立一种类似于对话的平等关系,师生之间互相尊重信任,共享知识,把原来单纯进行知识授受的课堂教育变成一种师生自主发展的精神建构领地。让学生这一能够动主体在教师指导下发展自己的情感、认知、能力与个性。

2. 物流实训教学环境的创设

当前,市场越来越需要具有综合职业能力以及全面素质的、直接从事生产、技术、管理以及服务第一线工作的应用型、技能型的实用人才。因此,担负这一类人才培养任务的中等职业教育,必须要切实致力于实训教学环境的创设。中等职业学校物流专业的培养目标就是具有非常强的现代物流操作技能的基层物流作业中等专门人才,因为其培养的是物流的一线操作人员,所以学校非常重视对培养学生物流操作技能的实训环境的创设。

实训其实是职业技能训练的简称,是指在学校能控制的状态下,根据人才培养规律与目标,对于学生进行职业技术应用能力训练的教学过程。它并不等同于实验,也有别于实习,其涵盖实验中"学校能控"以及实习中"职业技术性"两个长处,并且形成自己的特色。

1) 创设物流实训环境的重要性

（1）有利于培养学生的学习兴趣。中职学生绝大多数基础非常差，他们求学的主要目的就是想掌握一门或者几门专业技能，就业后能自食其力，立足社会，实现自身价值。假如学生学习仍然是死记硬背理论知识，即使教师的教学工作再努力，学生也会感到枯燥、乏味，不能满足他们的求学要求。当学生走出学校、走向社会的时候，必然觉得所学的知识以及技能与社会需求的差距甚远。而这种现象的原因是多方面的，其中十分重要的一点就是学生在学习过程当中，具体内容少，逻辑推理多，接受的抽象概念多，实际运作少，理论知识多，实际操作少。总而言之，理论与实践结合的太少会使学生在一定程度上丧失学习兴趣。

解决上述问题的最好办法，就是将中职学校的专业课教学尽量放在实训室之中进行。实训课是课堂教学的延伸，是理论与实践的桥梁以及纽带。它通过对学科理论的具体演示，给学生一个实在可见的感性认识，将对复杂的理论知识的理解转化为对专业技能的掌握，将教师对学生知识的传授过程转化为对学生专业技能的训练。这种教学方式更适合中职学生不爱动脑、愿意动手的特点，与此同时也激活了学生的学习兴趣，还引发了学生对专业知识的探讨，满足了他们的学习要求，达到了他们的学习效果。

（2）有利于理论与实践相结合。实训教学的特点指的是理论与实践相结合，使学生在模拟现场的物流管理工作当中充当某一角色，从而可以获取实际参与感，使课堂上所学的基本理论、基本方法和专业基本技能得到全面的检验以及运用，提高综合运用的能力以及素质。

以"仓储与配送实务"课程为例，课程内容以仓储、配送的实际工作过程为主线，通过对企业实际需求的调研以及分析，按企业在实际工作过程的需求设计教学模块，根据具体工作任务来组织教学，使学生在完成教学模块的过程之中提高仓储、配送业务处理的能力。如针对配送中心的分拣岗位，来设计的教学、实训流程见图4-10。

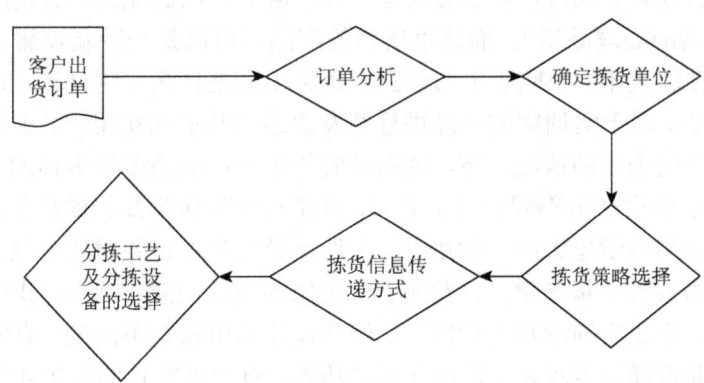

图4-10 以分拣岗位为导向的教学、实训流程

在该环节的教学过程当中，首先安排学生到校企共建单位作业现场，令学生仔细观察配送中心的空间布局以及整个作业流程细节，细心体会不同作业环节的关键控制点。然后

要回到课堂由学生结合所学理论知识进行讨论，罗列出理论知识在单位被运用的情况并且描述该单位的分拣业务处理流程以及操作要点。接下来要求学生针对模拟客户订单设计一份详细的分拣方案，最后将分拣方案在校内物流配送模拟实训室中通过岗位角色模拟，按业务流程进行模拟实训。类似的按照工作任务驱动的教学方法，把教学内容贯穿在工作任务完成的过程中，学生通过认识工作任务来认识以及理解自己将来的工作岗位，利用完成工作任务体会工作所需要的知识点以及技能点，在培养学生良好职业素质的同时，加强了学生的紧迫感，激发了学生的学习主动性、积极性，学生直观感受到了学习的有用性。

（3）有利于培养复合型人才，促进充分就业。目前，社会所要的物流管理人员必须既要有理论知识，又要有实训能力，只有强化物流管理专业实训教学环节，才能够培养出物流管理的复合型人才。物流管理实训技能已经成为毕业生谋职的必备条件，增强实训教学对促进中职学生充分就业具有非常重大的现实意义。

（4）完善教学体系，突出职业特点。学生实训既是实践教学的主要方法，也是体现职业特点、理论联系实际的有效途径，更是锻炼学生能力、培养适应社会需要的技能型、应用型人才的重要一环。伴随着市场需求的增加，开办物流专业的院校也越来越多，加剧了各院校之间的竞争。各个院校在人才培养目标上只有凸显特色，才既能够缓解院校之间的压力，又能够满足社会的不同需要。作为中职院校，培养的是操作型应用人才，应增强实践教学环节的建设，突出中职院校的职业特点，使中职院校的办学更具有特色。

（5）有利于培养学生的创新能力。物流实训教学就是通过不断的物流实训，使学生有机会发现实际工作当中存在的问题，并通过寻找解决问题的途径，增加学生的创新能力。中职院校需要培养物流专业学生的创新能力，就必须把他们置于一个充满创新的物流实训环境当中。

现阶段，中国正在大力发展职业教育，提倡素质教育。素质教育要求学生努力调动自己的双手以及大脑学会学习，学会创造。所谓创新能力就是"根据一定的目的，运用现有知识，产生出某种新颖、独特，有社会或者个人价值的产品的能力。这是成功地完成某种创造性活动所必需的心理品质"。而这里所谓的产品，可以是一种新设想、一种新观念、一种新理论、一项新技术。中职学生的创新力也绝不会是什么发明创造，只是要求学生能灵活运用所学知识，对于实训室的产品进行开发改造使其更加实用。由于每一实训都有其目的性，所以在目的确定的情况之下，达到目的的手段可能是多种多样的。对于课题相同的实训也可以让学生设计出不同的实训方案，这是对学生所学知识的检验，是对学生潜能的挖掘，也是对学生科学思维的一种培养。实训指导教师不仅要对所属设备检修维护，搞好实训指导，还需要善于指导学生，发现学生提出的新的创意。例如，我校在电气照明线路实训过程当中，学生实训题目是相同的，但是设计的电路是不同的，有的学生安装的控制线路板，线路布置简洁美观，安装器件可靠巧妙，有绘画特长的学生还将电源控制盒画上了精巧的卡通图案，将光、声、电有机地结合在一起。通过实训教学，学生的个性都得到了张扬，创新能力得到了培养。

2）建设现代化的物流实训基地

实训基地就是实训教学过程实施的专门训练场所，主要是针对学生进行专业岗位群基本技术技能的训练、模拟操作训练以及综合技能训练，与此同时，让学生参与一定的实际生产。其基本功能为：职业技能训练、完成实训教学与职业素质训导、鉴定以及推广应用高新技术。物流实训基地的建设应符合以下几项原则。

（1）与理论课程相匹配的原则。实训教学一方面需要它本身有独到之处，另一方面还需要结合理论教学开展，达到实训教学以及理论教学的融合，物流实训教学更是如此。承担物流理论教学任务的老师依据课程本身的特点，可以在现有的物流实训室当中选择与课程相关的模块让学生进行实际演练，这样学生既能巩固所学，又能了解物流行业是怎样应用的。

（2）与校外实践相结合的原则。中职院校重视培养学生的动手操作能力，校外实践是提高这一能力的有效途径。校外实践要有针对性，与此同时也要考虑实践的效率，也就是实践的培训准备时间一定要短，物流实训室的建设需要考虑到这一点。在学生走进岗位以前，充分利用实训室的条件进行实际操作，以便实现"学生与岗位零距离"的目的。

（3）与突出物流专业特色相结合的原则。专业特色在某种程度上体现专业优势，是区别于其他中职院校同类专业的主要标志之一。中职院校物流专业的特色除了体现在不同的专业方向（如仓储与配送方向），主要体现在与行业的结合上以及与企业的合作上。物流实训室既然是学校以及行业、企业的桥梁，就应该更多地发挥凸现专业特色的功能。物流专业假如要在不同的专业方向上体现特色，物流实训室的建设就一定要结合行业的特点；假如要在"工学结合、产学合作"上体现特色，物流实训室的建设一定要发挥其连接教学以及市场的纽带作用。

（4）与计算机信息技术相结合的原则。因为现代物流的特点，信息技术成为企业成功运作的支撑平台。如何把握好物流信息的管理和信息技术的开发与应用，也自然就是物流实训室建设之中亟待解决的问题。

目前，中职院校已普遍确立了"职业教育面向行业实际、面向岗位要求来开展人才培养"的办学思想，也广泛运用了"改变传统的教学方法，通过课堂教学以及实训基地教学的结合，加强实践教学，依据工作过程组织教学活动"的新的教学模式。然而，想要使教学过程符合生产过程，有效提高学生解决生产过程中实际问题的能力，尚需要在职业的情境当中通过项目教学、任务教学等方法才能够更好地实现，这就对职业院校的实训条件以及管理工作提出了更高的要求。而实训基地是介于实验室、实习车间两者间的一种人才培养空间，其主要功能是实现课堂无法完成的技能操作，有计划、有目的、有组织地进行系统、规范、模拟实际岗位群的基本技能操作训练。所以实训基地现代化的教学管理是取得实训成果的重要保证。

3）培养"双师型"教师队伍

假如足够的场所和先进的设备是实训基地的必备硬件，那么，既擅长理论又能够亲自操作机床进行加工的"双师型"教师队伍，则是实训基地发挥其功能必需的软件，也就是培养高级应用型人才的关键。职业院校的物流专业大部分是从物流环节，即仓储、运输、物资、贸易等传统专业的基础之上改造而来的，教师也多半是半路出家，从相关相近的专业进修之后转过来的，真正物流专业毕业的基本上没有。所以要做到满足物流专业的教学需要，必须真抓实干，下大力气，完善现有的师资结构。实训教师的主要任务是：按照培养目标的要求制定专业技术技能培训教学大纲、组织编写实训教材；按照教学计划和专业岗位群的技术技能要求，制定实训技术以及方案；按照专业岗位群的实际以及教学大纲要求，组织以及实施模拟专业岗位技术培训；依据科学技术的发展、岗位需求的变化以及新生工作岗位的定向，开发新的职业技术培训项目与培训内容等。而完成这些任务的关键，也就是拥有一支能适应工作需要的"双师型"教师队伍。而"双师型"教师在中等职业教育、专业技术研究、实现产学研相结合、开发推广新工艺、新技术、新材料等方面发挥着主要作用。除此之外，在实际教学中，还要能不断充实与改进实训内容、改革教学方法，培养学生的职业道德以及团结协作精神，以全面提高学生的综合素质。

为了增强"双师型"实训教师的队伍建设，要坚持做到如下几点。

（1）加强物流专业教师的理论素养。学校鼓励以及要求教师参加物流专业的学历班以及学位班的进修，取得相关证书后，按一定比例报销，有条件的可以分批把物流专业的教师送出去参加各种类型的教师培训以及研讨会，并适时地对于参加物流课题研究、发表物流专业论文、编写物流类教材的教师给予奖励。

（2）增进教师的职业技术能力。专业教师一定具备实际经验，才能理论联系实际，将知识讲透、讲实、讲活。把实训上升到理论水平，使得学生受到正确的专业引导。应在为每个教师提供短期企业培训的同时，鼓励专业教师用业余时间定期去对口合作的物流企业以及物流部门参与实习，了解物流实践发展的最新动态，并为专业发展服务。

（3）直接聘请物流企业的专业管理人士到学校讲授课程。从企业中选聘技师、工程师、管理人员到学校经过教学业务培训之后担任实训教师，并参与学校物流专业的目标培养、发展规划、教学方案的制定，提高学校的师资力量以及声誉。

4）校企合作，创设长期稳定的实训环境

在校内建设现代物流实训室，能够使得学生进行物流各环节业务流程的模拟训练。但由于缺乏真实环境，学生体会不到实际运作过程之中的连贯性、复杂性与多变性，影响其正常进入角色。为了扩大实习效果、为学校降低成本，适时地解决学生实习实训的问题、就需要推进校企合作，优势互补，以建立稳定、长期的实习实训基地。

为了保证实训基地开展长期运营规划，保证基地长期良好的先进性、示范性、经济性以及实用性，中职学校与企业力求达成共识，要求企业做到如下几方面。

（1）提供长期实训室软件、硬件技术升级以及维护服务；

（2）提供长期题库更新、案例升级服务；

（3）帮助开发新专业，并且配合实训努力建成"特色专业"；

（4）设计配合实训的课程，争取办成全国"精品课程"；

（5）充分运用企业在长三角地区的数万家企业客户资源，在学生实习、见习、就业分配方面给予极大的帮助；

（6）指导开展物流职业技能竞赛，增强学校的影响力以及知名度；

（7）指导开办物流专业招聘会，为学生就业开拓出路；

（8）协助学校向省劳动厅申请职业认证资格，并将实训室作为劳动厅物流相关职业鉴定场所。

校企合作建设的实训基地的模式有如下四种。

（1）学校可与同一系统的物流企业或者企业的物流部门签订合作协议，互换学生以及员工，学校利用自身的教学资源为企业员工培训理论知识。

（2）企业接受学生实习，指导学生参加实践活动，也可尝试与非系统内的物流企业和流通企业等签订类似的合作协议，开辟另一渠道的实习实训基地。

（3）有条件的职校可以在校企联合的基础之上，创办自己的物流企业实体，作为自己的实习实训基地。

（4）中职院校更可探索物流实训中心建设与物流人才实操培养的新模式，也就是与物流企业深度合作，共同规划，共筹资金，探讨全方位的合作，技术、管理互补，建立起一种具有实际运营能力的物流实训基地。其具体做法如下。

①场地选择以及资金筹措。因为实训物流中心要具备运营的功能，其场地的选择就至关重要。目前很多学校的新校区大多设在郊区，道路交通顺畅，占地面积大，而且周围紧邻工业开发区，具有天然的物流用地优势。运营型的实训物流中心最好是设在校区，具有投资小、成本低的优势，对于合作方的物流企业而言，就相当于是免费获得了运营场地，具有相当的吸引力。而在资金的筹集上，不仅可以采取学校、企业共同出资，而且因为这种运营型的物流中心本身所具有的探索性和领先性，所以可以以此作为亮点向政府争取资金的支持，获得政府对职业教育资金的投入，以此来确保运营型实训中心的建设。

②双方共同规划设计实训中心。校企共建的模式的立足点在于能满足双方的需求：学校的实训需求、企业的运营以及人才培养的需求，所以双方必须共同规划设计实训中心。实训中心应该规划为两大功能区，一为模拟训练区，一为运营区。模拟训练区是由学校根据教学实训的要求设计的，其功能为对学生进行初步的技能训练。运营区是由企业与学校共同规划设计的，要按照企业的业务性质，在占地面积、布局规划、设施设备的选用上满足企业的运营需要，与此同时尽量采用标准化流程和管理，选取适用的信息软件系统，并以此达到在运营的同时实现对学生真实场景训练的功能。

③实训与运营相结合。该模式的物流中心建成以后，可将学生实训与企业的实际运营相结合。学生首先要进入模拟训练区训练，由学校老师负责指导学生对操作技能进行分模块的训练，目的在于熟悉物流操作流程，熟练掌握相关技能，例如，软件系统的操作，相关单据的填制，叉车、托盘车的使用等。在模拟训练区的训练结束之后，通过考试合格的学生，就获得了进入运营区实际操作的资格。企业运营区应该由企业方安排若干名业务熟练、经验丰富、责任心强的老员工对中心的业务进行管理，考试合格的学生应该分批分岗位担任运营区的一线操作员工，由教师和企业人员共同指导，按照企业在岗人员进行管理，真正让学生能投身于企业的真实环境中，不仅训练了物流操作技能，而且感受到企业文化，有助于职业道德的养成，包括吃苦耐劳的精神，诚实守信的品质，在与客户以及货物的反复接触中，还提高了待人处事的能力和灵活机动性，这些都是仅仅利用书本知识或模拟实训很难获得的，必须在实践经验中逐步形成。这样的运营型物流实训中心，就相当于将实习企业搬到了学校，其实训效果将远好于传统的实训中心。

而这种校企携手，共建具有运营性的物流实训中心是对目前中职学校物流实训中心建设模式的一种探索以及尝试，还需要不断在实践中完善以及发展。

4.2.4 中职物流实训环境设计示例

以某中职物流实训基地配送实训室为例进行说明。

1. 实训流程设计

物流综合实训室应是以物流业务流程为基础,以物流系统作为模拟平台,以先进的物流技术作为实现手段而组成的物流实训平台。该平台通过物流流程和物流技术把现代物流的核心活动(订单、运输、库存控制、仓储配送、客户服务)串联起来,让学生了解、熟悉、操作每个环节,是提升学生理论水平以及实践能力的先进实训平台。

为了在物流综合实训室里极大程度地概括物流流程并突出实训重点,设计出如下物流综合实训室总体流程:从生产角度看,销售物流以及供应物流是整个社会物流的主要内容,两个环节的一些最基本模拟流程如图 4-11 所示。

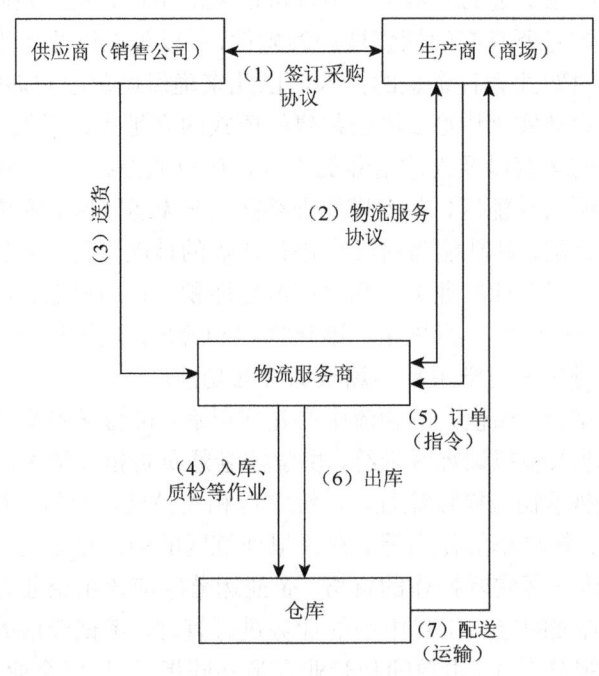

图 4-11 物流实训流程示意图

1) 两个核心实训流程

(1) 销售物流实训。销售公司与商场(或者超市)达成销售协议,销售公司向商场授予直接就向物流公司下订单的权利。物流公司到销售公司提货,并且完成入库等作业。商场利用网络下订单(在物流公司的网上下单模块),物流公司按照商场的指令,进行各种库内作业把货物送到商场。

(2) 供应物流实训。零部件（或者原材料）供应商送货到生产商指定的仓库，仓库收货并且进行各种库内作业，按照生产商的生产需求及指令，向生产线进行配送。在这两个核心流程模拟过程之中，可以模拟各种拣货、越库、加工等作业。

这两个实训过程，都以商流为前提，让学生了解参与主体及物流作业的流程。

2）具体实训环节和流程

（1）订单的录入和生成。
（2）订单的执行。
（3）AS/RS 出入库流程。
（4）拆零拣选区出入库流程。
（5）叉车出入库流程。
（6）复核打包流程。
（7）移库流程。
（8）集货备货流程。
（9）补货流程。
（10）成本核算流程。
（11）盘点流程。
（12）效益分析流程。

在实训过程之中，各个具体环节的衔接完全通过订单驱动，其信息处理方式和业务操作模式与真实物流配送中心保持一致。学生的实训操作按小组进行，并由上位信息管理系统下达订单后，不同岗位的作业人员协调运作，以完成订单的操作。

2. 实训室的系统构成

（1）自动化立体仓库（AS/RS 系统）。这一系统就是整个物流实训系统的核心部分，主要包括有轨巷道堆垛机、货架、出入库台、出入库输送机系统和天地轨、滑触线等附属设备。

（2）自动分拣系统。该系统就是实训室物流系统的平面输送部分，通过该系统单元物料可以根据订单、目的地的不同被自动输送到指定出口。其中，单元物料的输送、分流和合流都是通过条码识别系统或者射频识别系统来完成的。

（3）拆零拣选系统。拆零拣选系统就是订单处理系统的核心部分，包括搁板货架、流力货架和电子标签拣选系统，使仓库以及配送中心的订单处理过程更为准确以及高效。

（4）自动/人工包装系统。这一系统就是实训室物流系统的辅助作业部分，通过实训使学生掌握贴标签、贴价签、更换包装、进行促销礼品的包装等作业，并且对包装后的商品实施管理。

3. 实训室的功能区域与职能

因为物流配送中心承担了出入库、理货、货物储存等任务，所以作业功能区可以分为八个区域，主要包括：收货整理区、发货整理区、货物暂存区、货物储存区（托盘货架区）、流通加工区、拣货区、闲置托盘箱笼工具暂存区以及办公控制区。

（1）收货整理区、发货整理区。该区主要负责收货检验、理货、组盘以及发货整理等工作，出入库都可采用手动托盘搬运车或者电动托盘搬运车操作，完成库内货物的移动以及补货。

（2）货物暂存区。主要用于一些越库操作或者大型货物的临时存放，可以托盘码垛以及单品码垛的方式存放。

（3）货物储存区。采用横梁式组合（托盘）货架，按照学校用于物流实训场地的实际情况（如层高、面积）考虑货架的层高以及层数，搭建2~3层货架，每层高115m。把一层作为整托盘出库拣选区，2~3层作为存货区，存放出入库频率较低的商品，一、二层拣选可采用手动托盘搬运车或者电动托盘搬运车，三层的出入库采用前移叉车。此区域货物的接收、上架、出库都可以采用条形码手持终端导引作业。

（4）拣货区。采用流利货架，配合周转箱或者标准纸箱设置。建议流利货架分2~3层，每一层3~10个单元，每一单元使用1~2个滑道，每一个滑道可存放三个周转箱。在货架横梁上面可安置电子拣选设备，作业人员按照电子表指示，将箱内单品拣选到通道之中对应的周转笼内，完成分拣作业。

（5）流通加工区。商业物流要承担更多的流通加工任务，学校可按照教学的需要，考虑对在库货物进行二次处理和增值活动，如进行贴标签、更换包装、贴价签、促销礼品的包装等作业。此处可以放一台条形码打印机、一台计算机以及若干手持终端，对包装之后的商品实施管理。

（6）闲置托盘箱笼工具暂存区。主要用于统一存放周转箱、闲置的托盘、周转笼和其他工具，也便于现代物流综合实训室管理人员的统一维护以及清点。

（7）作业控制区。安排在"实训室多媒体教学场地"当中，也可在"实训室实训场地"当中单独设置，该区域可设置两台或者更多台计算机，用于现场管理、理货、调度、货物查验、手持终端信息处理等业务控制。

4.3 实践教学设计

4.3.1 物流管理专业实践教学现状

教学模式忽视了学生实践能力的培养，不能全面启发学生的思维，不能满足技术应用型人才的培养目标，造成了学生所学的专业理论知识不能直接应用于实际工作中，不利于学生的就业。近年来尽管大多数院校开始重视实践教学，但是教学效果并不理想。分析开设物流管理专业的高等院校的实践教学，其存在的问题主要体现在以下几个方面。

（1）实践教学形式化。许多高校由于设施经费投入不足或师资原因，实践教学内容不够完善，实践教学方法偏向传统，一般用多媒体教学或简单的软件模拟，教师试图使学生通过软件模拟操作了解物流企业的实际运作流程。但是相关的物流软件多为企业设计，为模拟流程性质，缺乏与理论课程的衔接。这种实操方式仅适用于物流管理环节中的信息系统操作等部分，缺乏对相关单据的填制、递送的实际操作模拟。且在实际教学中软件的模拟不直观，很多学生都只是按照步骤完成其操作流程，无法透彻地理解整个物流流程，达不到实践教学所要求的深度。即使有时候学校会安排学生到企业参观但大多也都是走马观花，短短几个小时并不能学到什么东西，与相关的理论课程根本没有进行很好的衔接。

（2）校外实训基地不足。校外实训基地是提供给高校物流管理专业学生进行认知实习的场所，是培养学生职业素养和职业能力的主战场，尽管许多高校都有其名义上的校外实训基地，能够接受一定数量的学生实习，但是对于每年大批量的物流管理专业毕业生来说，实习基地很难满足实习要求。即便有单位愿意接受大量学生实习，也多数是在业务繁忙期使用廉价劳动力，等旺季过后真正留用的人数不多，因此也达不到真正锻炼的目的。另外，学校在与企业的合作中也存在诸多问题，如与企业沟通协调不够、实践教学的目的要求很难明确、部分学生兴趣不大多以完成任务为主。

（3）物流管理专业实践教学师资力量薄弱。目前，许多高校由于没有建立相应的实践教学师资队伍培养机制所以实践教学师资队伍数量不足，师资力量薄弱。有的院校虽然建立了相应的管理制度，但执行起来总是流于形式，有的院校没有建立科学合理的实践教学评价体系，缺少有效的监控和管理，学生实践环节组织管理水平和指导水平不高。另外，大部分专业教师缺乏职业教学能力的培训，缺乏物流新知识新理论的培训和研究，缺乏在物流企业的实战经验，专业基础知识不足，专业技能水平不高。

（4）实践课程过多依赖教师。一些实践课程的教学大多采取课堂讲授、布置问题、上机辅导的模式，这种教学方法最大的弊端就是不能发挥学生的主体性。课堂讲授过程是学生被动听课的过程，上机辅导虽然为学生提供了自己动手的机会，但是仍然摆脱不了教师主动帮助学生调试程序，对于某些普遍性的问题重复给予同样解答的尴尬，造成了时间和人力的浪费。

4.3.2 构建物流管理专业实践教学模式的方法

针对物流管理专业教学模式的现状及存在的问题，必须改进传统的实践教学模式，拓宽物流管理专业实践教学的渠道，丰富实践教学的形式，探索并构建物流管理专业实践教学模式的创新体系。

（1）改革与创新课堂教学方法，主要从以下几个方面入手。

①采用体验式教学方法互动课堂教学方式来改变学生反映的课程理论性太强、教学过程不够生动、学起来枯燥乏味、兴趣不浓等问题。例如，通过在教学改革中逐步完成体验式教学法的植入，推动"教""学"互动并将物流管理实践的各项探索活动紧密联系为一体，形成理论概念和应用模型反馈与评估的良性循环，实现"教"与"学"的碰撞。

②增加特色专业课程实践教学。惠州地处珠三角经济发展发达地区，纺织服装、电子产业是其支柱产业，两个产业中均涉及生产排序、生产计划制订以及物料控制等物流过程。大亚湾石化产业的快速发展，为石化物流相关产业带来了发展契机。在进行物流专业课程的设置和教学时，考虑加入一些符合地方经济发展特点的教学内容，如服装、粮食物流、电子行业的生产物流、石化物流方面的知识。通过紧密跟踪地方经济发展的热点、焦点问题，在课程的教学过程中有所侧重从而增强人才培养的实用性。

③不定期组织学生到企业参观考察。在完成相应的理论教学后带学生到企业参观考察做到理论与实践相结合。比如，"国际物流"课程就曾安排学生到顺丰惠州分公司、深圳盐田港、福田保税区参观，了解如何订舱、报关以及与相关单位的协调，加深对所学课程内容的理解。

（2）加强校外实习基地的建设。加快校外实习基地的建设步伐，广泛利用社会资源开展校企合作。与企业和政府部门签订实习基地协议，为物流管理专业的学生实习提供重要的场所。

（3）加大对教师的培训，加强教师队伍的建设。通过培养、引进和外聘等途径建立一支素质高、双师型结构合理的专业教师队伍。可以从以下几个方面入手：①招聘既有物流企业工作经验又有物流理论知识的人才作为专职教师；②从校外实习基地的企业中邀请有经营管理经验的技术人才担任外聘教师，承担专业课的部分教学任务或专题讲座；③安排教师到物流企业的相关岗位挂职锻炼；④设立研发中心，积极与媒体、政府、企业沟通，将教学心得、研究成果以最快的速度传递出来，营造良好的外部环境。

（4）物流实训室建设。现代物流综合了现代管理技术、自动化技术、系统工程技术及现代信息技术，将各种技术有机结合建设一个高水平、现代化、智能化、自动化的物流实训综合教学平台，使该系统不仅能满足学校物流相关专业的实训要求，还为教师提供了科研的平台。现代物流实训中心提供一种能够使学生实际参与的环境，以先进标准的物流流程为重点，以先进的物流信息系统、专业设备及完整的物流实训模拟环境为核心，全力打造一个高水平的为企业培养技能型人才的物流综合模拟实训中心。

第 5 章 物流教学方法——头脑风暴法

头脑风暴法是心理激励、集体创新思维的一种常见的方法,被越来越多地被运用于教学之中。头脑风暴法在教学上的应用起源于美国,近年来,中国也有不少学者倡导把"头脑风暴法"作为一种训练集体创造性思维的方法推广到教学各个领域,更有学者直接提出"头脑风暴教学法"。其教学法的使用以及推广也给中国中职院校物流专业的课堂教学带来新的启示以及思路。

5.1 头脑风暴教学法的简介

1. 头脑风暴法的概念

头脑风暴法(brain storming)亦称为智力激励法,是现代创造学奠基人奥斯本(Osborn)在1941年提出的,是一种行之有效的、在短时间之内能够极大提高创造能力的思维方法,是各种创造技法当中的常青树。

头脑风暴法其实是教师引导学生就某一课题而自由地发表意见,在发表意见的时候,教师不对其正确性进行任何评价。它是一种能在最短时间里,获取最多思想观点的教育方法。头脑风暴法的中心是针对各种问题,以小型会议的组织形式,让所有与会者在畅所欲言、自由愉快的氛围中,交换想法,并以此激发其创意以及灵感,产生脑海的创造性"风暴",最终达到解决问题的目的。

在职业教育教学实践中,教师和学生可通过头脑风暴法探讨、收集解决实际问题的意见及建议（又称为建议集合）。通过集体讨论，集思广益，促使学生对某一课题产生自己的意见和建议，利用同学之间的相互激励引起连锁反应，从而获取大量的构想，经过组合以及改进，以达到创造性地解决问题的目的。

2. 头脑风暴法的激发机理

头脑风暴为什么能激发学生的创新思维？根据奥斯本及其他研究者的看法，主要有如下几点。

（1）联想反应。联想就是产生新观念的过程。在集体讨论问题的过程当中，每提出一个新的观念、新的课题，都能够引发他人的联想。相继产生一连串的新观念，产生连锁反应，以形成新观念堆，并为创造性地解决问题提供了更多的可能性。

（2）热情感染。在不受外界任何限制的情况之下，集体讨论问题能激发人的热情。人人自由发言、相互感染、相互影响，能形成一种热潮，突破固有的束缚观念，最大限度地发挥创造性的思维能力的作用。

（3）竞争意识。在竞争意识之下，人人争先恐后，竞相发言，不断地去开动思维机器，力求有独到的见解，创新观念。心理学的原理告诉我们，人类有争强好胜的心理，在有竞争意识时，人的心理活动效率可增加到50%甚至更多。

（4）个人欲望。在集体讨论解决问题的过程当中，个人的欲望自由，不受任何外界干扰以及控制，这是非常重要的。头脑风暴法有一条原则，那就是不能批评仓促的发言，甚至不许有任何怀疑的动作、表情、神色。这才能使每个人畅所欲言，提出更多的新观念。

3. 头脑风暴法的运用原则

（1）自由畅谈。学生不但不受任何条条框框限制，而且放松思想，让思维自由驰骋。从不同层次、不同角度、不同方位大胆地展开想象，尽可能地与众不同、标新立异，提出独创性的想法。

（2）延迟评判。头脑风暴，具有当场不对任何设想做出评价的原则。既不要肯定某个设想，也不要否定某个设想，也不能对某个设想发表评论性的意见。一切评价以及判断都要延迟到会议结束以后才能够进行。这样做一方面是能避免评判约束与会者的积极思维，破坏自由畅谈的有利气氛；另一方面就是为了集中精力先开发设想，防止把应该在后阶段做的工作提前进行，以影响创造性设想的大量产生。

（3）禁止批评。绝对禁止批评，其实是头脑风暴法应该遵循的一个重要原则。参加头脑风暴教学的每个人均不得对别人的设想提出批评意见，因为批评对创造性思维无疑会产生抑制作用。与此同时，发言人的自我批评也在禁止之列。有一些人习惯于用一些自谦之词，这些自我批评性质的说法，同样也会破坏会场气氛并影响自由畅想。

（4）追求数量。头脑风暴教学的目标是：获取尽可能多的设想，追求数量是它的首要任务。每个学生都需要抓紧时间多思考，多提设想。然而设想的质量问题，可留到会后的设想处理阶段来解决。在某种意义上讲，设想的质量与数量密切相关，产生的设想越多，其中的创造性设想也就可能越多。

5.2 头脑风暴法应用于教学

5.2.1 头脑风暴法应用于教学的意义

在实践当中，人们常把教学重点放在传授理论知识以及职业技能上，而很少考虑培养学生将合理的想象与现实相结合的能力和发散思维的能力。这在很大程度上束缚了学生创新能力的发展，也是造成学生高分低能、实践能力低下的非常重要的原因。头脑风暴法通过促进学生创造性思维能力的发展，可以在一定程度上弥补传统教学在这方面的不足。

1. 头脑风暴法对学生的影响

（1）头脑风暴法能够有效地培养学生的创造性思维，适应社会对创造性人才的需求。头脑风暴法是培养学生创造性的一个有效途径。培养创造性，应该建立教学民主的学习环境，坚持鼓励思想解放的教学原则。而这正好与奥斯本的头脑风暴法相契合。头脑风暴法规定"延迟评判""禁止批评"，是需要让学生在一个自由安全的环境中互提设想，互相撞击，以求得创造。这正是"头脑风暴法"的真正目的：通过学生间的彼此补充和相互启发，克服成为创造型人才各种因素的困难。

（2）头脑风暴法能激发学生的学习兴趣，调动学生学习的积极性。长久以来，容易让教师感到头痛的问题就是：如何在教学中激发学生的学习兴趣。如果教师适时使用头脑风暴法，是否有助于激发学生的学习兴趣？由于在教学过程中使用头脑风暴法，正好是就学生感兴趣的问题展开讨论，所以禁止批评，让学生在思考解决问题的时候"思维共振""智力互补"，能达到学习的目的，提高学习知识的积极性。

（3）头脑风暴法有利于学生自我意识以及自信心的发展。使用头脑风暴法，往往是以讨论会的形式进行的，学生个体可以通过和教师以及同学的交流，使自我认识的内容不断丰富和深刻。头脑风暴法遵循"延迟评判"以及"自由畅谈"的原则，有助于学生自我评价能力的提高以及自我体验的深化；而且，头脑风暴法严禁批评，使学生在课堂讨论中自我控制得到增强。而学生的这些改变，正推进了学生自我意识的发展。此外，由于学生在课堂讨论中，可以像专家一样发表自己的看法和观点，哪怕是"荒诞"的，也不必有什么顾虑。这样的讨论可以使学生的自信心得到充分的发展。

（4）头脑风暴法有利于学生团体精神的培养。在教学中使用头脑风暴法，教师先确定论题，然后令学生通过课堂讨论的形式来解决这个问题。这个过程当中，学生之间"严禁批评",通过"思维共振""智力互补"以共同探索取长补短以及改进办法,来寻求解决论题的最佳方案,这无疑就能很好地培养学生的团体精神。

2. 头脑风暴法对教师的影响

(1)头脑风暴法能有效地减轻教师负担。教师在实施启发式教学的时候,运用头脑风暴法,能让学生在自由以及安全的氛围里"思维共振""智力互补",这和教师引导的启发式教学相比,一是提高了教学效率,因为同学间能互相启发;二是大大地减轻了教师的教学负担,因为在使用头脑风暴法时,教师常常是以一位"主持人"的身份出现的。

(2)头脑风暴法有助于拓宽教师的知识面,为教师提供更新以及扩充知识的动力。若将许多的学生凑在一起,信息以及经验也就是多种多样的。与此同时,某同学的信息、知识、想法对于教师来说也许正是新奇的,能使教师得到新的激发;如果信息、知识、想法是相近的,也可以对此进行比较,来比较看和自己的想法的异同。这样,在学生头脑卷起风暴的同时,也会有效地拓宽教师的知识面,使教师的知识得到有效的更新。在使用头脑风暴法的时候,教师也会对学生的诸多观点甚至是"荒唐""怪诞"的点进行思考,也会跟学生一起"思维共振",有了更新以及扩充知识的能力。

(3)头脑风暴法有助于改善师生关系。师生关系是影响教学质量的又一个重要因素。在使用头脑风暴法进行教学的时候,"严禁批评""自由畅谈",有助于学生增强自信心,令学生觉得自己就是专家,慢慢地淡化内心对教师的畏惧,打破教师在心里"可望而不可即"的形象,走近教师,并最终达到改善师生关系的目的。

5.2.2　头脑风暴教学法适用范围

在实践中,头脑风暴法适用于解决各种没有固定答案的、或没有标准答案的问题,甚至能够根据现有法规政策不能够完全解决的实际问题。头脑风暴法是用来产生各种各样的主意和设想的,产生的主意和设想可以是问题(目标)、方法、解答与标准等,但并不只限于寻求解答。头脑风暴法的最主要的作用是引发许多与某一特殊需求或问题有关的设想。因此,头脑风暴法的问题必须是开放性的。

5.3　头脑风暴教学法实践应用

5.3.1　头脑风暴教学法的实施步骤

(1)教师确定讨论题目。教师在备课的时候,要详细备教材,结合教材的内容,确定讨论的题目。讨论主题的确定需要具体、明确，不宜过大或者过小，也不宜限制性太强或太局限，题目应当专一，不要同时将两个或者两个以上的问题一起混淆讨论。在讨论开始的时候，教师可以先提出简单问题并进行演习。

（2）教师要针对讨论题目组织学生展开"头脑风暴法"讨论会。要想获取良好的"头脑风暴法"效果，需做到以下几点。

①教师要让课堂讨论有节奏感。三分钟提出设想，然后进行五分钟思考，再三分钟提出设想，再反复交替，形成一种良好的高效节奏。

②按照顺序学生"一个接一个"轮流发表自己的构想，例如，轮到的人当时无新构想，可以跳到下一个，就这样循环下去，新的想法就会一一出现。

③课堂讨论时老师不允许私下交流，避免干扰其他学生的思维活动。

④参与者应尽量包括所有的男同学以及女同学，以增强竞争意识和好胜心。

⑤若有领导在场，往往不利于学生"自由言论"地提出设想。因此，如果教师邀请同事或学校领导参加，只有在充分民主气氛之下形成的局面才适宜。

⑥为使得课堂讨论气氛轻松自然、自然愉快，教师可以先活跃一下课堂气氛，例如，教师同学生说说笑话，听段音乐，猜个谜等。

（3）教师应按照预计提出的设想的顺序编出设想的数量，并且提出一些数量指标，来鼓励多提出新设想。

（4）会后，教师应及时归纳总结，再组织一次小组会评价以及筛选，以形成最佳的创意效果。

5.3.2 头脑风暴教学法应注意的实施事项

"头脑风暴法"经常是举行一种特殊的小型讨论会，使学生毫无顾忌地提出各种想法，相互启发，彼此激荡，引出联想，导致创意设想的连锁反应，产生众多的创意。其原理就像"集思广益"。其具体执行要点如下。

（1）每小组应由 5~12 人组成。人多了就不能充分发挥自己的意见。

（2）每小组应有 1 名主持人。1~2 名记录员。在教学开始时，教师需要简单说明讨论的题目，需要解决的问题和目标；宣布讨论应遵循的原则以及注意事项，激励人人发言以及各种新构想；但注意保持讨论主题方向，发言简明，气氛活跃。记录员要记录下所有方案和设想（包括平庸、荒唐、古怪的设想），不得有所遗漏，并且要协助教师分类整理。

（3）讨论大都不超过 1 小时，以半小时最佳，时间太长，头脑易疲劳。

（4）进行头脑风暴教学前，应该提前向学生提供讨论题目和相关资料，使他们明确主题。

（5）禁止任何批评，即使是错误的、幼稚的、荒唐的想法，也不得批评，如果有人不遵守这一条，教师应该予以提醒。

（6）自由畅想。思维越狂放，构思越新奇越好。有些时候看似荒唐的设想，却是打开创意大门的钥匙。

（7）多多益善。设想越多，那么可行性的办法出现的概率就会越大。

5.4 头脑风暴教学法的优点及缺点

5.4.1 头脑风暴教学法的优点

头脑风暴教学法充分调动了学生学习的积极性，最大限度地挖掘了学生的潜能，激发了学生的灵感，从而培养了学生的创新能力和设计能力，同时也弥补了因学生多、教师指导不充分所带来的问题，有效地缓解了现阶段中国中职教育中存在的一些矛盾。其主要优点如下。

（1）头脑风暴教学法具体地体现了集思广益、团队合作的智慧。

（2）头脑风暴教学法极易操作执行，具有很强的实用价值。

（3）头脑风暴教学法在最短的时间内可以批量产生灵感，会有大量意想不到的收获。

（4）头脑风暴教学法使每一个人的思维都能得到最大限度的开拓，能够开阔思路，激发灵感。

（5）头脑风暴教学法使学生更加自信，因为他会发现自己居然能如此有"创意"。

（6）头脑风暴教学法可以有效锻炼学生个人及团队的创造力。

（7）头脑风暴教学法创造了一个良好的平台，提供了能激发灵感、开阔思路的环境。

（8）头脑风暴教学法可以发现并培养思路开阔、有创造力的人才。

（9）头脑风暴教学法使学生更加有责任心，在参与的过程中每个人都乐意对自己的主张承担责任。

（10）头脑风暴教学法所创设的良好的沟通氛围，有利于增加团队凝聚力，增强每个人的团队精神。

5.4.2 头脑风暴教学法的缺点

（1）头脑风暴教学法，一般只是提出设想而并不是解决问题的过程。利用头脑风暴法进行中职课堂教学，通常只是提出设想，而不是解决问题，甚至有的时候头脑风暴法所产生的想法不成熟，不符合实用性、独创性以及一致性这三个标准。

（2）头脑风暴教学法实施成本高。头脑风暴教学法通常会令课堂教学的实施成本过高，主要表现在头脑风暴法需要占用相对较长的时间。

（3）头脑风暴教学法要求学生有较好的素质。因为中职学生普遍存在知识储量少、文化素质较低、自制力较差的问题，然而头脑风暴教学法恰恰要求参与者具有较好的素质，所以使用头脑风暴法的效果也有可能会受到影响。

（4）头脑风暴教学法容易形成冷场局面。中职学生不愿意主动发表意见的时候经常会形成冷场的局面，这便更加导致其发言欲望的降低。甚至可能有的学生会带着在众目睽睽之下讲话"会被人认为是出风头、有点傻、招惹是非"的想法，不去参加头脑风暴讨论。除此之外，经常出现屈从大多数人的意志或屈从于一两个主要人物意志的情况。这会在某种程度上抑制其他人的思维，使群体思维变得狭窄，因此达不到头脑风暴教学的目的。

（5）头脑风暴教学法较难维持现场纪律。在实施的过程当中，教师怎样维持现场纪律成为一个棘手问题，一旦开始有学生当众受到批评，就可能会导致心存不满，进而使头脑风暴变成一场辩论会。

5.5　头脑风暴教学法案例展示

教学案例：客服危机处理

一、教学内容

《物流客户服务》中的客户服务危机处理。

二、教学对象

物流专业二年级的学生。

三、教学目标

通过头脑风暴法使学生思考到以下几点：
（1）在危机情况下如何维护公司声誉。
（2）作为一名合格的客户服务人员应具备什么素质。
（3）一名合格的客户服务人员应具备怎样的危机处理知识。

四、场合

大教室或者实训中心。

五、教学方法

头脑风暴法：教师引导学生就某一课题自由地发表意见，在发表意见的时候，教师不对其正确性进行任何评价。

六、实施步骤、教学过程以及时间分配

1. 介绍情境（10分钟）

情境：一个风雪交加的晚上，一家特快专递公司要送一个非常重要的包裹给客户，送包裹的员工快到客户家时才发现，这位客户住在山顶上，大雪已经封死了上山的必经之路，而约定包裹送达的最后期限马上就要到了！于是这位员工当机立断，在没有请示公司的情况下自作主张雇了一架直升飞机，并且自己用信用卡支付了所有费用，把包裹送了上去，客户感动万分，马上向当地媒体通报了这种事，于是这家公司声名大振。

假设您是这家特快公司的客服部经理，请回答如下问题：
（1）请您评价这位员工的行为。
（2）请分析这个案例中折射出该公司管理文化与制度是什么样的。
（3）您又将如何处理这件事？

2. 学生分组（5分钟）

将所有学生以四人为一个小组。

3. 分析探讨：学生反思（10分钟）

4. 讨论发言（30分钟）

5. 教师总结（5分钟）

对各小组所提出的各种想法做总结性的发言，对一些有创意的想法进行表扬和奖励。注意不需要给出固定的标准答案，避免将学生的思路局限在有限的范围之内，从而导致下一次使用此教学方法时，学生不能畅所欲言。

6. 作业布置

分析该案例，以小组为单位将讨论的结果以书面形式提交。

七、教学评价

通过头脑风暴法可以让学生畅所欲言，更容易迸发出思想的火花。学生可以从不同的角度对所要解决的问题进行阐述。

由于中职学生对于枯燥的理论知识不感兴趣，应用头脑风暴法，通过大家的讨论，学生自己亲身感受到那种紧张的气氛，能较深刻地体会到理论的内涵。需要注意的是，在讨论过程之中教师对时间和现场的把握。

第6章 物流教学方法——角色扮演教学法

传统的教学方法为教师讲授，多以单向沟通的形式进行。教师是学生的榜样，从问题的提出、分析、推理到解答，全部由教师包办示范，学生处于被动的地位，只能不断地观察与模仿教师所传授的知识与技能，学习的效果可想而知，物流专业各门课程的特点是具有很强的实践性与操作性，因此教师仅以传统的教学方法进行课堂授课显然不能够满足社会物流所需的工作人员的学习需求。

角色扮演教学法在人为环境中构建出一种与实际情况相近的情境，让学生对真实情况相近的困境、问题和情绪感同身受，在设身处地模拟的状况下，自然地融入角色扮演的真实情境下，这样的学习过程涵盖了学生情感的、认知的、行为的等各个领域，令学生对所学知识、技能及时消化、切身体会、深刻记忆。

6.1 角色扮演教学法简介

6.1.1 角色扮演法的定义

角色扮演（role playing）是一种情景模拟活动。所谓情景模拟指的是以被试者可能担任的职务，编制出一套符合该职务实际工作内容的测试项目，安排被试者在模拟的、逼真的工作环境中，要求其处理可能出现的各种问题，同时用多种方法来测评其心理素质、潜在能力的一系列方法。而角色扮演法是情景模拟活动中应用得非常广泛的一种方法，其测评主要针对的是被试者明显的行为及实际的操作，还包括两个以上的人之间影响产生的作用。

所以角色扮演法一方面是要求学生扮演一个特定的管理角色，从而观察他们的不同表现，了解其心理素质和潜在能力的一种测评方法；另一方面又是根据情景模拟，要求其扮演指定行为角色，并对行为表现进行评定和反馈，以此来帮助学生发展和提高行为技能。

6.1.2 角色扮演法的功能

角色扮演法具有测评和培训两大功能。

（1）测评功能。通过角色扮演法可以在情景模拟中对学生的行为进行评价，测评其心理素质及各种潜在能力。可以测出学生的行为特点、兴趣爱好等心理素质，也可测出学生的决策能力、判断能力、领导能力等各种潜在能力。

（2）培训功能。在日常工作中，每个人都有其特定的工作角色，而从培养管理者的角度来看，需要角色的多样化，但又不可能实践所有的角色。所以，在培训条件下，进行角色实践同样可以达到较好的效果。此外，通过角色培训还可以发现行为上存在的问题，及时对行为做出准确的修正。

角色扮演法是在培训情景下给予受训者角色实践的机会，使受训者在真实的模拟情景中，体验某种行为的具体实践，并帮助他们了解自己，改进提高。普通角色扮演法适用于领导行为培训（职位培训、管理能力、工作绩效培训等），会议成效培训（如何开会、会议主持、议题研究等），沟通、冲突、合作培训等。除此之外，还应用于培训某些可操作的能力素质，如推销员业务培训、谈判技巧培训等。

6.2 角色扮演教学法应用于教学

6.2.1 角色扮演教学法应用于教学的意义

角色扮演是行动教学法中的一种教学方法。在扮演过程中参与者假设思考和行动的虚拟情境，并在限定时间内体验、讨论并解决某一个具体问题。角色扮演特别适合于对行动过程的体验。

那么，将角色扮演法应用于日常课堂教学中的意义何在呢？依照教育家的观察，发现一个人的学习效率随着教学方法的不同，有着以下明显区别：倘若只是听，学习效果是 30%；不只是听，还加上看，那学习效果是 50%；包括听、看和实际操作，学习效果可达到 80%。根据这一规律，在日常课堂教学中开展角色扮演法，有着十分重要的意义。

首先，角色扮演教学法有利于培养学生积极行动的好习惯。在参与角色扮演的过程中，学生始终积极主动地参与到从准备、计划、执行、评价再到反馈的整个教学过程中。

其次，角色扮演教学法有利于促进学生个人经验的积累。学生通过在某个工作任务明确定义的情境中独立执行所有行动，体验工作过程中角色间协同工作、共同发挥作用的过程，并与其他角色扮演者进行交流，共同完成角色扮演的课堂学习任务。

最后，角色扮演教学法有利于提高学生的个人能力。通过角色扮演这一模拟过程，学生可以使自身的专业能力、行动能力和社会能力得到显著的提高。

6.2.2 角色扮演教学法的适用范围

角色扮演教学法的具体适用范围如表 6-1 所示。

表 6-1 角色扮演教学法的适用范围

角色扮演类型	应用情境	角色举例
合作式角色扮演	（象征性的）产品的制造	原材料供应，装配步骤，生产程序，质量控制等
	向顾客供货	接受任务和分配任务，商品代销，检验和包装，寄送（车辆运输发送方式）
	业务流程处理过程	销售，制造计划，原材料和外购件的获取，原材料物流过程中的仓储管理
	看板管理组织的产品供应	制造及装配站（消费者），超市仓储，挑选，包含容器更换的循环供货方式
	模拟公司	企业中具备特定功能的组织和部门
对立式角色扮演	正反方讨论	辩方及控方律师，讨论主持人
	求职面试	申请某个工作岗位的求职者，公司人力资源部总监
	危机情势下的决策	针对商品运输安全具有特定要求的购买者

6.3 角色扮演教学法实践应用

在具体的教学活动中，角色扮演法的具体操作步骤应包括图 6-1 所示的几个阶段。

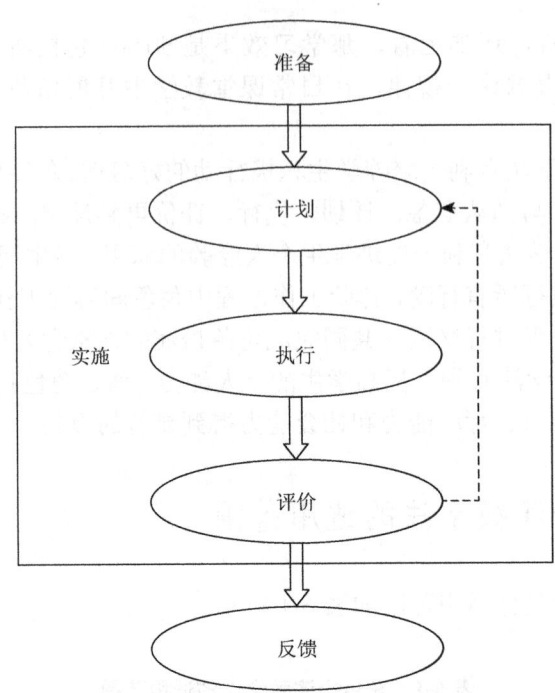

图 6-1　角色扮演教学法阶段模型

学生在通过角色扮演进行学习的整个过程中，需要完成的主要任务如表 6-2 所示。

表 6-2　角色扮演过程中学生的主要任务

阶段	具体任务
准备	熟悉角色扮演的整体过程、角色扮演目标（学习目标）、学习材料、角色扮演的任务、工作手段等
	必要时进行文献研究
	查找所需要的相关知识
计划	工作任务（角色）分配
	所承担的角色和角色扮演目标的内容
	确定行动、过程、行动自由度和目标实现途径
	设置工作岗位，必要时确定初始状态
执行	按照需求、任务和质量要求进行具体实施，并进行必要决策
	记录事件、行动、决策和结果，必要时记录完成信号
	角色进行系统化变换（是角色扮演的必要阶段）时需暂停扮演过程
评价	基于扮演过程进行与工作岗位相关的内容评价
	针对角色扮演结果，观察到的不足，障碍，缺工事件、怠工时间、质量和组织问题等进行集体讨论
	进行整体性原因分析、构思改善意见
	集体确定下次角色扮演中需要加入的改善意见
反馈	讨论整个角色扮演过程，情境发生的起因、结果与内在关系
	必要时对实施改善措施的效果进行评价
	个人学习收获反馈，学习收获主要包括工作内容、工作责任、职业活动、决策、困难、时间要求、工作过程认识等方面

教师在整个角色扮演教学的过程中，主要起着引导和监督的作用，其主要任务如表 6-3 所示。

表 6-3 角色扮演过程中教师的主要任务

阶段	任务	任务具体内容
准备		确定学习目标和学习领域
	阐明角色扮演类型	合作式或者对立式
		每个角色的扮演者人数
	对整体过程进行安排和分配	工作岗位（角色）数
		目标，工作内容和工作岗位的界定
	计划和组织扮演过程	包含/不包含角色更换
		包含/不包含中期评价（讨论）
		构思改善意见，检验改善措施效果
		时间分配
	设计工作手段	普遍用于所有岗位
		个性化，应用于个别岗位
	设计学习材料	描述扮演情境
		描述组织情况和扮演流程
		描述工作岗位（角色）
实施（包括计划、执行、评价三个阶段）		测验：检验学生在独立学习过程中掌握的知识（与学习材料相关的知识）
		就工作岗位和学习材料问题给予指导
		监督开始、结束的时间
		必要时引入干扰事件
		如有需要教师要回答问题和提供必要帮助
		负责主持关于中期和末期评价的讨论
		剧目排练，以确定改善意见和时间需求
反馈		学生的认知水平与能力水平是否得到提高

6.4 角色扮演教学法的优缺点

6.4.1 角色扮演教学法的优点

角色扮演教学法的优点包括以下几个方面。

（1）经验学习与小组工作相结合。角色扮演过程中，需要角色之间的配合、交流与沟通，因此可以增加角色之间的感情交流，培养学生的自我表达、相互交流、相互认知等社会交往能力。多名同学一起进行角色扮演的情况下，能够培养大家的集体荣誉感和团队精神。

（2）实践化的工作内容和工作形式。角色扮演教学为学生提供了广泛地获取多种工作岗位经验和锻炼的机会，使其理解工作过程中复杂的内在联系、相互依赖性、作用和影响。

（3）在矛盾冲突情境中做出决策。角色扮演可以分为合作式角色扮演和对历史角色扮演，学生所扮演的每个角色的任务又包括决策和行动两个方面。因此学生在面对矛盾、冲突等困境的时候，能否及时地做出合理的决策关系到整个教学过程的完成及教学目标的最终实现。

（4）学生具有十分大的自主学习空间。角色扮演教学是一项参与性的活动，角色扮演教学法可以充分调动学生参与的积极性，为了取得较高的评价，学生会充分表现自我，施展自己的才华。为了了解所扮演的指定角色，学生必须事先查阅相关的文献和资料，了解与角色扮演相关的知识和技能。在教学过程中，学生会抱着浓烈的兴趣参与到活动中。

（5）承担工作责任。每一个角色的设立和扮演都是以一定的角色扮演目标（教学目标）为依据而展开的，故学生在扮演角色的过程中，会主动承担起完成角色工作任务，实现角色扮演目标的责任。

（6）角色交换拓展知识和经验。通过角色扮演和角色互换，学生可以相互学习对方的优点，模拟现实的工作情境，从而取得实际工作经验，明白本身能力的不足之处，从这一教学活动之中，各方面能力都可得到提高。

6.4.2 角色扮演教学法的缺点

（1）场景设计难度非常大。教师如果没有精湛的设计能力，在设计上可能会出现简单化、表面化和虚假人工化等现象。这无疑会造成对教学效果的直接影响，使学生得不到真正的角色锻炼能力提高的机会。同样地，在设计角色扮演的场景时，由于设计不合理，设计的场景与测评的内容不符，就会使学生摸不着头脑，适得其反。

（2）准备工作繁重，对时间和资源的要求较高。工作岗位的设置、对角色任务的认知、学习材料的制作和准备以及角色交换与评价过程（讨论）的实施需要较长的整段时间，这就加大了教师的工作量。

（3）角色扮演过程中教师必须是指导者、主持人的角色。在角色扮演的整个实施过程中，教师绝不能过多地干预，而只能起到引导和监督的作用。否则将会影响学生的发挥，达不到角色扮演的目的和完成角色的任务。

（4）对单个学生进行成绩评价很难进行。由于实际教学过程中，经常是由多个学生组成小组进行角色扮演，而小组内各成员通常只有角色任务上的不同，而无角色重要性之分，因此很难对单个学生进行成绩评价，打分的对象大多是各个小组。

(5) 适用性有限。角色扮演教学法并不适于所有认知目标层次的内容，尤其是知识及理解层次的内容。

(6) 教学效果很难预料。较传统的教学方法不同之处，角色扮演法可能无法事前预期实际的教学效果。学生的性格、态度及个人素养都会影响这一教学方法的最终效果。

所以，角色扮演教学法既有自己的优点，又有不足之处，是一种难度很高的教学方法。要想达到理想的教学效果就不许进行严格的情境模拟设计，并且同时，保证角色扮演全过程的有效控制，用以纠正随时可能产生的问题。

6.5 角色扮演教学法案例展示

教学案例1：物流客服人员受理客户投诉

一、教学内容

应对处理物流客户的抱怨与投诉。

二、教学对象

物流专业二年级的学生。

三、教学目标

通过角色扮演使学生认识到以下几点：
(1) 熟悉处理客户投诉的流程。
(2) 掌握客户心理分析及不同投诉方式的服务策略。
(3) 学会不同类型投诉的理赔技巧。
(4) 掌握与客户沟通的方式与技巧。

四、场合、媒体、道具

大教室及实训中心。
企业经理办公室、电话、礼品（可以是象征性的道具）。

五、教学方法

角色扮演法：模拟客服部门人员受理及处理客户投诉的全过程，掌握处理物流客户投诉的方法与技巧。

六、教学过程

1. 介绍情境（10 分钟）

情境一：客户远大公司总经理的秘书致电德邦物流公司的客服部门投诉（并索赔），投诉原因如表 6-4 所示。由德邦物流的客服人员进行投诉受理并且负责与投诉者沟通。

表 6-4 客户投诉原因选择表

编号	投诉原因（选其一）
1	货物到达指定港口的时间发生晚点
2	客户发现货物出现破损、丢失
3	发生发错货物或将货物发送到错误港口的情况
4	客户对物流公司的服务质量不满意
5	自选

情境二：德邦物流公司客服代表负责到远大公司总经理办公室进行道歉（以及商讨理赔事宜）。

2. 角色分工（5 分钟）

四人一组，其中两人分别扮演远大公司经理 A 和经理秘书 B，另外两人分别扮演德邦物流客服人员 C 和 D。

3. 分发道具（3 分钟）

两台电话分给秘书 B 及 C、D 所在的投诉部门。分给客服人员 C 或 D 一张客户投诉登记表，如表 6-5 所示。

表 6-5 客户投诉登记表

受理编号		受理日期			
投诉客户姓名		投诉类型	□商品	□服务	□其他
客户地址		电话			
投诉缘由					
客户要求					
投诉受理	□受　理	承诺办理期限			
	□不予受理	理由			
备注					

制表：　　　　　　　　　　　　　　　　　　　　　　　　　　　　　　　　审核：

4. 明确角色任务（10分钟）

（1）先由小组选定或自行设定一个投诉的原因，同时设定事故发生的原因。
（2）秘书 B 给客服部门打来电话投诉，由 C 接听，C 负责与怨声载道的投诉者 B 进行沟通，并由 D 填写客户投诉登记表。
（3）C 和 D 共同制定一份与经理 A 见面道歉（并进行理赔）的工作计划。
（4）由 D 给秘书 B 打电话，确定见面的时间。
（5）由 C、D 与经理 A 见面，完成道歉、理赔和业务营销等任务。
（6）A、B 与 C、D 分别进行角色互换，并进行以上五个步骤的扮演。

5. 进行角色扮演（55分钟）

6. 分析探讨：小组反思（10分钟）

7. 各组讨论发言（20分钟）

8. 教师总结（5分钟）

物流服务工作中应该力争做到服务无差错，但人非圣贤，孰能无过。关键是怎样接受和处理客户的投诉。从投诉客户的角度来说，倘若他们的问题可以得到及时妥善的解决，他们会比没有问题的客户对企业更加忠诚。因此物流企业只有重视客户的抱怨和投诉，竭尽全力给予解决，令客户满意，才能创造更多的客户价值，并取得立足市场的资本。

9. 作业布置

每名学生交一份情境总结，内容包括：情境背景、情境结果（包括小组结果和个人结果）、感想三部分。

七、教学评价

通过角色扮演，学生了解到了物流客户抱怨与投诉这一在企业中频繁发生的事件，如何受理客户的抱怨与投诉，如何与客户进行有力的沟通，如何进行客户上访、理赔等全部是物流企业客服人员必须掌握的知识和技巧。通过对立式（确切地说是对立合作式）角色的扮演以及角色互换，学生充分感受到不同角色的义务与权利。

教学案例 2：物流谈判

一、教学内容

与物流客户展开谈判。

二、教学对象

物流专业二年级的学生。

三、教学目标

（1）使学生了解到与不同国家（地区）物流客户交往过程中的礼仪与禁忌事项，提高物流客户服务人员与外商谈判的能力。

（2）通过物流谈判双方的情境角色演练，使学生掌握物流谈判过程中的一些策略与技巧。

四、场合、媒体、道具

大教室。

谈判桌、名片、礼品（可以是象征性的道具）。

五、教学方法

角色扮演法：由学生分别扮演物流谈判双方代表的不同角色，令其掌握与不同国家（地区）物流客户交往中的礼仪与禁忌，以及物流谈判过程中的常见策略与技巧。

六、教学过程

1. 介绍情境（5分钟）

中国一家物流公司准备与国外一家电器公司签订物流外包合同。于是两家公司的业务代表都坐到了谈判桌前，就外包服务价格条款进行磋商。

2. 角色分工（5分钟）

8人为一个小组，其中4人为中方物流公司谈判代表（A方），包括1名谈判组长与1名记录员；另外4人则扮演外国电器公司谈判代表（B方，此4人可以是来自美国、日本、俄罗斯、德国、英国、法国、阿拉伯等国家中的一个，各个小组应各不相同），同样也包括1名谈判组长与1名记录员。

3. 明确角色任务（15分钟）

（1）各小组成员在角色扮演前应熟练掌握不同国家或地区交往禁忌的相关资料，以及进行物流谈判时的相关策略与技巧。

（2）由教师规定物流市场上标准的服务价格。

（3）谈判前由各小组讨论确定各自通过谈判想要达到的理想价格以及价格底线，预先制定好各自的谈判方案。B方根据自己所属的国家，预先确定好自己的谈判风格，同时A方根据对手的国别也准备好应对的策略与技巧。

（4）谈判双方在进行礼节性的交流之后，便根据事先制定好的理想价格以及价格底线，为了各自的利益展开激烈的谈判，最后确定一个最终价格。

（5）A方在谈判结束后应给B方客户送上事先准备好的礼物。

4. 进行角色扮演（100 分钟）

各小组轮流到讲台上进行角色扮演，其他小组充当观众，找出 A 方在与国外客户交流的过程中哪些地方做得好，触犯了哪些禁忌，采用了哪些谈判策略等。各组根据对方的表现相互打分。

5. 分析探讨：小组反思（10 分钟）

6. 各组讨论发言（20 分钟）

7. 评选出最佳物流客户服务人员和最佳客户（5 分钟）

8. 教师总结（5 分钟）

物流谈判是物流供需双方围绕涉及其利益的物流产品或服务的交易条件，达成双方都能接受的协议的行为和过程。物流谈判的程序包括三个阶段。一是谈判前的准备阶段，包括收集资料、制定谈判方案以及物质方面的准备等工作；二是正式谈判阶段；三是结束谈判阶段，这一阶段谈判双方达成了最终的协议。客服人员只有充分了解不同国家和地区客户的谈判风格，熟练掌握谈判过程中的策略与技巧，牢牢把握上述三个阶段的工作重点，才能在谈判中占据优势，为企业争取更多的利益。

9. 作业布置

各小组上交两份课前做好的谈判方案（双方各一份）。每名学生交一份情境总结，内容包括：情境背景、情境结果（包括小组结果和个人结果）、感想三部分。

七、教学评价

通过对物流谈判双方对立式角色的扮演，学生了解到在与不同国家或地区的物流客户谈判的时候，有其各自的谈判风格与禁忌。在角色扮演的过程中，学生体会到了如何针对这些风格与禁忌采取不同的应对策略，以及如何将课堂上学到的谈判方法与技巧应用于实践，即通过生动有趣的方式，培养学生知识迁移的能力。

"物流客户服务"这门课程十分适合在教学过程中运用角色扮演法，中职学生通过对角色的切身体验，加深其对知识的记忆并促进其对客服技巧的掌握。需要注意的是在角色扮教学过程中，教师需要对时间和现场有足够的把握。

第 7 章　物流教学方法——模拟教学法

7.1　模拟教学法简介

7.1.1　模拟教学法的内涵

所谓模拟法，是指按照时间发展的顺序，在模型的辅助之下，按照事情发展的逻辑顺序及其依存关系和相互作用来复制事件或流程（过程）。即通过采用仿真模型（模拟器）取代真实情况（原型），这些原型被有目的地简化，并且按照时间发展顺序，塑造出原型的基本特征以及功能关系。

模拟教学之中使用的模拟器有两种类型。一种是真实物质的功能模型，可以是同原型一致的模型（如按 1∶1 比例的飞机模拟器、汽车驾驶模拟器等），或缩小版的模型（如铁轨模型、机器人模型等）；另一种就是抽象的功能模型，包括纸/铅笔模型（paper-pencil-model）以及软件模型（如表格计算、控制程序的监测系统、模块导向的物流模拟器）等。利用模拟器，一方面可以让时间连续或分阶段步骤进行，另一方面可以根据实时速度，加快（抓快）或者变慢（采用慢镜头）事件或者流程进行。可以由学生独立手动（逐步）控制或由模拟器自动（按照输入的数据）控制时间。

使用模拟法进行教学，要求学生在面对一个贴近实际情况，且动态变化的问题时，能够通过训练掌握相关技能，尝试自主应用知识，并做出最终决策，解决各种问题。可以让学生在时间压力下进行工作，搜集资料并且有目标地进行实验，使单个学生或学生小组从中获取独立处理学习中所遇到问题的能力。

在模拟教学法的具体操作过程当中，教师需要预先确定学习目标以及学习领域、问题的情境、知识目标和学习用品（模拟器）。而学生则需要弄懂并且独立计划解决问题的途径，使用模拟器（作为辅助设备）的方法等。并且独立完成观察和监测模拟运行，对于模拟结果进行收集，评估并存档，修改仿真模型，相关参数以及重复进行模型试验和对所获得的知识进行反思等工作。在模拟教学的过程当中，教师主要扮演咨询者以及支持者的角色。

模拟教学法通过让学生观察一段时间内的流程，理解其中的逻辑关系，并且通过自主实验和探究学习，激发学生的积极性以及好奇心，培养出他们进行系统思考以及有计划行动的好习惯。

7.1.2 模拟教学法的特点

（1）实践性。模拟教学法重视实践应用，强调"学以致用，以用促学，以用带学"，把学生置身于仿真的实际工作环境当中，让学生在学中做、在做中学，理论学习以及专业实践合二为一。通过模拟学生不但要熟悉了解工作的基本流程，掌握一定的操作技能，而且还能够适应工作岗位的要求，不断调整自己的知识结构以及能力结构，为毕业后快速适应岗位环境打下良好的基础。

（2）主观能动性。模拟教学把教师的"教"与学生的"学"有效结合起来，以学生作为主体来完成教学过程，教师只是推动者、导演，引导教学全过程，而学生则是参与者、主演，完成具体的情景模拟和实际操作。利用在模拟场景中的亲身体验，学生完成了对知识的认知以及运用，能更好地理解所学知识。在这种以学生为主体的教学方法之中，学生的主观能动性被极大地调动起来。

（3）迁移性。模拟法就是让学生在各种各样的设想情境中去感受这些复杂事物，并把学习内容迁移应用到现实生活中，求得该模拟所依据的概念来习得解决问题以及作出决定的各种技能，以及此模型所依据的各种概念，所以具有迁移性。

（4）趣味性。书本上的理论、原则等比较空洞、抽象，学生往往感到枯燥难懂，在学习过程之中容易产生疲劳感，而模拟教学则是以真实、生动以及丰富多彩的活动形式来运用理论知识，具有极强的趣味性以及吸引力，能有效激发学生的学习兴趣。

7.1.3 模拟教学法与角色扮演教学法的异同

模拟教学法与角色扮演教学法的相同点包括以下四个方面。
（1）提供行动导向性学习。
（2）教学过程之中都是进行真实的实验。
（3）学生都是利用积累经验来学习。
（4）都构成了简化的真实情境。

模拟教学法和角色扮演教学法的区别表现在：前者主要突出时间性，能改变参数不断试验，并且整个教学的过程可用计算机模拟，学生之间沟通交流较少；而后者主要突出人的活动，利用角色之间的沟通与交流，体验整个工作过程或者流程。

7.2 模拟教学法应用于教学

7.2.1 模拟教学法应用于教学的意义

(1) 培养学生的综合素质。模拟教学法通过对真实事件和流程的形象模拟，培养学生的感知以及形象思维能力。由于教学过程接近实际情况，通过分组讨论，培养学生主动学习、语言表达以及与人共事的能力；在学生从感性认识上升到理性认识的过程之中，培养了逻辑思维、综合系统分析以及归纳总结能力。从切身体会的感受中，培养学生岗位知识技能。

(2) 学生的学习动力发生了根本的转变。学生不再仅仅是以追求考分高低、排名先后这些外在现象作为学习的动力，而重在形象思维以及亲身实践感受上，通过模拟实践达成共识、得出结论。这种通过自身努力所获得的学习成果，给学生带来了发自内心的喜悦，同时产生渴望学习、主动学习的内在动力，从内心深处激发了学生主动学习的热情和钻研的积极性。

(3) 教师素质发生了根本变化。在原有的教学当中，教师大多是科班出身，具备较高的理论知识，但是往往缺乏实践动手能力。运用模拟教学法，要求教师不仅需要具备较高的理论知识水平，同时更需要具备较高的实践动手操作能力，就是要求教师具备双师素质。

(4) 教师的备课内容发生了根本性的转变。教师课前不仅需要熟知教材中的理论内容，更需要精心准备模拟实践的教学资料，给学生构建出最适合本次教学需要的模拟教学的场景以及氛围，把学生将要学习的理论知识与实践操作技能充分融合在一起，使学生产生身临其境的感觉。

(5) 教学过程中教师以及学员的角色发生了根本的转变。运用模拟教学法，教师不再是以课堂为中心，把原有的教师满堂灌、一贯的单向传授式，转换成以教师为课堂的导演来进行策划，把主要精力放在组织引导学生的实践行为以及关注学生适应岗位技能上。学生是课堂的中心以及主体，彻底改变了原有课堂教学中学生的参与度。学生变被动听讲记忆为主动研究摸索，从而形成教师与学生间互动教学的新型师生关系。

(6) 教学效果发生了本质的转变。原有的课堂教学集中于理论教学，学生大多停留在书本以及作业本中。运用模拟教学法，把理论教学融于实践教学中，使学生能够在做中学，在学中做，既学会了岗位技能又掌握了理论知识。这正是中职教育培养应用型人才的目的。

7.2.2 模拟教学法的适用范围

模拟教学法通过对事件或者流程的模拟，来达到教学的目的，主要适用于如下情况。

（1）运动流程及其控制逻辑，比如，机电一体化装置中数控机床的道具，联动机器人，拱架机器人，步行机器人，车辆。

（2）单个或者生产链式的，手工以及机器的生产流程。

（3）物流的运输、仓储、包装、信息传递过程以及物流系统的控制手段。

（4）商业贸易流程，信息流和商业战略决策的效应。

（5）对顺序问题以及资源分配的安排决策的影响。

（6）物流及生产系统的短期流程（如生产过程的开始和结束）以及长期发展。

在进行课堂模拟教学的过程当中，常常通过使用仿真模型（模拟器）来取代原型进行教学，模拟器主要应用于表 7-1 所示的几个方面。

表 7-1 模拟器应用表

应用项目	应用内容	应用目标
与机器互动过程的演示	机器的开机，关机，重复	掌握操作机器的方法与技巧
训练行动和决策的互动	反复练习作决策以及流程（步骤，顺序，在变化的条件下）	检测是否符合目标，成功率或所需时间
（自主研发的）控制器，系统配置或者带有电力资源以及电容量的设备互动的功能测试	开机，关机，重复	控制流程顺序，运行轨道，达到目标，自由碰撞，所需时间，生产效率（数量/时间，频率/时间，时间利用率……）
系统与控制器互动的实验	有针对性地修改参数，模型系统的结构，控制逻辑，仿真时长或模拟过程的开始与结束	控制优化目标大小，例如，消除颈项，资源利用，生产效率，容量大小，修改决定的作用

7.3 模拟教学法实践应用

模拟教学法的具体实施主要涉及如图 7-1 所示的五个步骤。

在整个模拟教学法的实施过程当中，教师与学生所要完成的主要工作如表 7-2 所示。

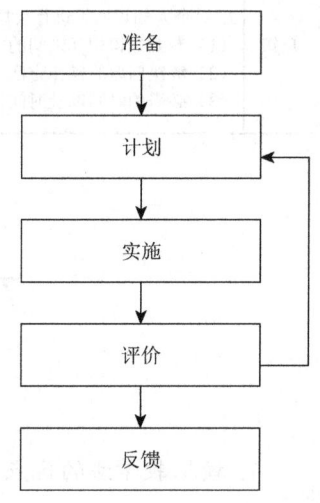

图 7-1 模拟教学法实施步骤

表 7-2　模拟教学过程中师生的主要任务

阶段	学生工作	教师工作
准备	1. 熟悉现实的问题，解决问题所需的知识和提出的问题 2. 熟悉真实系统（模拟器）的功能模型 3. 弄懂评估，观察测量大小的目标及类似的情况	1. 确定学习目标和学习领域 2. 解释模拟法应用的类型（演示，训练，功能测试或模拟实验） 3. 开发学习材料（A）：描述现实的问题，解决问题所需的知识以及需弄明白的问题 4. 按照如下步骤开发真实系统的功能模型（模拟器）： （1）弄清原型/模型的相似关系 （2）选择"模型材料" （3）确定学生在模拟过程中要接受的任务 （4）计划时间并控制模拟 （5）在实时模拟的过程中做记录并且搜集信息 （6）"制造"仿真模型 （7）功能测试以及确认 5. 编写学习材料（B）：描述仿真模型的工作原理以及模拟器的使用 6. 使用学习材料（A）、（B）通过模拟器尝试解决问题，（通过第三方）来确定所需的改善与所需的时间
计划	1. 对预计取得的结果、相关联系以及发展提出假设 2. 对模拟实验的运行情况作计划，如数量、模型时间长度 3. 弄懂每个实验，如输入值、初始条件和测试条件等	从如下几个方面辅导学生实施： 1. 知识检测，即检测学生在自学当中掌握的知识（学习材料） 2. 指导学生独立操作模拟器
实施	1. 设置初始状态 2. 开始，观察并且结束模拟运行 3. 执行必要的行动，做决策 4. 保存模拟结果和模拟流程的信息	3. 回答出现的问题，必要的时候提供帮助 4. 观察工作进程 5. 搜集反复出现的问题以及需要完善的条件
评价	1. 评价收集到的信息，对结果进行提取并总结 2. 比较系列实验的结果 3. 决定下一步的实验 4. 得出结论，并把结果存档 5. 汇报结果	1. 在以下方面辅导学生进行评价： （1）比较性地对结果进行介绍 （2）得出结论 （3）对操作方法进行介绍 2.听取报告并且讨论结果 （1）教师（向学生）提问 （2）组织其他模拟小组的同学来进行提问
反馈	1. 把结果与一开始提出的假设进行比较 2. 对个人知识增长进行反思，包括： （1）专业知识相互之间的关系 （2）解决问题的操作方法 （3）必需的时间以及时间计划	1. 预计出现的/意料之外的结果 2. 程序以及工作方法 3. 成绩评定，成绩组成： （1）模拟器的实际操作 （2）结果汇报（演讲） （3）总结报告

7.4　模拟教学法的优缺点

1. 模拟教学法的优点

模拟教学法的优点主要包括如下几个方面。

（1）可以模仿复制出危险、昂贵、复杂的情景，来达到学习、测试以及实验的目的。
（2）可以组织安排个人独立工作或是团队合作。
（3）可以通过观察实验来加深对动力系统以及加工过程中复杂的相互作用的理解。
（4）支持个人对所做决定以及采取的结局方案在短期或长期内的功效进行自我检查。
（5）可以检测个人能力及其技能。
（6）可以实现个人探究性的学习。
（7）一个模拟器可用于多种不同的学习目标和问题情境。

2. 模拟教学法的缺点

模拟教学法的缺点主要包括如下三个方面。
（1）必须拥有仿真模型（模拟器），并且该设备可供教学使用。
（2）模拟器的研发和制造成本很高，需要时间和资源。
（3）教师应负责关于学生单独进行搜寻、修改以及实验策略的咨询工作，要求对可能出现的错误与学生必须清楚阐明的因果关系进行大量讨论。

7.5 模拟教学法案例展示

教学案例：探索牛鞭效应

一、教学内容

牛鞭效应产生的原因、消除或者减小牛鞭效应的对策。

二、教学对象

物流专业二年级的学生。

三、教学目标

通过该情境使学生认识到如下几点。
（1）了解订货提前期。
（2）确定订货策略。
（3）信息沟通、人际沟通的必要性。

四、场合、媒体、道具

$50m^2$ 大教室、13 个工作台（图 7-2）、订货单、卡片、统计表、白板。

五、教学方法

模拟法：通过模拟整个供应链的运作流程，体会供应链之中各成员间的竞合关系，理解牛鞭效应的内涵。

六、教学过程

1. 介绍情境（10 分钟）

此次教学将在模拟 P&G 公司洗发水供应链系统中进行。学生分别模拟零售商、驾驶员、批发商和制造商等角色进行订货作业。零售商、批发商以及制造商每月须做一个订货决策，以实现利润最大化。批发商、零售商的联系由卡车驾驶员 A 进行，批发商和制造商的联系由卡车驾驶员 B 进行，驾驶员通过订货单、发货单以沟通信息工作流程如图 7-3 所示。

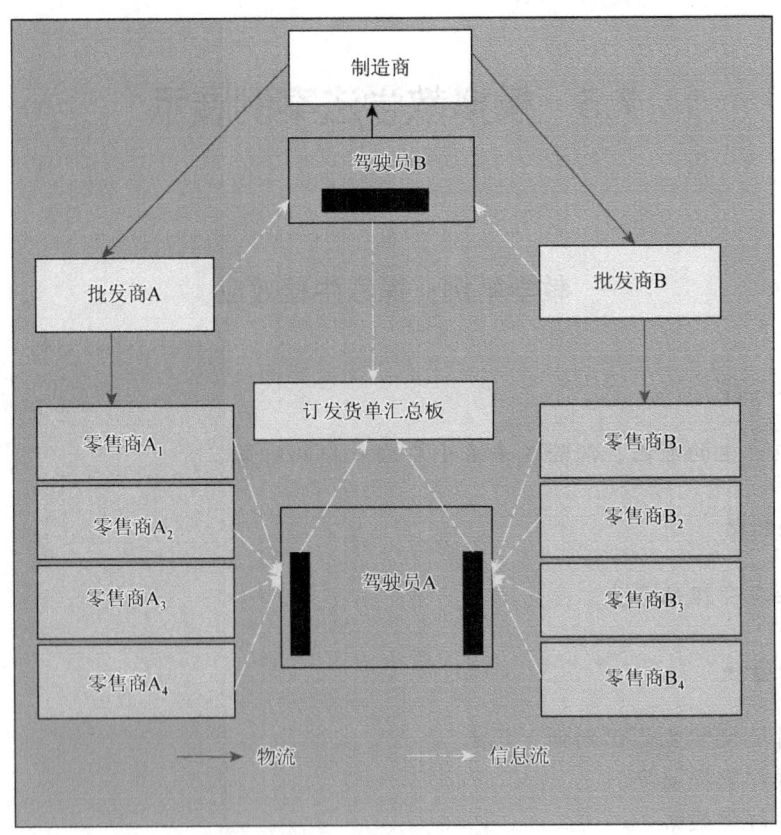

图 7-2 场地布置示意图

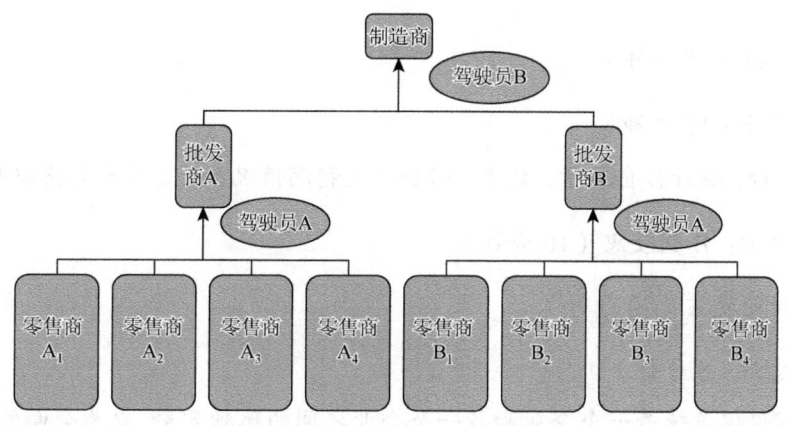

图 7-3 工作流程图

2. 模拟角色分工（5 分钟）（表 7-3）

表 7-3 角色分工

角色	人数
驾驶员 A	1
驾驶员 B	1
制造商	1
批发商	2
零售商	8

注：驾驶员 A 须兼作消费者也就是市场需求信息的发布者

3. 分发道具（3 分钟）（表 7-4）

表 7-4 道具分发表

	角色卡	订货单	发货单	订发货统计表	订单汇总板
零售商 8 人	1×8 人	30×8 人			
批发商 2 人	1×2 人	30×2 人	120×2 人	4×2 人	1×2 人
制造商 1 人	1		30×2 人	2	1
合计/张	11	300	300	10	3

4. 明确角色任务（10 分钟）

各角色资料卡阅读，教师说明相关注意事项，教师在黑板上画出操作流程示意图。

5. 进行模拟（55 分钟）

6. 利润统计（12 分钟）

情境结束后，统计各自存货、欠货、销量以及利润情况，上交各自表格以及统计数据。

7. 分析探讨：小组反思（10 分钟）

8. 各组讨论发言（20 分钟）

9. 教师总结（5 分钟）

竞争并不仅仅意味着一个企业和另一个企业之间的孤独竞争，更为全面的应是他们所处的两个供应链之间的竞争，体现为整体供应链之间的竞争。伴随着全球化、信息化的发展，供应链在日益激烈的市场竞争之中所起的作用越来越大。在许多行业，特别是非高新技术行业，如零售业、运输业等，供应链在竞争之中甚至起着主导作用。一个知名企业的成功，其实就代表着一条物流增值与供应链上数家乃至数十家企业的共同成功。对于中国企业来说，改变传统的企业竞争眼光，更加注重上下游产业的协作与同步计划，才能在新的国际制造业竞争浪潮之中占领制高点。

10. 作业布置

每名学生交一份情境总结，内容主要包括：情境背景、情境结果（包括小组结果以及个人结果）、感想三部分。

七、教学评价

通过该情境，学生看到的现象主要是：因为消费者需求的小幅变动，通过整个系统的加乘作用将产生十分大的危机，即首先是大量缺货，整个系统订单都会不断增加，库存逐渐枯竭，欠货也不断增加，随后虽然好不容易达到订货单大批交货，但是新收到订货数量却开始骤降。

中职学生对枯燥的理论不感兴趣，牛鞭效应是较抽象的理论，通过情境，令学生自己亲身感受到需求的变动，能比较深刻地体会到理论的内涵。需要注意的是，在情境过程之中，教师需要对时间以及现场有足够的把握。

附　件

1. 角色资料卡 A：驾驶员资料卡

（1）驾驶员分为 A、B 两人，其中 A 负责传递零售商与批发商间的订货单与发货单，并且扮作消费者提供洗发水市场需求量；B 负责传递批发商与制造商间的订货单和发货单。

（2）驾驶员需在一定的时间要以信息条形式发布一定的信息：洗发水需求量增加的原因。

信息条发布时间：制造商——第 7 周；零售商——第 8 周；批发商——第 10 周。

（3）时滞的实现：

①驾驶员接到订单后，因为多家用户及一定的运输距离，在两周后送到批发商或者制造商处，批发商或者制造商立即发货，驾驶员在两周后送到货。

②时滞是通过订（发）货单汇总板来实现的，事先在板上挂好之前两周的订（发）货单（事先准备好的），然后按照操作流程示意图的步骤完成第 1 周的两步。需要注意订（发）货单必须从上面插，从最底下取。所有订货、销货以及发货均在期初进行。

③驾驶员 A、B 确认第 1 周已经结束，开始第 2 周，在第 5 周时进入正轨。

④驾驶员 A 每一周要以信息条形式向零售商发布洗发水市场需求量信息：第×周，你的顾客向你订货××箱，具体箱数由驾驶员 A 填写。

2. 角色资料卡 B：零售商资料卡

（1）所销售的产品为洗发水，以箱数作为单位，每周订货一次，到货一次，所有订发货业务都在期初完成。

（2）发订单到收到该批货物需要 4 周（例如，你在第 3 周发的订单，将会在第 7 周送到）。

（3）标准库存是 12 箱，第 1 周期初，零售商是标准库存。

（4）与批发商的联系只是利用订（发）货单由驾驶员 A 来完成。

（5）每周由教师将告诉你洗发水需求量，与此同时扮演驾驶员 A 接受你的本周订单，并且给你送货（先给货，再接订单）。

（6）零售商在此情境之中除填写订货单外，还需要填写零售商情况表（表 7-5 和表 7-6）。

表 7-5　零售商订货单

批发商编号	
订货时间（第×周）	
订货数量（箱）	

表 7-6　零售商情况总表

周次	洗发水市场需求量	销量	本期欠货量（顾客）	期初库存量	批发商送货量	本期欠货量（批发商）	累计欠货量（批发商）	期末库存量	订货量（批发商）	本期利润
1										
2										
⋮										
29										
30										

演练成绩：第_____组，零售商_____，总利润额_____

表格说明：

（1）第 t 周的欠货量（顾客）= 第 t 周的洗发水市场需求量 − 第 t 周的销量

$$C(t) = A(t) - B(t)$$

（2）第 t 周的累计欠货量（批发商）= 第 $t-1$ 周的累计欠货量（批发商）+第 t 周的本期欠货量（批发商）

$$G(t) = G(t-1)+F(t)$$

（3）第 t 周的期初库存量 = 第 $t-1$ 周的期末库存量

$$D(t) = H(t-1)$$

（4）第 t 周的期末库存量 = 第 t 周的期初库存量+第 t 周的批发商送货量−第 t 周的本期销量

$$H(t) = D(t)+E(t)-B(t)$$

（5）第 t 周的利润额 = 第 t 周销量×5− 第 t 周欠货量×2− 第 t 周期末库存量×1

$$K(t) = B(t)\times 5-C(t)\times 2-H(t)\times 1$$

3. 角色资料卡 C：批发商资料卡

（1）洗发水是其主营项目；
（2）你有固定的 4 个零售商；
（3）以箱数作为单位；
（4）标准库存为 24 箱；
（5）每周零售商向你订货一次，订购之后大约 4 周货才可送到。比如，零售商第 3 周订的货，会在第 7 周送到；
（6）每周向制造商订货一次，订货单平均需要 4 周，即在你订购后大约 4 周货才可送到；
（7）与零售商、制造商间联系仅仅是利用订货单、发货单，分别由卡车驾驶员 A 和 B 完成；
（8）卡车驾驶员 A 带来各种零售商的订单，同时你给零售商发货；卡车驾驶员 B 给你送货，并且接受你的本周订单；
（9）每次发货量不得大于订单量加累计欠货量；
（10）每周结束之后，批发商计算本期利润额，情境结束之后，各批发商计算总利润额并将结果上报给教师。

批发商在此情境模拟过程中需填写表 7-7～表 7-9。

表 7-7　批发商发货单

零售商编号	
发货时间（第×周）	
发货数量（箱）	

表 7-8　批发商订货单

批发商编号	
订货时间（第×周）	
订货数量（箱）	

表 7-9 批发商情况总表

周次	零售商订单总量	发货总量（零售商）	本期总欠货量（零售商）	累计欠货量（零售商）	期初库存量	制造商送货量	本期欠货量（制造商）	累计欠货量（制造商）	期末库存量	订货量（制造商）	本期利润
1											
2											
⋮											
30											

演练成绩：第_____组，批发商_____，总利润额_____

表格说明：

（1）第 t 周的总欠货量（零售商）= 第 t 周的零售商订单总量 − 第 t 周的本期发货总量

$$C(t) = A(t) - B(t)$$

（2）第 t 周的累计欠货量（制造商）= 第 $t-1$ 周的累计欠货量（制造商）+ 第 t 周的本期欠货量（制造商）

$$H(t) = H(t-1) + G(t)$$

（3）第 t 周的累计欠货量（零售商）= 第 $t-1$ 周的累计欠货量（零售商）+ 第 t 周的本期欠货量（零售商）

$$D(t) = D(t-1) + c(t)$$

（4）第 t 周的期初库存量 = 第 $t-1$ 周的期末库存量

$$E(t) = I(t-1)$$

（5）第 t 周的期末库存量 = 第 t 周的期初库存量 + 第 t 周的制造商送货量 − 第 t 周的本期发货总量

$$I(t) = E(t) + F(t) - B(t)$$

（6）第 t 周的利润额 = 第 t 周的本期发货总量×5 − 第 t 周累计欠货量×2 − 第 t 周期末库存量×1

$$K(t) = B(t) \times 5 - D(t) \times 2 - I(t) \times 1$$

（7）每一周批发商均在周初向零售商发货，周末制造商发来的货物才能到达批发商处（表 7-10）。

表 7-10 各零售商订发货统计表

周次	零售商 1				零售商 2				零售商 3				零售商 4			
	订货量	发货量	欠货量	累计欠货	订货量	发货量	欠货量	累计欠货	订货量	发货量	欠货量	累计欠货	订货量	发货量	欠货量	累计欠货
1																
2																
⋮																
29																
30																

4. 角色资料卡 D：制造商资料卡

（1）在某地区由四家批发商独家代理；

（2）以箱数作为单位；

（3）与制造商间联系仅仅是利用订单、送货单，由卡车驾驶员 B（教师）完成；他给你带来各批发商订单，同时你给批发商发货；

（4）每周批发商向你订货一次，订单平均需要 4 周，也就是说订购后大约 4 周货才可送到。比如，批发商第 3 周发出的订单，会在第 7 周收到货；

（5）每周制造商都可以对于自己生产的洗发水量做一次决定，但是注意从决定洗发水生产量到洗发水产出至少要两周；

（6）保持一定的库存，标准库存为 96 箱；

（7）在扩大规模之前，最低生产水平为 30 箱，最高生产生平为 60 箱，在扩大规模之后，最低生产水平为 60 箱，最高生产生平为 120 箱；（注意：扩大生产之后，生产量不得低于相应的最低生产能力；）

（8）每一次发货量不得大于订单量加累计欠货量；

（9）每周结束之后，制造商计算本期利润额，情境结束之后，制造商计算总利润额。制造商在此情境模拟中要填写表 7-11～表 7-13。

表 7-11 制造商发货单

批发商	
发货时间（第几周）	
发货数量（箱）	

表 7-12 制造商情况总表

周次	批发商订单量	本期发货量	本期发货欠货量	累计欠货量	期初库存量	制造产出量	期末库存量	计划生产量	本期利润
1									
2									
⋮									
30									

表 7-13 各批发商订发货统计情况表

周次	批发商 1				批发商 2			
	订货量	发货量	欠货量	累计欠货	订货量	发货量	欠货量	累计欠货
1								
2								
⋮								
29								
30								

第 8 章 物流教学方法——案例教学法

案例教学自 20 世纪 80 年代中期作为一种新兴的教学方式被引进中国以来,被越来越多的人所接受,且在教学实践当中被证明是一种行之有效的、具有特殊效果的教学方法,也是中等职业教育中普遍推崇与倡导的教学方法之一。案例教学方法即通过创设一个真实而深刻的学习环境,发展学生综合运用知识以及解决实际问题的能力,在培养学生的创新精神,促进人的可持续发展等方面具有非常深远的意义。案例教学法应用于物流专业教学无疑是一个值得探讨的问题。

8.1 案例教学法简介

8.1.1 教学案例的界定

1. 案例的含义

案例教学法的显著特点是在教学过程当中使用案例。简单地说,案例是一个关于实际情况的描述,通常需要涉及一个决策问题。案例通常是从相关决策人的视角来写的,并允许学生想象性地站在有关决策人或者问题解决者的位置或角度来做决策或解决问题。

2. 案例与例子、练习的区别

许多教师认为案例教学不过是在教学当中用点例子、做做练习而已,殊不知案例与它们之间的本质区别。许多教师在教学中经常使用的是一种或多或少的对来自于现实生活之中的第一手材料经过人为加工处理过的例子而不是真正的案例,甚至有一部分都是凭空想象的,没有任何实际根据,是一种"坐在椅子上空想的案例"。然而案例却是实实在在的现实情况的记录。另一种代表类型就是一些练习,它们也许用或者不用实际组织的数据。例如,把一些数据统计表发给学生,并要求学生计算某些比例,这便只是练习,但却不是案例。还可就某个杂志或者报刊上关于某家企业的文章进行课堂讨论,这不过就是一个案例课堂而已。

尽管案例教学的很多方面或许与在课堂上使用例子、练习或者文章的方法技巧是相似的,但将案例与它们混为一谈可能会给课堂教学带来一些负面的效果,特别会使学生参与案例教学的积极性大打折扣。理由是,学生面对的每一个案例基本上是由真的以及假的案例糅合在一起经过人为加工的,然而让他们积极地为一个虚假的案例做必要而充分的准备却是非常困难的。

3. 案例的五个决定因素

(1) 来源。案例来自涉及决策问题的管理组织当中有关决策人。这些人可能是在某个企业、政府或者其他管理环境中工作或任职,而教师则让学生设身处地将自己置于与他们一样的一个特定环境中来思考以及决策。

(2) 收集过程。案例一定出自于一个真实的来源,也就是说若想要获得真正的案例,在案例收集过程中,案例开发人员需要进入实地收集数据。在收集数据的过程当中,由于不可能记录以及报告所见所闻的每一件事,所以开发人员的辨别能力十分重要,这就要按照教学目的进行有针对性的收集。另外案例在使用以前必须经由案例资料来源处负责人同意。

(3) 内容。案例的内容伴随教育目的不同而不同。一般而言,它有一个决策重点。一个案例可能长、可能短、牵涉面或宽或窄,其主题范围几乎没有限制。但在案例当中应该包含足够的信息以便于学生了解某个组织、情况以及有关的人。

(4) 课堂测试。对案例的最终评价依赖于它的应用。这一点可能因班级、教师、学生不同而不同。案例是否能达到教学目的是所有案例材料都提出的一个关键性问题。

(5) 时效性。在案例当中,环境变化和与目前情况的联系程度都是重要的考虑因素。因此,需要考虑的问题是大多数案例伴随着时间的推移而变得陈旧过时。包含在案例当中的管理原则可能长久适用,但其"外包装"难免会过时或者陈旧。

8.1.2 案例教学法的内涵

(1) 案例教学法的起源。案例教学法是 19 世纪 70 年代由美国哈佛大学法学院院长兰德尔(C.C.langclell)首创的。他所编写的《合同法案例》是世界上第一本案例教学法的教科书。到目前,作为一种新型的教学方法,案例教学法不再仅仅遍及美国,它早已波及美国之外的其他国家。从 1908 年哈佛大学商学院成立至今,案例教学方法得到了逐步运用进而不断推广。中国自20世纪80年代引入案例教学以来,对于中国学校教育思想和教学方法的全面改革有着重要启示以及推动作用。

(2)案例教学法的内涵。所谓案例教学法,是基于一定的教学目标,在教学过程当中有针对性地运用适宜的案例材料,在教师的精心策划以及指导下,通过学生的独立思考与集体协作,通过具体的案例进行分析与研讨,大胆质疑,探讨各种解决问题的可能方案,并且做出相应的决策,以提高学生理论水平和实践能力的一种教学方法。

一方面,案例教学其实是一个复杂的引导过程,其首要任务就是发展学生独立解决问题的能力。在实践之中最可能发现问题的各种情况。学生一定要独立地分析问题所处的环境,并且在团队工作中寻找解决方案。在案例学习当中,学生在某种标准下对不同的方案进行严格的比较然后再选择。另一方面,案例教学并不是复制性地让学生被动地接受细节的知识以及技巧,其教学方式并不是封闭的,而是开放的,更侧重于对学生未来工作技能的培养,也就是在教师的引导下,借助案例使得学生能主动地探索知识、培养情感、提高能力、改变态度,形成正确的价值观。它并不单是一种教学方法,更是一种教育思想以及观念的更新,丰富了课堂教学的内涵,让教学活动充满活力。

8.1.3 案例教学法的特点

案例教学法就是以培养学生的能力为核心的新型教学法,这与传统教学当中一味突出教师单一主体地位,只强调单向交流,教材多年一贯的固定化等有很大不同。其特点主要体现在如下几个方面。

(1)学生是案例教学过程的主体。案例教学法的一个基本宗旨就是充分发挥学生的自主性。学生先要独立思考,独立地进行案例分析,准备好自己的观点以及方案,接着参与讨论,最后形成案例分析报告。这一教学法将以教师为中心的传统教学方式变为以学生为核心的方式,学生的学习方式从被动接受知识转变为主动探索,它让学生在真实情景当中以当事人的身份思考问题,训练其分析以及解决实际问题的能力。

(2)采用多方位互动模式。传统教学方法往往是一位教师面对众多学生,师生之间的互动是以"点对面"的形式,交流必定是非常有限的,所以是一种单向的理论灌输式的教学方法。然而案例教学法则注重学生个体与个体之间、教师与学生个体之间、学生团体与团体之间、教师与学生团体之间的多方位交流,形成的是多向的交流以及互动的机制与模式。

(3)信息的对称性、过程的开放性、思维的多元性与创新性。在传统教学中,信息的流动是不对称的,教师的中心地位造成了信息的传输局限于从教师到学生的单向流动,不可避免地具有灌输的色彩。案例教学法当中,师生之间是平等的,信息是对称的。在讨论过程中,学生大胆发表见解,每人都要有发言机会,相互不保留,不隐藏。并且案例教学法倡导多元化的、发散型的思维方式,不求思想统一,反对教条以及标准答案,重视批判反思,这给学生提供了充足的创新思维空间,可以更加有效地培养学生的创造力。

(4)重在讨论过程,寓原理于讨论之中。在案例教学法的课堂上,并不是单纯地追求一种正确答案,而是注重得出结论的思考过程。教学案例所涉及的问题必须由学生独立进行分析、解释与讨论。这种教学法的关键在于学生参与的程度,然而这一程度又与学生是否为案例做了足够的准备有关。为了准备参与,学生得一头扎进图书馆查找资料,自觉学习。为使学生对问题讨论得更加深入,教师可以有意出难题,在所展示的案例当中把某些必要的条件去掉,令学生自己提出假设,活跃课堂气氛。

8.2 案例教学法应用于教学

8.2.1 案例教学法应用于教学的意义

在教学活动当中,教师是引导者、协助者,而学生才是学习的主导者,所以案例教学法不仅影响学生的学习,还影响教师的教学,让教师思考学生的学习方式、课程的架构与组织、案例探究与教学内容的关联性和学科统整等问题。因此,案例教学法能够帮助解决理论与实际之间的落差,既能够传播新信息,又能够激发学习者讨论与辩证的动机,还能够培养学生高层次的思考能力、解决问题的能力、评鉴能力和在不同情境中的决策能力。

教师在讨论过程当中应不断降低学生的困难度,避免学生因知识不足或者缺乏人生经验而无法进行讨论。所以教师应做到两点:一是帮助学生搜集数据,为其提供主要数据或者至少要指出资料来源;二是在学生讨论离题的时候,能够引导其回到案例的情境中。而案例的解决方法最好能够由学生讨论决定之后提出,而非由教师直接提供。

案例教学法十分注重学生在学习过程中的反思活动。伴随着学生对于教学法的了解,教师应指导他们尝试撰写案例并且提出讨论问题,以帮助其理解自己所有可能面临的情境与抉择,省思个人的行动和决策,同时运用信息推理等的方法来进行自我评价,借以培养学生自我监控学习以及反思的能力。

经过一定的实践证明,案例教学法是一种有效的教学方法,有利于开启学生独立思考、分析、解决问题的实际能力。那么,对于理论性与实践性都很强的现代物流教学来说,其具有应用的必要性。

(1) 现代物流学科特征为案例教学法实施提供了有利条件。作为一种供应链管理的实际过程,现代物流教学比起传统物流来说,有着对货物原材料等相关信息的更高要求,包含了从起源地到用户的高效流动和储存活动过程。在这个过程中,现代物流要能够满足社会与顾客的实际需求。那么,在现代物流教学中,教师可以通过案例资料的收集等来让学生更好地理解并应用现代物流理论知识与实践方法。

(2) 案例教学法可以激发学生的学习兴趣。由于案例教学法中包含了让学生积极参与的教学活动，对于改变传统教学方法中学生过于被动的情形有所帮助。案例教学法将有效吸引学生，优化课堂教学效果，让学生在主动参与的体验活动中，锻炼自己提出问题、观察问题、解决问题的学习能力，还可以开发学生的学习潜能，让学生树立起务实的学习态度，有利于提高学生的综合素养。

（3）案例教学法有利于提高学生的合作学习能力。案例教学法重视对学生通过案例进行分析与推导的能力培养和提高，从而帮助改革传统的教学理念，提高学生分析问题和解决实际问题的能力。这是因为案例教学法中，学生被置于一个特定的情境当中，他们可以面对复杂多变的形势锻炼自我判断与决策的能力，从而让学生处于一种不断学习的过程中，进而学会学习，同时学会沟通与合作。当然，当前的就业形势也是案例教学法应用到现代物流教学中的一个重要因素。

8.2.2 案例教学法的应用流程

既然案例教学法在现代物流教学中有着如此重要的作用，那么，就必须按照一定的步骤来具体实施。

（1）案例选择的前期阶段。对于现代物流教学来说，首先应该做好案例选择的前期工作。这就是说，现代物流教学应该以精心搜集相关教学案例作为案例教学应用的根本条件。具体来说，在现代物流教学中，所选择的案例应具备这几个方面的特征，即现实性、典型性、启发性以及生动性。现代物流教学只有选择了优质的案例素材，才可以最大限度地激发出学生的学习热情，提高学习的效果。

（2）案例分析的中期阶段。案例教学法还包含了结合相关现代物流理论知识的分析过程。这就是说，现代物流教学过程中应该把学生分为几个讨论小组，让他们各抒己见，当然，此过程的顺利实施首先需要教师把相关案例提前提供给学生进行思考，让他们分享各自的分析建议，书写成案例分析报告，其次再通过组间讨论的方式把各个案例分析过程和结果展现给师生看，最后让教师与学生进行相互讨论与归纳，从而使得案例教学法得到进一步的提升。具体过程如下：学生演讲、课堂讨论、教师归纳，以此来达到师生之间的顺利沟通。

（3）案例考核的后期阶段。在案例教学法应用到现代物流教学过程中的后期阶段，我们应该做好案例考核工作。这主要包括案例分析报告的考核和课堂讨论效果的考核两个方面。具体来说，在案例分析报告中，教师应该根据报告质量给出具体的小组成绩，并给这些小组成员进行相关评分。课堂讨论结果的评价则可以由轮流评判的方式来进行，可以采取以学生评分为主，教师评分为辅的办法来权衡相关组员的具体案例分析成绩。

总之，现代物流教学过程中，教师可根据实际采取案例教学法，并做好前期的案例选择工作、中期的案例分析工作及后期的案例考核工作。在应用案例教学法的过程中，要做到扬长避短，但是，也必须注意到一些问题，如案例的选择要适当，符合学生的需求，能够启发学生等，让学生能够在案例中了解现代物流发展状况与实际运作，并提高学生对于现代物流相关问题的独立思考能力。

8.2.3 案例教学法的适用范围

案例教学法主要适用于如下情况。
（1）理解并掌握某一理论的原理或者基本概念；
（2）了解实践中有关的典型事例；
（3）领会某些理论观念和道德两难的问题；
（4）掌握某些教学管理策略，达成思维的某些技能以及习惯；
（5）扩大学生的想象力以及视野；
（6）激发或者强化学生的学习动机，提高学生学习的兴趣；
（7）促进学生形成对问题的一些独到的见解以及视野；
（8）矫正理论的过度概括化所产生的危害；
（9）为实践者讨论、对话并且形成一个学习、研讨群体提供的教学材料。

8.3 案例教学法实践应用

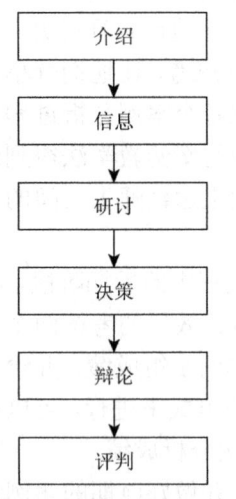

图 8-1 案例学习阶段模型

案例学习阶段模型对于案例教学的整个过程进行了细分，如图 8-1 所示。

这一阶段模型之中，各阶段的行为步骤及方法如表 8-1 所示。

尽管在模型当中对案例教学法的各个阶段进行了详细划分，但原则上这个模型还是基于三个阶段的，即课前准备、案例讨论以及总结归纳。

1. 课前准备

这一阶段包括教师还有学生双方面的课前准备活动。为了使得案例讨论有效地开展，教师应做好充分的课前准备，主要包括如下几个方面的内容。

1）选择有价值的教学案例

课堂教学案例的选择主要包括如下三条途径。

（1）广泛收集和整理案例资料，如查阅案例教材、参考书、报刊杂志以及网络资源，参加研讨会等；
（2）按照教学的需要，修改、补充、完善现有的案例材料；

表 8-1 案例学习阶段模型说明表

序号	阶段	具体行为步骤	方法
1	介绍	介绍案例 分析案例情况（有可能也讨论一下问题或者方法）	描述问题 深入了解问题 确定目的和主导问题
2	信息	尝试让学员通过已有的知识、推断以及意愿在有或者没有必备材料的前提下提出答案	考虑以及计划解决问题的方法
3	研讨	计划解决问题的方法 收集和整理材料	为解决问题有目的地使用材料
4	决策	选择决定并且说明其理由	主观、经过商议和能说明理由地解决问题
5	辩论	报告和讨论所做的决定	在整个关系中，评估以及整理问题答案
6	评判	结合实际比较答案，如果有可能则提出新的问题	反思和转换

（3）开展社会调查或者主动走出去与企业结合，将企业经营的实际问题以及成功策划与运营实例转化为案例。

2）深入了解案例

（1）熟知案例陈述的事实、背景、观点、材料等；

（2）熟知案例反映或者蕴涵的原理、规则等知识，以便引导学生概括出来。

3）精心设计课堂教学步骤

（1）希望课堂上发生些什么；

（2）如何引导这些情况的发生；

（3）讨论如何开展?时间如何进行安排；

（4）自己扮演什么角色；

（5）是先得结论再分析，还是相反；

（6）对课堂讨论之中可能出现的情况做出预测。

4）重点分析案例内容

（1）案例当中反映哪些重要论题；

（2）案例当中易得出两可结论的材料；

（3）案例当中反映的情况发生的根源，案例中人物的行为；

（4）案例当中所反映的而学生可能设想不到的情况等。

案例教学对于学生的要求通常比较高。每一个学生都应做好充分的准备。课前必须仔细阅读教师所指定的案例材料，以便尽快进入案例情境，了解以及把握案例中所揭示的相关事实和情况，进行认真分析和思考，并且注意寻找其中的因果关系，只有弄清案例当中问题产生的原因，才会有可能找到问题的合理解决方法，做出自己的决策以及选择，并得出现实而有用的结论。

2. 案例讨论

教师在这一阶段当中应转换为教学的引导者，分组令学生自由思考，大胆尝试解决问题的方法，在学生遇到问题时进行点拨，且让学生重新寻找其他方法，以引导学生继续进行思考。讨论时要求各小组中的每个成员都要积极发言,说出自己对问题的见解和看法,以供大家讨论以及补充,同时要求各小组选出一名代表来负责发言,阐述本组就案例问题所达成的共识以及尚存在争议的问题。小组讨论结束以后,在教师的组织下进入全班交流阶段。全班交流是全班学生经验同知识的共享过程,这就要求教师具有良好的组织能力以及洞察能力,鼓励学生广开思路,鼓励必要的争论,提出创新的观点。

3. 总结归纳

在激烈的案例讨论结束以后,教师应当对课堂教学的全过程进行归纳总结。这一阶段,教师可对于案例讨论的重点进行重申,以达到加强记忆的目的;也可对学生在讨论中不够深入的问题或者遗漏的重点问题提出来,并结合案例中的环境、任务、事件进行比较细致的分析。通过总结归纳,来帮助学生思考问题。例如,从案例教学法的过程中,学到了什么,得到哪些启示,是否能通过案例学习掌握处理问题的新思路、新方法和在实际应用中应注意的问题等。

8.4 案例教学法的优缺点

1. 案例教学法的优点

(1)能够有效促进学生实践经验的积累。学生需要真正掌握管理学知识,除了需要掌握从书本学到的知识,还必须将理论知识灵活地应用于管理实践,从实践中升华提高。通过课堂之上的案例讨论与分析,可以帮助学生在学校有限的时间里接触到大量的实际问题,通过学习别人的经验来受益。

(2)能够有效提高学生学习的积极性。学生是案例教学过程当中的主体,从过去的被动接受知识转变为主动接受以及主动探索。在案例教学当中,案例并没有标准答案,学生的讨论也可以通过大胆假设,从多个方面寻找答案。这能大大激发学生的学习兴趣,也可以使学生主动阅读有关背景资料来拓宽自己的知识面,并且对案例进行认真的思考、分析,进行一系列的创造性思维活动。除此之外,还有利于提高辩述与议论的能力,加强其面对困难的信心。

(3)有助于加强教师和学生之间的互动。案例教学是一种参与式教学,重视学生在案例分析中的交流。教师的主体地位被弱化,教师和学生的关系变成了师生互补,教学相辅,师生共同努力完成管理学的教和学的过程,实现理论以及实践的结合。

2. 案例教学法的缺点

（1）对教师以及学生的要求都很高。在案例教学法当中，对教师的要求非常高，教师的角色是指导者以及组织者，其角色定位是要引导案例教学的全过程。教师必须具备倾听、回应、沟通和引导学生进行案例探究的能力，促使学生针对案例进行分析以及深入洞察。因为案例教学的特殊性，学生必须由传统教学中的被动接受知识变成积极运用知识，进行主动探索。在案例学习当中，学生需要结合案例，对案例进行理论联系实际的思考、分析以及研究。用案例教学，要求学生对于知识的广度与深度都需要有新的开拓，进行一系列积极的创造性的思维活动，而在案例的阅读准备、课堂讨论与报告撰写当中要充分发挥主观能动性。

（2）耗费时间。一个成功的教学案例通常花费较高，时间及精力消耗过多。

（3）案例教学同传统教学相比节奏较慢。一些知识比较密集的地方，用传统教学就可以让学生更高效率地学习。当所学的知识是一些个性化的、不能明确表达的知识的时候，案例教学法也可能失效。

（4）教师对学生参与讨论情况的评价较为主观，缺乏客观的评价体系。

（5）重复使用某些案例会使学生产生厌烦的心理。经典案例可能会重复多次出现。

（6）只有大量地使用案例才能够收到案例教学预期的效果。

8.5　案例教学法案例展示

教学案例1：POS与条形码技术

一、教学内容

物流信息技术中的POS与条形码技术教学，运用案例《OK便利店的POS与条形码》。

二、教学对象

物流专业二年级的学生。

三、教学目标

（1）通过案例教学，使学生对POS以及条形码技术有更加深入的认识。

（2）明白这一技术在实际企业中是如何应用的，帮助企业获得了哪些利益。

（3）通过物流实训，让学生对POS系统有一个感性认识，同时熟练掌握POS系统的使用方法与技巧。

四、场合、媒体、道具

教室、物流实训室。

多媒体幻灯机、多媒体课件、音像资料、媒体播放器。

计算机、POS 系统若干台、货物若干。

五、教学方法

采用课堂讲授法、案例教学法、头脑风暴法、实训教学法相结合的综合教学方法。

六、教学过程

1. 教师在课堂上讲授基本知识点

教师可通过多媒体教学向学生讲授物流信息技术的相关基础知识,使学生在脑海中形成一个结构化的知识体系。

2. 案例背景介绍

(1) 通过幻灯片介绍 OK 便利店背景。OK 便利店于 1951 年创立于美国得克萨斯州,属美国 Conoco Phillips 旗下的连锁便利店品牌之一。它在全球的分店网络已经遍布美国、日本、中国香港以及东南亚等,总数超过 9000 家,为全球第二大连锁便利商店。中国香港和中国内地的特许经营权交给历史悠久、业务多元化的香港利丰集团成员利亚零售有限公司负责。利亚零售于 2002 年 11 月登陆广州,定位于"新一代便利店",迅速发展了 14 家分店。

(2) 放映 3 分钟音像资料,对 OK 便利店资料进行补充。

3. 案例引入

教师打出案例幻灯片。

与其他业态相比,便利店最大的经营特色就是"快捷""便利",顾客希望在最短的时间拿到想购买的物品。商品的订货周期、配送周期要快,信息传输方式、商品周转、收款速度、服务速度也要快。而"快"的实现必须依赖信息技术提供的支持。也许,许多人将 OK 便利店、7-11 所取得的骄人成绩,归结于它们的企业品牌、经营理念、管理模式等。这些因素都是它们今天得以发展的条件。但是企业品牌的创建、经营理念的实现、管理模式的成功操作以及为顾客提供快捷、整洁、友善的服务,都少不了背后稳定可靠、高效快速反应的信息系统的支持。OK 便利店在中国的发展以及与微奥科技共同打造的信息系统更是体现出了这一点。

便利店的顾客一般生活节奏较快,即需即买,人们购物的时候也比较匆忙。因此对便利店的服务速度、收款速度有比较高的要求。

1) 双屏 POS 系统增进店员与顾客的互动,带来购物新体验

目前,OK 便利店每间店铺均使用全国最先进的双屏显示的 POS 系统。系统内储存了

全部销售商品的条形码及相应价格，POS 终端通过识别每个商品上的条形码，加快了结账速度。同时，记录完整的商品销售数据以及相关的时间、顾客等情报信息，减少员工在后台的操作时间，增加与顾客接触互动的机会。因此能更快地了解顾客的需求，为其提供更满意的服务。

通过双屏 POS 系统，能清晰地把顾客购买的每个商品、价格及优惠显示给顾客，使其一目了然。同时在促销、宣传时期，在 POS 系统上加入相应的表现力强、个性化的多媒体广告组合，或在电子屏幕上进行交互式抽奖游戏，充分利用顾客等待收银的时间，让顾客享受到更多的消费乐趣，亲身体会现代购物新感觉。

2）双屏 POS 系统及时收集市场与销售信息，做到快速响应

OK 便利店的 POS 系统不仅提高了收款业务的效率，在结账的同时还记录了该商品的供需状况，使单品管理成为现实，为决策营销提供大量的数据。而设置在总部的信息处理中心，通过 24 小时不间断地实时连接，接收各分店、总部、配送中心、食品处理中心及供应商的有关数据资料，并能够在 20 分钟内完成所有数据的分析，做出相应的准确判断，进而大幅地提高了了解顾客需求的速度，帮助公司实时调整售价、配送商品及促销活动等。

中央信息处理中心还与供应商信息系统设置连接接口，把系统中重要的一些信息，如商品销售、库存信息、结算核算信息与供应商共享，协助供应商进行产品生产改进和商品配送。

3）双屏 POS 系统及时把握库存信息，提高订货与补货效率

高速率大容量传输信息的 ISDN 技术应用，使 OK 便利店总部、分店、配送中心、食品处理中心连成了一个高效快速反应的信息网络系统。

分店通过系统网络接收总部发出的商品信息，以此为基础提出商品订单，将 POS 数据和订货销售数据传给总部，总部将收集到的 POS 数据和订货、销售数据进行汇总、处理，然后将处理过后的订货信息通过信息网络直接传输给合作供应商和配送中心，从而实现了全部订货业务的网络化，减少了从订货到发货时间，提高店铺市场反应能力。

另外，总部对分店的库存、销售数据进行分析，正确判断每个货品销售的动向，协助店铺进行商品自动补给，使分店存货保持最佳水平。提高了总部对分店的指导能力，也优化了整个公司的库存，降低了库存成本。目前，OK 便利店整个系统的存货价值周转率平均约为 30 次/年，店铺的存货价值周转率平均约为 10 次/年。

OK 便利店的配送中心分别采用两种店铺补货的单位：以基本零售单位（RSU）和基本采购单位（CSU）为货物补给的基准。其优点是可以降低店铺的商品库存量；同时减少前线员工的操作时间，令员工有更多时间与顾客沟通交流，了解顾客所需。补货的频率以店铺的实际销售及库存情况为基础，目前以 EXD（每 X 天一次）或 XDW（每周 X 次）的模式进行配送。

4）依托信息技术，提高物流配送效率

现代连锁经营和物流配送必须依托信息技术，而信息技术的发展又必须以实体物流的采购和配送及商品管理为根本依托。

为了满足能及时向顾客提供新鲜美味的"好知味"店内即制现烤面包、即磨即制饮品和即烘美食所要求的品质和快速反应的特殊需求，OK 设置了食品处理中心。该中心占地 1000m^2，内设一个容量为 20 吨的高温库，一个容量为 10 吨的低温库，一条加工冷冻面团和美食的生产线。每天可处理 10 万个冷冻生面团和相当于 5000 个餐盒的物料。在总部信息中心的控制下，均能根据各分店的需求进行每天不间断生产和及时配送。在最快的情况下，所有这类原料均可在一个半小时内送到店铺内。

4. 教师对案例中出现的相关知识与信息进行补充

1）销售时点信息系统

（1）POS 系统的构成。销售时点（Point of Sale，POS）信息系统是通过自动读取设备在销售商品时直接读取商品销售信息（如商品名称、单价、销售数量、销售时间、销售店铺、购买顾客等），并通过通信网络和计算机系统传送至有关部门进行分析加工，以提高经营效率的系统。一个完整的 POS 系统由软件系统和硬件系统两大部分构成。

①POS 软件系统。POS 系统的软件结构包括前台 POS 系统和后台信息管理系统，结构如图 8-2 所示。

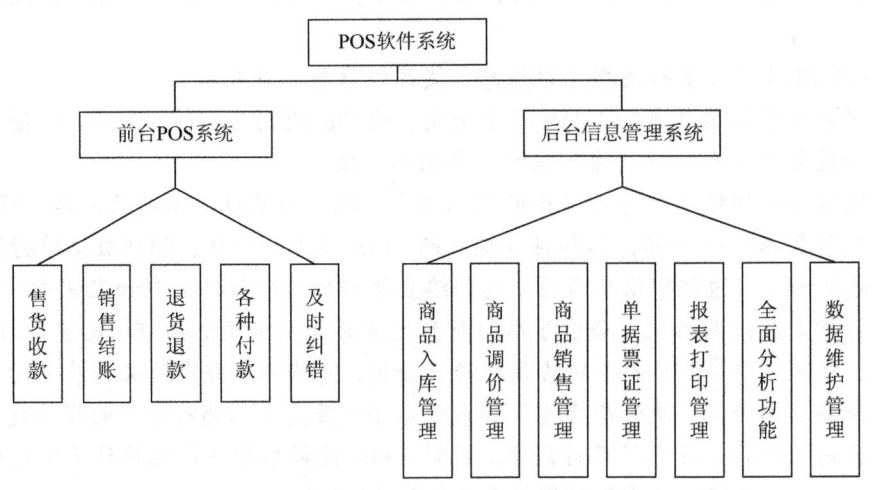

图 8-2　POS 软件系统结构

前台 POS 系统是指通过自动读取设备，在销售商品时直接读取商品销售信息，实现前台销售自动化，并将信息传至后台。

后台信息管理系统，负责整个商场进、销、调、存系统的管理及库存管理、财务管理、考勤管理等。因此前台 POS 系统和后台信息管理系统是密切相关的。

②POS 硬件系统。POS 系统的硬件结构主要依赖于计算机处理信息的体系结构。基本结构可分为三类：单个收款机，收款机与微机相连构成 POS 系统，收款机、微机与网络构成的 POS 系统。

目前大多采用第三种类型的 POS 系统结构，如图 8-3 所示。

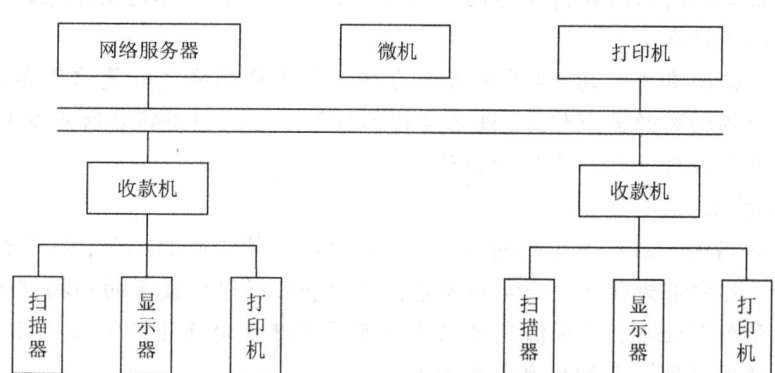

图 8-3　POS 硬件系统结构

a. 前台收款机，即 POS 机。共享网上商品库存信息，保证对商品库存的实时处理，也便于后台随时查询销售情况，进行商品的销售分析和管理。

b. 网络。目前，由于中国大多数商场一般对外信息的交换量小，而对内的信息交换量则很大，因此，采用计算机网络系统应以高速局域网为主、电信系统提供的广域网为辅的整体网络系统。操作系统宜选用开放式标准操作系统。考虑到系统的开放性及标准化的要求，选择 TCP/IP 协议较合适。

c. 硬件平台。考虑到大型商业企业商品进、销、存的管理复杂，账目数据量大，且须频繁地进行管理和检索，因此选择较先进的客户机/服务器结构，可大大提高工作效率，保证数据的安全性和准确性。

（2）POS 系统的特点。POS 系统紧密联结着供应链，是供应链管理的基础。POS 系统能够对商品进行单品管理、员工管理与客户管理，并能适时自动读取销售时点信息和信息集中管理，也可以说是物流信息管理的起点。

① 分门别类管理。零售业的单品管理是指对店铺陈列展示销售的商品以单个商品为单位进行销售跟踪和管理的方法。由于 POS 系统能及时准确地反映单个商品的详细信息，从而准确把握每一种商品的销售动向，使高效率的单品管理成为可能。

员工管理是指 POS 终端机上的记时器可以记录下每个职工的出勤情况、销售状况等信息，从而可以方便地掌握员工的工作业绩和工作效率，有助于对员工进行考核管理。

顾客管理是指在顾客购买商品结账时，通过收银机自动读取零售商发行的顾客 ID 卡或顾客信用卡来把握每个顾客的购买数量、购买品种、购买时段等信息，从中可以了解顾客个体的消费倾向，购买规律，实现对顾客的分类管理。

② 信息集中管理。在各个 POS 终端获得的销售时点信息以在线联结方式汇总到企业总部，分散搜集上来的商品信息与其他部门发送的有关信息一起汇集到总部的信息系统进行集中整理，进而分析加工，制作成各种有用的数据。

③ 自动取得销售时点信息。自动读取销售时点信息是 POS 系统的最大特点。在顾客

购买商品结账时,POS 系统通过扫描仪自动读取商品条形码标签或 OCR 标签上的信息,从而实现在销售商品的同时获得实时的销售信息,大大加快了信息的采集速度和准确性,可以保证作业的高效率。

④连接供应链的有力工具。供应链参与方合作的主要领域之一是信息共享,而销售时点信息能及时把握顾客的需求信息,供应链的各参与方可以利用销售时点信息并结合其他信息来制定企业的经营计划和市场营销计划。

2)条形码技术

商品条形码指由一组规则排列的条、空及其对应字符组成的标识,用以表示一定的商品信息的符号。其中条为深色,而空为浅色,用于条形码识读设备的扫描识读。其对应字符由一组阿拉伯数字组成,供人们直接识读或者通过键盘向计算机输入数据使用。而这一组条空和相应的字符所表示的信息是相同的。

3)ISDN

ISDN(Integrated Services Digital Network)即综合业务数字网,是一个数字电话网络国际标准,是一种典型的电路交换网络系统。它通过普通的铜缆以更高的速率和质量传输语音与数据。由于 ISDN 是全部数字化的电路,因而能够提供稳定的数据服务和连接速度,不像模拟线路那样对干扰比较敏感。在数字线路上更容易开展更多的模拟线路无法或者比较难保证质量的数字信息业务。例如,除了基本的打电话功能,还能提供视频、图像与数据服务。ISDN 与普通模拟电话最大的区别在于它需要一条全数字化的网络来承载数字信号(只有 0 和 1 这两种状态)。

5. 教师提出思考问题

(1)连锁便利店为什么要采用 POS 及条形码技术?
(2)OK 便利店是如何运用 POS 及条形码技术的?
(3)POS 及条形码技术给 OK 便利店带来了哪些好处?
(4)你还能举出一些 POS 及条形码技术应用的例子吗?

6. 学生反复阅读案例,了解案例所提供的细节、信息、数据和事实,并进行独立思考

7. 将全班同学每 5～6 人分为一组,运用头脑风暴法进行小组讨论

8. 每个小组派一名学生为代表,对小组讨论的结果进行发言

9. 教师总结

(1)对学生的讨论过程及讨论结果进行总结。案例讨论结束后,教师应针对学生在讨论问题的过程中提出的分析思路、方法与解决问题的途径等方面进行总结评价,对一些好的思路以及独到的见解进行肯定与表扬,指出讨论中存在的缺点和不足。

（2）对案例进行点评。本案例主要介绍了 POS 技术在 OK 便利店的运用。双屏 POS 系统的优点：一是增加了电源与顾客之间的互动，给顾客带来了无穷的购物乐趣以及全新的购物体验；二是及时收集市场与销售信息，做到快速响应；三是及时把握库存信息，提高订货与补货效率；四是依托信息技术，提高物流配送效率，最终加快了便利店的服务速度，提升了客户满意度，提高了服务水平。

10. 课后实训

（1）实训内容：POS 系统的运用。
（2）实训地点：物流实训室。
（3）实训人员：5~6 人为一组，每组包括一名组长。
（4）实训步骤：教师示范操作演示；通过条码扫描仪，将货物信息输入系统；模拟交易，通过扫描买卖的货物，进行 POS 系统的操作。

11. 作业布置

（1）撰写案例分析报告。案例分析报告应包括学生自己的观点及支持观点的数据、信息、事实资料及其定量定性分析的过程。
（2）每个学生上交一份实训报告，写下自己在实训过程中的心得体会。

七、教学评价

此次教学过程通过对讲授法、案例教学法、头脑风暴法以及实训教学法的综合运用，使学生在掌握物流信息技术方面基础知识的同时，了解到这些枯燥、精密的技术是如何应用于物流领域之中，并为物流企业降低成本、提高效益服务的。此外，通过课外实训，使学生能够真正动手体验 POS 系统是如何操作以及工作的，不但提高了其对于 POS 系统的感官认知，而且锻炼了学生的动手能力、分析能力，培养团队合作的精神。需要注意的是教师在案例教学的过程中，主要是起到组织与引导的作用，而不是扮演权威的角色，将自己的想法强加给学生，阻碍其思考与发挥。另外，教师在案例讨论结束后进行总结的时候，不一定要给出标准答案，原因是物流管理案例与现实经济生活一样，实际上很少有绝对正确的标准答案。

教学案例 2：第三方物流企业

一、教学内容

第三方物流企业相关知识，运用案例《科龙与第三方物流》。

二、教学对象

物流专业一年级的学生。

三、教学目标

（1）通过案例教学，使学生对第三方物流的战略性选择有更加深刻的理解。

（2）通过物流实训，让学生了解第三方物流企业是如何运行的，并且发现第三方物流的优势所在。

四、场合、媒体、道具

教室、物流实训室。

多媒体幻灯机、多媒体课件、音像资料、媒体播放器。

笔记本、照相机、录音笔（实训道具准备）。

五、教学方法

采用课堂讲授法、案例教学法、头脑风暴法、实训教学法相结合的综合教学方法。

六、教学过程

1. 教室在课堂上讲授基本知识点

教师可通过多媒体教学向学生讲授第三方物流的相关基础知识，使学生在头脑中形成一个结构化的知识体系。

2. 案例背景介绍

（1）通过幻灯片介绍科龙公司背景。

海信科龙电器股份有限公司是中国最大的家电产品制造企业之一，创立于1984年，总部位于广东顺德，主要生产冰箱、空调、冷柜和洗衣机等系列产品。1996年和1999年，公司股票分别在香港和深圳两地发行上市。

1996年，海信凭借变频技术高起点进入空调产业；2002年，海信通过并购北京雪花进入冰箱业；2006年底，海信成功收购科龙电器，由此诞生了中国白色家电的新航母，即海信科龙。

目前，海信、科龙、容声三大品牌的主导产品，从技术研发、工艺质量、生产制造、物流运输、市场销售等各个环节充分共享资源，整体布局，各有侧重，协同运作，均衡发展，形成各自独特的产品风格和优势，培养各自鲜明的品牌个性，全面满足不同国度和地域、不同特征和偏好的消费者的需求。

按照稳健、务实的原则，海信科龙的发展目标是：经过未来3~5年的发展，公司销售收入总额达到400亿元，在技术水平、产品档次、市场规模、盈利能力、企业持续发展能力等各方面，全面提升企业的综合实力，成为"中国家电领军企业"。

（2）放映3分钟音像资料，对科龙集团资料进行补充。

3. 案例引入

教师打出案例幻灯片。

中国是全球化进程中形成的世界家电制造中心,现在,中国家电行业与世界家电行业的竞争已完全处于同一个平台。以科龙为代表的中国家电企业正在规模与技术上逐渐走向世界前列。在国内,科龙通过参股专业的物流公司,在家电生产企业与物流服务商之间利用资产纽带关系构建家电物流平台,开创了国内家电企业向第三方物流转型的新路子。在国际上,科龙依托国际著名第三方物流公司遍布全球的强大的物流网络提供了专业高效的物流解决方案。

1)科龙的战略性选择——第三方物流

2002年开始,科龙开始对中国冰箱行业进行整合,陆续收购了吉林吉诺尔电器、上海上菱电器、远东阿里斯顿和杭州西冷的冰箱生产线,并在扬州和珠海分别投资建设冰箱生产基地,形成了顺德、珠海、扬州、杭州、南京、南昌、吉林、营口和成都等冰箱生产基地。在两年时间里,公司迅速集聚起1300万台冰箱产能,跃居亚洲第一,世界第二,并且与格林柯尔旗下的美菱形成战略合作关系。

科龙的行业整合战略是国际化战略的一部分。在获得明显规模优势的基础上,科龙国际化进程也取得突破性发展。近年来,科龙加强了与GE、惠而浦、伊莱克斯、美泰克等全球著名品牌的战略性合作,国际营销网络覆盖到全球90多个国家和地区,与全球知名制造商、大型家电连锁店和超市建立了广泛的销售合作关系,外销每年都以超过100%的速度增长。

目前,科龙集团主要生产空调、冰箱、冷柜、小家电等四大类家电系列产品,同时实行多品牌战略。在国际国内的高速扩张,使科龙呈现出四大特点:生产基地多、营销区域广、产品类别多、营销渠道多,在物流管理的广度和深度上有很高的专业要求。原来的自有物流体系已远远跟不上发展的战略需要。

同时,科龙转制后,通过整体优化价值链锻造综合成本优势是重新进入健康良性发展轨道的关键,供应链一体化改造率先引入新的第三方物流,因而成为新的战略性选择。

2)科龙打造国内第三方物流平台

2001年,科龙与广东中远、小天鹅公司共同出资成立广州安泰达物流公司。科龙集团控制本企业的物流价格资源,管理业务统一外包给安泰达公司,同时与小天鹅形成互补型战略合作关系,充分利用三家企业的物流业务规模、物流网络优势,共同经营,共同发展。第三方物流的引入,以及与相关企业的业务互补性使科龙物流实现了三个整合优化和两个延伸。

一是物流组织整合和流程优化。改革过去冰箱、空调、冷柜、小家电四大类产品子公司物流的独立运作体系,将原来各专业公司的物流部门合并成一个,人员由原来的90多人降低到现在的60人。同时,简化运作流程,引入"5156物流业务运作信息系统",建立全流程数据库,通过运输计划和仓储计划统一管理整个物流运作,实现了对在途库存的有效跟踪,有效降低了物流运作的管理成本。

二是物流运输整合和系统优化。把公司原来的自有车队转制后独立推向市场。通过联合招标，将科龙旗下冰箱、空调、冷柜及小家电四类产品的干线运输进行整合。同时，将战略合作方的反向物流进行捆绑招标，使采购物流、生产物流、分销物流统筹，直发物流和回程物流兼顾，迅速提高了物流整体效率和效益。

三是物流仓储整合和资源优化。根据生产计划及时调整原来作业半径达30千米的40多个大中型仓库的库存结构，通过调仓、换仓、撤小取大、舍远求近的方法，将四大类产品集中存放，形成了四大产品的仓储发运片区，进行集中管理。同时，与战略合作方联手进行行业仓储的整合招标，吸引了众多实力仓储公司成为新的合作伙伴，仓储资源进一步优化。

两个延伸：一是物流向二次配送延伸。配合科龙营销系统重心全面下移，高中低端全面覆盖的营销战略，安泰达公司在一些重点城市尝试开拓二次配送业务，成立仓储中心办事处，与销售分公司、各生产基地进行产销衔接，实现以销售指导配送，以配送促进销售的良性循环。二是向外部物流业务延伸。安泰达公司以科龙、小天鹅物流业务为平台，相继开拓了万和、伊来克斯、惠尔浦等物流业务。科龙在优化自身物流业务的同时，使参股的第三方物流公司获得更大发展，并从中获得投资收益。

3）积极开展国际间的第三方物流合作

现在中国的家电产业规模越来越大，家电的净出口连续几年高速增长，已经占有世界市场的绝对领先份额，在全球经济一体化的进程中，中国成为世界家电制造中心的格局已经形成，并且正在不断加强。科龙在向国际主流家电制造商迈进的过程中，国际第三方物流的作用举足轻重：一方面，科龙需要借助国际第三方物流遍布全球的物流网络和完善的服务经验；另一方面，科龙近年来国际业务的高速发展也吸引了国际著名第三方物流企业的注意。

目前，世界级船东正成为科龙国际物流的主要合作伙伴。随着海外销售的高速增长，科龙的国际物流业务，吸引了国际物流巨头的眼球，在世界航运业排名第一的马士基海陆（MAERSK SEALAND），委托专业的咨询公司对各个行业的未来最有潜力的企业进行跟踪调查，以期寻求未来国际物流方面的合作伙伴，经过一年的调研，在家电行业里，咨询公司最终选中的最有发展前途的合作伙伴就是异军突起的科龙。

随着跨国公司的采购中心向中国转移，其物流合作伙伴也已经逐渐进入中国，提供本地化的服务，国际级的专业物流公司凭借其全球化的网络、与船东广泛深厚的合作基础和先进的信息管理技术为跨国公司提供了完整的物流解决方案。而科龙与国际著名家电企业在设计制造领域的战略性合作，也相应地向物流方面延伸。

以美泰克与科龙的合作为例，美泰克在科龙采购冰箱销售到北美的连锁店家居货栈，EI是美泰克的全球物流合作伙伴，MAERSK LOGISTIC是家居货栈的物流合作伙伴，远东至北美的门到门服务均是由第三方物流EI和第四方物流MAERSK LOGISTIC（以下简称ML）完成的。

整条供应链的运转均由两家专业的物流公司全程操作，在美泰克从科龙采购而后卖给家居货栈的过程中，EI和ML按照各自客户的要求，完成接货、清关、中转、仓储、配送等一系列的物流服务,在这个案例中,第三方物流公司依靠其遍布全球的强大的物流网络(清关的实力,内陆多式联运)和全球联网的信息工作平台(供应商、船东、客户均可在线同时工作,而最终客户只要上网就可以发布指令,查询货物的动态)为我们和合作伙伴提供了专业高效的全球化物流解决方案。

随着国际货运代理行业的进一步开放,国际物流巨头也将纷纷在华开展业务,届时相信在物流领域将出现越来越多的物流巨头的身影。目前科龙已经和马士基物流,KLINE LOGISTIC,GEODIS 进行接触以期在更广泛的领域开展全球的物流合作,使国际第三方物流成为科龙国际化战略的重要力量。

4. 教师对案例中出现的相关知识与信息进行补充

1)第三方物流

第三方物流是运输、仓储等基础服务行业中的一个重要的发展。第三方物流(third-party logistics,简称 3PL 或 TPL),是指生产经营企业为集中精力搞好主业,把原来属于自己处理的物流活动,以合同方式委托给专业物流服务企业,同时通过信息系统与物流企业保持密切联系,以达到对物流全程管理控制的一种物流运作与管理方式。

3PL 是相对于"第一方"发货人和"第二方"收货人而言的。3PL 既不属于第一方,也不属于第二方,而是通过与第一方或第二方的合作来提供其专业化的物流服务,它不拥有商品,不参与商品的买卖,而是为客户提供以合同为约束、以结盟为基础的、系列化、个性化、信息化的物流代理服务。最常见的 3PL 服务包括设计物流系统、电子数据交换能力、报表管理、货物集运、选择承运人、货代人、海关代理、信息管理、仓储、咨询、运费支付、运费谈判等。由于服务方式一般是与企业签订一定期限的物流服务合同,所以有人称第三方物流为"合同契约物流"(contract logistics)。

2)第四方物流

第四方物流(fourth party logistics)是 1998 年由美国埃森哲咨询公司率先提出的,专门为第一方、第二方和第三方提供物流规划、咨询、物流信息系统、供应链管理等活动。第四方并不实际承担具体的物流运作活动。

第四方物流是一个供应链的集成商,是供需双方及第三方物流的领导力量。它不是物流的利益方,而是通过拥有的信息技术、整合能力以及其他资源提供一套完整的供应链解决方案,以此获取一定的利润。它帮助企业实现降低成本和有效整合资源,并且依靠优秀的第三方物流供应商、技术供应商、管理咨询以及其他增值服务商,为客户提供独特的和广泛的供应链解决方案。

5. 教师提出思考问题

(1)科龙集团为什么要引进第三方物流?
(2)第三方物流给科龙集团带来了哪些利益?
(3)你还能举出一些企业运用第三方物流提高效益,降低成本的例子吗?第三方物流会给企业带来哪些好处?

6. 学生反复阅读案例，了解案例所提供的细节、信息、数据和事实，并进行独立思考

7. 将全班同学每5～6人分为一组，运用头脑风暴法进行小组讨论

8. 每个小组派一名学生为代表，对小组讨论的结果进行发言

9. 教师总结

（1）对学生的讨论过程及讨论结果进行总结。案例讨论结束后，教师应针对学生在讨论问题的过程中提出的分析的思路、方法与解决问题的途径等方面进行总结评价，对一些好的思路以及独到的见解进行肯定与表扬，指出讨论中存在的缺陷和不足。

（2）对案例进行点评。本案例主要介绍了科龙公司第三方物流的战略性选择，通过产业整合以及国内外的扩张，扩大了企业的规模与实力，与此同时也对企业物流管理的广度与深度提出了更高的要求，过去的物流体系已经远远跟不上企业发展的需要，所以优化价值链、引入第三方物流成为科龙集团的战略性选择。第三方物流的引入，给科龙集团带来了四个优化与两个延伸。四个优化指的是物流组织整合与流程的优化；物流运输整合与系统的优化；物流仓储整合与资源的优化；信息资源的整合与效率的优化。两个延伸分别是物流向二次配送延伸以及向外部物流延伸。此外，在向国际主流强势家电制造商迈进的过程中，与国际第三方物流的合作也功不可没。

10. 课后实训

（1）实训内容：参观第三方物流企业。
（2）实训地点：某校企合作第三方物流企业。
（3）实训人员：任课教师及实训指导教师、班主任及物流企业各基础作业班班长。每8～10人为一组，每组选组长及记录员各一人，每组确保有一名教师。
（4）实训步骤：参观第三方物流企业的各个部门日常运作情况；对第三方物流企业的运行现状进行调查，找出企业中存在的各种问题；针对第三方物流企业中存在的问题，提出可行的改进方案。

11. 作业布置

（1）撰写案例分析报告。案例分析报告应包括学生自己的观点及支持观点的数据、信息、事实资料及其定量定性分析的过程。
（2）各小组上交一份第三方物流企业改进方案。
（3）每个学生上交一份实训报告，写下自己在实训过程中的心得体会。

七、教学评价

此次教学过程通过对讲授法、案例教学法、头脑风暴法以及实训教学法等教学方法的

综合运用，使学生在掌握第三方物流基础知识的同时，了解到第三方物流企业是如何运作的，以及引入第三方物流会给企业带来哪些优势。另外，通过课外实训，学生能够深入到第三方物流企业中，通过观察与探究，找出第三方物流企业中所存在的实际问题，并思考解决问题的方法与途径，不仅提高了学生发现问题及解决问题的能力，同时也培养了他们团队合作的意识。在对教学效果进行评价的时候，也应综合考虑学生基础知识的掌握程度、案例分析的能力以及在第三方企业参观过程中发现问题、解决问题的能力。

第 9 章 物流教学方法——项目教学法

中等职业学校在新时期担负着为国家和地方生产一线培养岗位急需的技术型人才的重要使命,在职校的物流专业课教学当中推行项目教学法是培养学生综合素质,以形成职业能力,保证职校毕业生按市场岗位急需要求零距离就业的一条有效途径。

9.1 项目教学法简介

9.1.1 项目教学法的内涵

1. 项目教学法的内涵

所谓项目教学法,是指师生通过共同实施一个完整的项目工作而进行的教学活动,它应满足以下几个条件。

(1) 此工作过程用于学习一定的教学内容,也具有一定的应用价值。
(2) 能将某一教学课题的理论基础知识和实际技能相结合。
(3) 学生自己克服、处理在项目工作中出现的问题和困难。
(4) 有明确而且具体的成果展示。
(5) 与企业实际生产过程或者现实商业经营活动有直接的关系。
(6) 学生有独立制订计划并且实施的机会,在一定时间范围内可自行组织、安排自己的学习行为。

（7）项目工作具有一定的难度，还要求学生运用新学习的技能、知识，解决过去从未遇到过的实际问题。

（8）学习结束的时候，师生共同评价项目工作成果。

项目教学法是一种宏观的教学方法，旨在实现学生学习过程中进行组织和实施的独立自主性。这一方法是将整个学习过程分解为一个个具体的工程或者事件，设计出一个个项目教学方案，按照行动回路设计教学思路，有效地建立起课堂和社会生活的联系，整个过程活动都是真实的，是现实生活的一种反映，项目教学不但传授给学生理论知识以及相应的操作技能，更重要的是注重培养他们的职业能力，从而使学生的学习更有针对性和实用性，使学生学到了今后就业所必需的技能。这里的能力已不仅包括知识能力或专业能力，而且涵盖了接纳新知识的分析能力、学习能力、应变能力、交流能力、合作能力及解决实际问题的能力等几个方面。

在"项目教学法"当中，学习过程成为了一个人人参与的创造实践活动，重视的不是最终的结果，而是完成项目的过程。学生在项目实践过程当中，理解和把握课程要求的知识和技能，体验创新的艰辛与乐趣，培养学生分析问题和解决问题的思想与方法。

2. 项目教学法同传统教学法的区别

项目教学法同传统教学法在教学目的、师生关系、教学着眼点、学习动力等方面具有明显的区别，如表9-1所示。

表 9-1 项目教学法与传统教学法的比较

比较项目	传统教学法	项目教学法
教学目标	传授知识和技能	运用技能和知识
教学形式	教为主，学为被动	学生在教师的指导下主动学习
交流方式	单向	双向
参与程度	要我学	我要学
激励手段	外在动力十分重要，不可能持久	内在动力充分得以调动，能持久
特色	教师挖掘学生的不足点以补充授课内容	教师利用学生的优点开展活动

从表9-1可以看出，项目教学法具有挖掘学生兴趣、激发学生内在动力让其主动投入学习的优势；能改变传统教学中学生被动学习的地位。当然，项目教学和传统教学并不是对立的，教学中应注意把二者有机结合、相互补充。

9.1.2 项目教学法的特点

（1）教学目标的综合性。项目教学法通过信息收集、项目实施、项目决策、成果展示、评估总结等系列活动，旨在培养学生的多种能力。如观察能力、动手能力、研究和分析问题的能力、应用能力、行为能力、社会能力等。

（2）教学活动的系统性。项目教学法强调的教学活动应是以满足或超越学生的期望为目的，每一门课程的教学都应准确定义且最终能提供可交付的成果；强调教学活动是学生学习过程和教学管理过程的统一；强调教学与环境的关联性；强调教学方法是一系列现代教学工具和教学方法的整合与集成。在项目教学当中，学习过程成为一个人人参与的创造性的实践活动，它重视的不是最终的结果，而是完成项目的过程，所以在教学过程中，应更多地运用现场教学的形式，结合教学上的参观法。

（3）教学内容的综合性。项目教学当中，通常以教学项目的方式对教学内容进行整合，而教学项目通常是从典型的职业工作任务之中开发出来的，教学内容打破了传统的学科界限，是以项目为核心，根据工作过程逻辑建构教学内容。

（4）教学过程的参与性。项目教学改变了往常学生被动接受的学习方式，创造条件让学生能积极主动地探索和尝试。在项目教学当中，从信息的收集、计划的制订、方案的选择、目标的实施、信息的反馈再到成果的评价，学生参与整个过程的每个环节，成为活动当中的主人。

（5）教学成果的多样性。在项目教学之中追求的不是学习成果的唯一正确性，由于评价解决问题方案的标准并不是"对"与"错"，而是"好"与"更好"，所以在项目教学中，学习的成果不是唯一的，而是多样化的。

（6）教学评价的多元性。教学评价的多元性主要表现在评价方式、标准及主体的多元性上。在评价方式上，项目教学不仅用传统的笔试、口试的方式考核学生掌握知识的程度，而且更加强调运用完成项目的方式，考核学生综合运用知识与技能，解决实际问题的能力。在评价标准方面，灵活运用绝对评价，主要评价学生是否能达到项目教学的目标要求，注重学生在项目教学中的进步程度，这样有利于学生的职业能力、实践能力和创新能力的培养。在评价主体上，鼓励学生客观、主动地评价自己的学习成果，鼓励学生之间的相互评价，并通过相互评价，促进对自身学习成果的反思。

9.2 项目教学法应用于教学

1. 项目教学法应用于教学的意义

（1）项目教学可以使学生真正做到将理论与实践相结合。既提高了理论学习的主动性与积极性，又使学生通过实际的工作锻炼了专业技能，提高了学生环境适应能力和工作能力，增加了其被企业优先选择的机会。

（2）项目教学过程的多样性确保了学生创新能力的发展，使学生不仅具有实践能力而且具有发展能力，可以随社会的发展和职业的不同而不断提高并发展自己。

（3）学生可以在毕业之后以一个熟练工人的身份立即进入社会、企业或生产领域，直接参与到工作中。这不仅有助于学生的就业选择，且增加了他们的报酬，加强了他们的社会地位感，从而可以改变学生的职业观念，提高自身的价值。

（4）经过项目教学模式培养的人才，可立即进入企业的生产领域，为企业带来直接的经济效益，既提高了企业的生产效率，又节约了社会、企业培训"新手"所需要的大量费用。

2. 项目教学法的适用范围

项目教学法主要应用于如下情况。

（1）传授操作性知识。项目教学法特别适合进行复杂而系统的操作性知识的传授，例如，物流专业配送中心的选址与规划，或者是仓库内的货物分拣作业等。

（2）计划工作过程和确定每个小组成员的工作任务。在最开始的项目教学法中，人们主要采用独立作业的组织方式。伴随着现代科学技术及生产组织形式对于职业教育要求的提高，人们越来越多地采用项目教学法去培养学生的社会能力和其他关键能力，因此，也就更多地采用小组工作的方式，也就是共同制订计划、共同或者分工完成整个项目。

（3）决策过程。项目教学法也同样适用于中职课程中的某些决策性教学内容，如物流专业的物流工程业务投标、物流客户投诉之后的客情维护方案制订等。

9.3 项目教学法实践应用

9.3.1 项目教学法的实施步骤

项目教学法的实施一般包括信息收集、计划、决策、执行、评价、迁移六个部分，如图 9-1 所示。

1. 信息收集（确定目标/提出工作任务）

这一阶段也可以称为确定主题阶段，主要工作是确定项目教学的目标并且提出其工作任务。一般而言，项目教学法中的项目要基于所有现实问题进行开发，只有这样项目教学的目标和任务才能与职业现实紧密联系起来。在这一阶段，教师的主要任务包括如下几个方面。

（1）开发一个与职业工作实践密切相关的项目主题，项目当中有待解决的问题应同时包含理论和实践两个元素，所开发项目的成果应该能够明确定义。

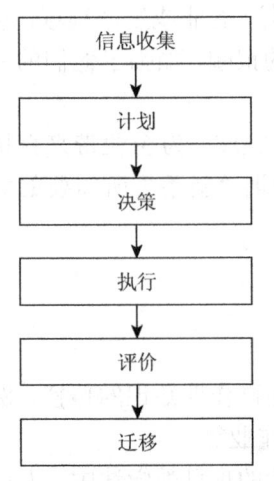

图 9-1 项目教学的工作过程

（2）将设计的项目融入课程教学当中。
（3）确保项目工作进行的空间、技术和时间等前提条件。

2. 计划

这一阶段要求学生针对项目的目标和任务设计一个工作计划，这一计划主要应该包括下列四个方面的内容。
（1）各个工作步骤综述。
（2）工作小组安排。
（3）权责分配。
（4）时间安排。

计划阶段由学生独立设计项目实施的具体内容和方法并自主分配项目任务，而教师应根据需要给学生提供相关资料与咨询。

3. 决策

本阶段的中心任务是让学生通过调研、实验和研究来搜集相关信息，并决策如何具体实施完成项目计划之中的各项工作任务，多以大组或者小组工作的形式进行。这一阶段，学生应通过独立地、创造性地开发项目解决方案，培养协同工作能力和自我控制意识，教师则将项目目标规定与当前工作结果进行比较，并且做出相应调整。

4. 执行

本阶段的中心任务是基于项目计划，使学生通过调研、研究和实验，有步骤地解决项目实施过程之中的各种问题，大多情况下以小组的形式进行。

5. 评价

通过对项目成果进行理论性的深化，使学生意识到理论和实践间的内在联系，让教师明确项目问题与后续教学内容间的联系。评价阶段一般分为两个步骤。
（1）成果汇报。由各小组或者由各小组选派的一个或多个代表汇报其项目成果。汇报形式就可以多种多样，如全会的形式，或者是将其安排到某个庆祝活动中，向所有学生或者企业代表展示学生的项目成果。
（2）检验、评价和讨论。根据之前确定的评价标准，教师和学生共同对项目的成果、学习过程、项目经历和经验进行总结和评价。其中主要针对项目问题的解决方案、项目过程中的错误及成功之处进行讨论。通过讨论使学生获得对形成的工作成果、工作方式和工作经验进行自我评价的能力。

6. 迁移

项目教学法的一个重要目标是把项目成果迁移运用到新的同类任务或者项目中。迁移可作为附加教学阶段,或者可与评价相结合。但是学生迁移运用的能力并不能直接反映出来,而是在新任务的完成过程中表现出来。

9.3.2 项目教学法实施注意事项

(1)项目的选择与项目教学设计。项目教学的主要内容是行业的典型工作任务,而典型工作任务的选择就是项目教学能否成功的前提。选择的项目在行业中应具有代表性,要能够在一个完整的工作项目中包括一系列的典型代表性的工作任务。选择项目必须以充分的行业调研和对职业资格的研究为基础,以整体性职业分析的方式来进行对典型工作任务的分析。

(2)项目教学中理论与实践的结合。在项目教学的过程当中,学生的学习行为主要是模拟企业的工作行为,在任务引领的行动当中势必会遇到各种工艺上的问题和为解决问题而诱发的对于理论的探究;而理论知识的学习,对工作有了明确的指导,使学生能正确调整工作程序,减少失误,改良工作方法,更好地完成任务。这种理论与实践结合的学习,有利于引导学生将知识转化为应用并培养解决问题的能力。理论与实践的结合,使项目教学不仅是有效的技能训练,还跨越了满足具体工作的要求,使学生达到学会并会学,形成更高层次的专业发展。

(3)项目教学中工作情境的创设。真实的典型的工作任务只有在工作情境之中完成,才能体现工作态度、工作规范、工作习惯的养成。实施项目教学的必要条件就是建立专门化的教学场所,创设使学生的学习过程在时间上及空间上与工作过程达到一体化的情境,以形成真正意义的"在做中学,在学中做"的状态。

(4)项目教学是以学生为中心。项目教学的过程一般是以行动为导向,由学生自主建构知识与技能的过程,主要表现为以学生为中心。学习不再受传统教学资源的束缚,学习结果也不再以单一的成绩表现,这就从心理上刺激了学生的学习兴趣,调动了学生学习的积极性,使"我要学"成为了可能。与此同时,小组合作学习的方式,有助于提高学生合作能力和交际交往的能力。

(5)教师成为学习活动的帮助者、引导者、管理者。由于学生的素质和个性的差异,项目学习活动当中,在坚持以学习者为中心的同时,不能脱离教师的引导、帮助和管理。项目教学中学生的学习方式的转变、组织学习活动的方式转变、学习关系的协调等,都要求有教师的管理。学生如何学、学什么、学生知识与技能的形成、职业习惯的养成、职业行为的规范、也需要教师的引导和帮助。

(6)项目教学的评价。项目教学的评价是多样性的、动态的、多元的。评价应以学生职业能力形成的程度为根据,评价的内容包括计划的可行性、收集信息的质量、完成任务的质量、操作的技能水平、工作的态度等,涉及情感、意识、习惯、方法、知识、态度、技能、合作、创新能力等多个方面。因为评价内容比较多,需要通过观察取证的也比较多,因此评价的操作难度比较大,量化指标难以确定。这就需要寻求科学化的评价方法和手段。

9.4 项目教学法的优缺点

1. 项目教学法的优点

(1) 学生的学习兴趣较高。目前许多学生学习目的不明确、学习兴趣不浓的状况一直都困扰着教师。项目教学法就是通过让学生实施具体的项目来进行学习,学生学习的目的很明确,兴趣浓厚。假如让学生自行设计一个其感兴趣的项目,便能够调动学生的自主学习的积极性。在项目实施过程当中,学生时常感受到成功的喜悦,这便进一步促进了学习的积极性。

(2) 促进团队工作能力的发展。项目教学大多需要分小组来完成,实施项目的过程多为布置任务、小组自学和讨论、项目实施、小组汇报、总结发言。通过小组内和小组间的充分讨论、交流、决策等,提高了学生的合作能力,也增强了学生的团队意识。

(3) 实践和问题导向的学习任务。在项目教学中的任务设计一般都必须与实践紧密联系在一起,教师通过深入分析本专业中职学生毕业后的工作岗位需求,设计出和实践相结合的项目主题。此外,项目教学应该以问题为导向,也就是通过让学生不断回答一个个的递进式的引导问题,最终完成教学项目,达成教学目的。

(4) 跨专业的学习过程。项目实施过程之中会涉及很多学科知识,因而课程间的整合在所难免。因此教师和学生为了完成某一项目,都要定时进行跨专业的、系统化的学习,进而拓展知识面,提升自身的综合能力。

(5) 促进独立工作的能力和培养自我责任的意识。在以往的教学当中一直强调以学生为主,但是实际上教师自导自演的状况十分普遍,没有明确目的的教学目标和学习往往影响到教学的最终效果。然而项目教学法给学生自主学习提供了可能,教师只需在项目实施过程当中进行辅助和引导,促进学生独立工作的能力和自我责任意识的培养。

2. 项目教学法的缺点

(1) 对教师要求高、准备工作繁重。教师一定要具备完成一个项目所涉及的所有专业理论知识和专业技能,同时能寻找到适合的、用于教学的项目,能涵盖学习领域的全部或者绝大部分教学目标规定的内容,还必须在备课的时候做大量的准备工作,以应对学生的各种未知问题,使学生的行为能够在教师的控制之中。

(2) 对学生的迁移运用能力要求较高。项目教学要求学生把项目成果迁移运用到新的同类任务或者项目中,而中职学生普遍存在文化基础差、学习自觉性差或者不会学习、上课注意力不集中、学习较被动等问题,所以要求其对所掌握的知识技能迁移到新项目的完成过程之中是具有一定难度的。

（3）占用时间相对较多。整个项目教学在从信息收集、计划、决策、执行到评价，再到迁移，都是一个缜密而复杂的教学过程，需要占用师生双方比较长的时间。

9.5 项目教学法案例展示

教学案例：投标书制作项目任务书

一、教学目标

（1）了解制作投标书的目的及意义。
（2）了解投标书内容。
（3）学习制作物流服务投标书。

二、教学安排

参加对象：物流专业二年级的学生。
参加形式：学生以小组形式参加，每组由4人构成。
项目时间：6学时。

三、教学要求

1. 场合、媒体、道具要求

50m² 大教室、工作台。
招标书及相关资料、纸张、笔。

2. 制作内容要求

在物流方案的制作过程中，对客户历年来的各种数据做全面的分析，找出成本高的项目，对高成本的操作用较低成本的操作替代。而一个物流公司的方案实施是以它掌握和控制的低成本资源决定的，因此物流解决方案必须先介绍本公司优于竞争对手的方面，然后再针对需求制定切实可行的物流操作方案。

四、教学的实施步骤

1. 熟悉招标文件（1学时）

在投标之前，必须认真研究招标公告、投标人须知、招标企业的情况简介和承包合同的条件，弄清楚投标的起止日期、招标的范围、现场调查和文件澄清的时间和地点及风险抵押金的数额等。

2. 进行项目可行性研究（1学时）

主要对以下项目进行分析。

（1）综合技术分析。包括完成项目需要的各类工作量、项目实施需要的技术能力及技术上能否满足项目需求。

（2）周期分析。分析项目实施的复杂程度、物资供应情况以及能否按期完成任务。

（3）人员素质分析。根据项目的复杂程度，分析配备人员的技术、体力、思想素质，评价其完成任务的能力。

（4）投标人承受能力分析。投标人的承受能力、物资供应状况以及能否按质、按量、按时实施项目。

（5）资金分析。分析资金来源的可靠性，评价保障合同履行的资金状况。

（6）利润分析。

（7）竞争情况分析。了解竞争者以往投标的报价水平和履行、资信等情况，对比初步判断自身的优劣势。

（8）风险预测。在上述分析研究的基础上对投标项目的技术可靠性、经济合理性、实施可靠性等方面进行综合分析评价，从而对投标的必要性、可能性做出判断，决策是否投标。

3. 编制投标报价（1学时）

根据定额分析、单价分析、成本计算以及目标利润，确定标价并编制报价材料。

4. 编制投标文件——标书（2学时）

标书的编制主要包括以下几点。

（1）标书应该内容完整、文字简洁、质量过硬。

（2）标书文件分正、副本，并标注有关字样，评标时以正本为准。

（3）标书文件包括：投标书、投标者资格和资信证明；投标项目（设备）方案及说明；投标价格表以及货物说明一览表；招标文件中规定应提交的或投标方认为需加以说明的其他资料；投标保证金。

（4）提供反映投标企业历史、资金、技术、质量、管理、服务及成就等方面优势的资料，并且无论招标人要求与否，都要主动提供这些资料。

（5）投标文件使用的数据、单位和符号要符合规定的标准。

五、教学成果的展示和评价（1学时）

1. 成果展示（30分钟）

由各小组或者由各小组选派的一个或多个代表汇报其项目成果。汇报形式就可以多种多样，如采用PPT演示，向所有学生或者企业代表展示学生的项目成果。

2. 成绩评定（10 分钟）

小组答辩成绩评定表（表 9-2）——学生。

根据可行性分析、标书设计、制作规范和叙述答辩四个方面进行评审，总分为 100 分。

表 9-2　第×组成绩评定表（学生）

评定内容	评定指标	得分
可行性分析（30 分）	按对项目的可行性分析是否详实、充分评分	
标书设计（40 分）	按标书设计说明书、方案内容的完整性、准确性评分	
制作规范（10 分）	按标书制作规范评分	
叙述答辩（20 分）	按现场叙述和答辩情况给分	

小组答辩成绩评定表（表 9-3）——教师。

根据可行性分析、标书设计、制作规范和叙述答辩四个方面进行评审，总分为 100 分。

表 9-3　第×组成绩评定表（教师）

评定内容	评定指标	得分
可行性分析（30 分）	按对项目的可行性分析是否详实、充分评分	
标书设计（40 分）	按标书设计说明书、方案内容的完整性、准确性评分	
制作规范（10 分）	按标书制作规范评分	
叙述答辩（20 分）	按现场叙述和答辩情况给分	

3. 教师总结（5 分钟）

示例：投标书

关于《全国销售物流策划解决方案招标书》的复函

非常感谢贵方提供此次机会，探讨我方在物流领域为贵方提供服务的可能性。接到贵方《全国销售物流策划解决方案招标书》（以下称"招标书"）后，我方立即组成了由多名具有丰富第三方物流操作经验以及外籍专家构成的"项目工作小组"，对招标书进行了认真的研究。我方愿意遵照招标文件内容，承担规定的全部义务和责任，同时也非常希望能有机会以我方的经验和实力，为贵方在全国范围内建立合理成本基础上的高效率的物流保障体系而努力。

现将依照招标书规定的资料呈上（详情请见附件），供贵方参考。
此致！

××××物流有限公司
××××年××月××日

附件：《全国销售物流策划解决方案招标书》的投标书

一、基础设施

1）仓储基本情况（表9-4）

表9-4 仓储基本情况

地区	RDC/DC	层高/m	仓库面积/m²	仓容量/m²
华南区域	深圳石岩RDC	10	10000	33500
	深圳蛇口RDC	8	6000	16500
	广州RDC	5	45400	45000
	汕头DC	4	500	700
	南沙DC	4	6400	4700
华西区域	成都RDC	4	7500	5700
	乌鲁木齐DC	3.5	2000	1500
	昆明DC	4	1400	1400
	西安DC	4	950	800
	重庆DC	5	1600	1200
华东区域	上海RDC	6	26600	40200
	福州DC	4	2500	2000
	厦门DC	4	1600	1200
	武汉RDC	5	7400	6800
	宁波DC	4	900	800
	外高桥DC	5	6000	5800
	苏州DC	4	800	700
华北区域	北京RDC	5	7400	7500
	天津RDC	4	4800	3500
	大连DC	4	3500	2800
	沈阳RDC	5	4900	5500
	怀柔DC	4	6000	4500
合计			154150	192300

另外，董事会已同意三年内在青岛、广州、深圳、成都、武汉新建配送中心275000m²，预计投资48707万元，以部分替代租用仓库。

2）仓库温度控制

因目前储存货物均为普通货物，未要求温度控制，只采用定期通风降温措施。

3）安全措施

我公司定有以下制度和程序，并拥有相应资质：

《保安工作指引程序》
《健康与安全程序》
《消防指引程序》
《来访客人出入登记》
《货物放行单》
《突发系统问题报告》
《消防验收合格证》

4）设备配置情况

叉车：德国林德公司生产的各类叉车共62台。

货架：立体仓库统一采用可调节型高层货架。

装卸平台和道口：深圳一湾分发中心建有可供叉车直接进入车厢内进行装卸的专用作业平台，其他大部分的分发中心建有通用型装卸货平台；各分发中心均配有可容纳4~8台车辆同时装卸的道口。

二、技术：应用的商业管理系统或仓储管理系统

1. 系统名称

一湾分发中心管理系统。

2. 应标点的设施所采用的系统的应用时间

现行系统已在蛇口一湾分发中心及广州RDC实际运行近一年时间，2005年底切换至SAP系统。

3. 系统供应商对系统的维护及支持

现行系统由公司信息中心开发维护。SAP系统将由SAP公司提供全面的系统实施及功能升级服务。

4. 提供功能的主要描述

现行系统的主要功能包括如表9-5所示。

5. 与其他客户系统的接口实例

目前三星视界、联合饼干等客户均可通过互联网在线查询实时货品情况，另外与东莞东聚电业有限公司的ERP系统接口正在实施配置中。

6. SAP系统软件导入后的信息系统概述

公司的业务执行系统即将以SAP系统软件为核心构建，系统由SAP公司直接提供实施及功能升级，年内可完成导入全部工作。届时，我公司信息系统将具备如下特点。

1）物流业务执行系统

主要功能：管理会计、成本会计、仓储管理、运输管理、订单处理、物流计划及排程、各类业务数据统计与分析。

表9-5　现行系统的主要功能

主控部分	货区管理	收货管理	提货管理	在线查询	盘存
用户设置	货位转移	收货预约及订货单录入	录入订货单	货品详细资料查询	打印盘存表
货区设置	货位更改	生成收货计划和收货检查单	生成补货单	货品查询	录入盘存结果
货品设置	货位转移报表	收货检查单过账		货位查询	盘存差额
客户管理	货位更改报表	货品上架报表与货品标签打印	补货确实	冻结货位报表	
供应商管理	存货报销		生成提货单	空置货位报表	
	存货报回		提货确实	客户订货查询	
	存货报销报表		生成缺货报表	货仓订货查询	
	存货报回报表		生成配送单	货仓存货报表	
				短期货品报表	
				货仓货位效用报表	
				货仓缺货报表	

另外，系统将全面采用 B/S 三层架构，以及适用于互联网的低速连接环境，同时支持（PS/GIS、手持无线设备、BARCODE、EDI/POS 等第三方技术及系统接入）。

2）基于互联网的数据中心运作模式

IBM RS6000 小型机为核心的数据处理中心；

高速宽带专线连接互联网；

支持 ISDN、ADSL 专线及移动用户等各种连接方式；

10 000 用户同时在线处理容量；

全线 Intel 高端设备构建的网络平台。

3）标准的客户电子商务接口

工作平台：

采用 B/S 三层结构；

以 Linux/Free BSD/Apache/DB2 作为运行平台；

以 Websphere 集成环境及 Java、XML 等语言作为系统开发工具；

通过 Workplace 工作平台，整合 SAP 系统资源；

采用集群/负载均衡技术提高系统安全性能。

系统功能：

客户物流信息在线查询；

客户物流信息业务指令在线提交；

公司物流业务执行系统与客户 ERP 系统的对接；

客户物流增值服务；

外协物流资源整合；

在线支付。

4）基于 VPN 系统安全策略

利用 VPN 技术提高业务数据包在线抗截获能力；

利用 PIX 及 CheckPoint 双防火墙增强系统的抗恶意攻击能力；

利用趋势科技的网络病毒防火墙阻止网络病毒对系统的侵害；

利用 UNIX 操作系统，保证系统的稳定性；

采用设备冗余备份防止单点故障；

采用双备份动力电源，实现系统断电保护。

三、公司简介

1. 财务的稳定性

营业执照复印件、过往财务报表附后（因××××物流有限公司年初刚刚组建，仅能提供 2001 年 6 月末的财务状况）。

2. 职业技能与资历

1）项目组人员简介

组长：刘先生

年龄：36

学历：硕士

现任：××××物流有限公司常务副总经理，美国物流协会会员。

经历：多年来一直从事港口、公路运输和现代物流管理工作，具有丰富的实际操作经验和扎实的理论基础。曾到美国、英国、比利时等现代物流发达国家进行业务交流和学习，并多次被省、市政府授予"广东省青年岗位能手"、"鹏城青年创优勋章获得者"和"优秀共产党员"等荣誉称号。

组员：柏先生

年龄：52

学历：本科

现任：××××物流有限公司市场部发展策划总监。

经历：××××年获英国布鲁奈尔大学（Brunel University）荣誉学士学位，曾在世界知名的物流企业——英国天白集团任职 25 年，期间在英国、美国、加拿大、中国香港及中国内地工作过，具有丰富的全球物流管理经验，且熟悉中国的物流现状。柏先生的加盟是×××集团大力发展物流业的决心和迈向物流国际化的一个标志。

组员：刘先生

年龄：33

学历：硕士

现任：××××物流有限公司市场部副总经理，美国物流协会会员。

经历：长期在大型企业集团企业管理和市场营销的第一线工作，积累了丰富的实战经验，特别是在物流策划和营销方面具有独到的见解。曾在××××物流有限公司先后任职运输经理、操作经理，成功完成了多项咨询委托和物流方案策划工作。

组员：杨先生

年龄：36

学历：本科

现任：××××物流有限公司信息中心主任。

经历：具有十年的信息技术行业从业经历，曾任××××电脑通信技术有限公司技术部经理、××××软件技术有限公司总经理、深圳市××××信息网络有限公司总经理。主持过多个政府大型网站及网络软件的开发工作，并成功地创建了物流管理软件系统，颇具信息技术行业管理和开发经验。

组员：陈先生

年龄：24

学历：本科

现任：××××物流有限公司市场部项目发展经理。

经历：曾在北京物资学院工商管理系系统地学习现代物流方面的专业知识，现从事物流营销和操作工作。

2）关于客户原有物流员工

人才本地化是我们的基本原则，在以往的案例中客户大部分物流相关人员经培训后得以继续聘用，当然伴随着岗位和职责做出相应调整。

3. 案例简述

1）为连锁超市提供的物流服务

合作内容：为某连锁超市提供大型配送中心的全面运营管理和广东省内21家连锁超市的配送服务。

进展情况：通过配送中心的集中收货、统一管理、协同配送，使客户在激烈的市场竞争中保持明显的成本优势（综合物流成本下降超过15%），从库存品种、处理能力和配送效率等方面均得到了全面的提高，满足了客户在中国南方不断发展的需要。

2）为快速消费品生产商提供的物流服务

合作内容：自客户广州生产基地至整个华南地区的物流直送服务及至各销售区域的深度分销服务；二级配送中心的运营管理。

进展情况：为客户提供了稳定、可靠的物流保障，而且在客户的要求下投入巨资配置侧帘式的专用运输车辆 15 台。

3）为耐用消费品生产商提供的物流服务

合作内容：为客户提供自广州销售平台至华南区域、上海销售平台至华东区域的整体物流服务，包括短程深度分销、跨省公铁海铁多式联运、零担门到门快送等一体化服务。

进展情况：利用当前配送网络及一类货代等相关资质，提高了客户的送货准时率、准确率，同时使货损货差率大幅度下降，成为客户物流的主要供应商。

4. 成为行业领袖的机会

近 130 年的积累，使××××集团拥有稳健、诚信的经营作风和雄厚的实力，并树立了勇于创新、鼓励创新的企业文化。

未来物流作为重点发展产业将得到××××集团政策、资金的支持，同时我公司作为资源型物流公司，有足够的实力也愿意秉承"与客户共同成长"的理念，分担客户物流基础设施投入。

1995 年至今，我公司物流凭借先行优势、经验积累和人才储备，以及完整的 KPI 服务体系管理（关键履约指数服务体系），可为客户提供规范化的第三方物流服务。

我公司物流信息系统的开发和应用能力，以及正在实施的 SAP 物流信息系统，将在较长时期内维持信息系统能力的竞争优势。

覆盖网络初具规模，北京、上海、武汉、成都等直属分公司的布局，与烟台港务局、大连港务局、郑州铁路局、兰州铁路局、南京港务局等业已结成长期伙伴关系。

我公司旗下控股及参资企业 20 多家，涵盖了物流的各个环节。

与几家知名品牌饮料公司第三方物流的成功合作，标志着我公司的服务意识和操作实力得到认可。

四、项目总的标准

1. 滚动式运作计划

2. 关系结构描述

（1）我方为贵方某个区域提供物流配送中心的改造或新建及其运营管理、物流信息系统的构建、配送、物流流程改进、空瓶回收等服务，贵方成立物流推进部协调、监控、评估我方运作表现。

（2）我方服务在约定时间内达到合同标准，双方开始探讨扩展合作范围的可行性。

（3）我方愿意分担各区域配送中心的建设和物流设备投资等费用。

（4）我方以成为贵方唯一或主要第三方物流供应商为目标，并致力于与贵方建立长期合作关系。

3. 合同条款的确定

合作双方签订的操作合同均应包括但不限于以下内容：双方的名称及地址；提供的服务性质；服务的地理范围；服务的细节；衡量服务水平的指标及服务目标（KPI）；服务报告递交的层次、性质及频率；服务成本，包括执行及建造成本；一方不履行合同另一方可采取的行动；对待投资及合同终止时资产的处理；合同期限；违约；仲裁。

合同的性质将反映双方的法律关系。例如，合资关系或服务供应商与客户间的关系等。

4. 服务水平的提高

我方的服务将长期处于 KPI 服务体系约束之下，其中订单完成率、货损货差率、送货及时率、终端客户投诉率为该体系几项重要的标准，并且我们将定期提供常规报告并组织双方沟通会议，以确保服务的进步和创新。同时，虽然第三方物流服务的最高服务水平是正常服务，而不是特殊或例外情况服务，但我们也将对例外情况给予特别关注，愿意以较快的反应速度满足客户的需要。

5. 成本的降低

在物流成本和服务水平之间寻求最佳平衡点是我们义不容辞的责任，同时我们将主要通过以下方式致力于客户物流成本的持续降低。

（1）随着客户数量和业务量的增长，实现共同仓储和共同配送，以提高仓库使用效率和车辆空间利用率。

（2）随着配送网络覆盖区域的完善，提高回程车辆的利用水平。

（3）以较强的物流信息能力，为客户逐步确定合理库存规模，减少客户资金及物流资源占用成本。

第 10 章 物流教学方法——引导文教学法

在中等职业学校专业课教学之中,不仅要传授学生先进、实用的科学技术与技能,还要加强对学生科技创新能力的培养,将学生培养成走在科技前沿的开拓型、创新型技术人才。将引导文法推广运用于物流专业的日常教学当中,可以提高学生的自学能力,发现、分析、解决问题的能力以及科技创新能力,并培养学生的创造性思维能力与创新品质,开发学生自身潜能和迎接各种挑战的能力。

10.1 引导文教学法简介

10.1.1 引导文教学法的内涵

引导文法产生于 20 世纪 70 年代,主要由一些大型工业公司,如福特、戴姆勒-奔驰、西门子等企业所创造。引导文教学法指的是借助一种专门的教学文件(即引导文),引导学生独立学习与工作的一种教学方法。在教学文件中包括一系列难度不等的引导问题。通过对引导文的阅读,学生可以明确学习目标,清楚地了解应完成的工作、习得的知识以及掌握的技能。在引导文的引导之下,学生必须积极主动地查阅资料,获得有意义信息,解答引导问题、制订工作计划、实施工作计划、评估工作计划,以避免传统教学方法理论和实践脱节、难以激发学生学习兴趣的弊端。

引导文教学往往是以小组学习的形式进行的,也就是根据学习项目的具体情况,把学生按一定人数分为若干小组,以小组作为单位完成教学任务。一般将学习能力不同的学生安排在一组,以便相互促进,相互交流,共同提高。

引导文教学法强调的是"以学生为主体,以教师为主导",对明确的学习目标,采用"启发式"教学,使学生掌握正确的学习文法的同时,促使学生把学到的理论知识自觉地应运于实践。学生通过引导文学习,能实现以下学习目标。

(1)制订周密的、有独创性的工作规划。
(2)承担学习以及工作的责任。
(3)正确估算工作进度。
(4)独立获取信息。
(5)正确衡量自己的技能、能力、知识,然后制定自己的学习目标。
(6)独立按计划完成工作。
(7)独立解决出现的问题。
(8)加强团队工作能力。
(9)检验自己的工作结果。
(10)对成功以及失败进行评估。

10.1.2 引导文教学法的特点

引导文教学法的主要特点包括如下几个方面。
(1)任务明确,一步步来引导学生达到目标。
(2)提出问题,学生独立思考、解答,找出完成工作的方法,以培养学生制订计划、实施计划以及评估计划的能力。
(3)在没有实训教师帮助的情况之下,培养学生的创造能力和对环境的适应能力。
(4)根据学生个人情况,能者多学,因材施教,充分发掘每位学生的潜在能力。
(5)学习内容由易到难,逐步深化,螺旋上升。
(6)便于采用小组工作法,培养学生的协作能力、合作意识。

10.1.3 引导文教学法的构成

引导文的形成,决定着教学所需的教学组织形式、教学媒体与教材等。不同职业领域,不同的专业所采用的引导文也不尽相同,总的说来,引导文至少应该由以下几部分构成。

(1)引导问题。引导问题就是引导文的核心,它引导学生独立获取所需信息并且针对布置下来的任务拟订工作计划。为使教师较好地了解学生的学习进度以及可能遇到的困难,这些引导性问题应以书面的形式回答。

(2)工作计划。工作计划主要由学生独立完成并与教师讨论。一张供学生填写的表格会在他们制订工作计划时起辅助作用。表格里可以填写该工作计划的各个步骤和必要的材料、工具与设备。

（3）检查表格。学生用检查表格来评定工作结果。围绕给定的教学任务，检查表里应当设置学习质量标准一项，其目的主要是使学生避免工作的盲目性，从而保证每一步的顺利进行，如果情况允许，学习质量标准可由学生独立拟订完成。

（4）引导材料。引导材料包括为解决任务所需的所有信息，其篇幅主要取决于任务的类型与复杂度。为新的教学任务而独自拟订的信息资料是一种很好的学习辅助工具，即使学生可以独立开发材料，教师也要提供手册、表格、图纸与专业书籍以供他们使用。

10.2 引导文教学法应用于教学

10.2.1 引导文教学法应用于教学的意义

（1）充分体现了以学生为主体，以教师为主导的教学思想。在引导文教学法的整个教学过程中，从查阅资料、制订学习计划、解决引导问题到结果检测评估，学生都能够全程参与，并不断发现问题、分析问题、解决问题，这便充分体现了学生的主体地位；而教师在编写引导文、审查学习计划、提供资料来源、评估学习成果、总结经验教训、引导学生做进一步深入研究等方面始终起着主导性的作用。

（2）教给了学生终身受益的学习方法与研究方法。引导文教学法的目的不仅在于让学生掌握科学知识，更为重要的是教会他们进一步学习与研究的方法。学生在按引导文深入实践、查询资料、调查研究、进行科学实验、发现问题、分析问题、解决问题、总结成果的过程之中，掌握了探求知识、科学研究的方法，从而使学生的自学能力、科研能力得到提升。

（3）促使学生的个性发展与整体提高。在引导文教学法的运用过程之中，正视学生之间的个体差异，并赋予每个学生确立自己行为目标的权利，目的是充分挖掘每个学生的潜能，从而最大限度地调动学生学习的积极性和主动性。此外，在整个教学过程中，学生之间通过相互帮助、互相学习、共同研究、共同提高，从而使他们的整体成绩、整体能力得到提升。

（4）可以最大限度地培养学生的科技创新能力。引导文教学法运用的过程，实际上就是一个进行创造性思维的过程，在整个教学过程中，学生在不断地发现新问题、学习新方法、求得新成果，学生的创造性思维能力无疑会得到很大提高，学生掌握了科学研究与科学探索的方法，进而培养了他们的科技创新能力。

10.2.2 引导文教学法适用情况

引导文法可以应用于项目教学过程之中来解决一些具体的小问题（或子项目），此时的引导文亦称作项目工作引导文；也可以用于传授专业知识与技能，为知识技能传授性引导文；还能帮助学生进行工作岗位分析，此时即为岗位分析引导文。

（1）解决项目工作中的小问题。这种方法主要的任务就是建立起项目和它所需要的知识能力间的关系，也就是让学生清楚完成任务应懂得什么知识，应该具备哪些技能等。典型的项目工作引导文可以是一个独立的生产准备过程或产品加工过程，例如，机械加工专业中的生产一套钻床夹具，信息技术专业中的开发一个能独立完成特定要求的文字处理软件，木工专业中的制作一扇门窗等。

（2）传授专业知识技能。这种引导文的主要功能在于令学生不仅学习了知识，而且还真正地知道此知识在实际工作当中的作用。如计算机文字处理系统中的学习指南等。

（3）分析特定工作岗位知识。此种引导文可帮助学生学习某个特定岗位所需要的知识、技能和有关劳动、作业组织方式的知识。如与该岗位有关的工作环境状况、工作任务来源、下道工序情况、安全规章、车间的劳动组织方式、质量要求等。典型的例子如客户服务人员、仓库理货员等的岗位任务说明。由于每个工作岗位的具体要求随形势的变化而不断发生变化，所以开发符合实际情况的引导文往往有一定的难度。

10.3 引导文教学法实践应用

10.3.1 引导文教学法的实施步骤

引导文教学法的实施步骤如图 10-1 所示。

（1）激发学习积极性。通过教师在课堂上的介绍，学生可以了解到学习任务、操作过程及学习目标。借助头脑风暴法，教师可以通过与学生相互间的思想交流来提出引导问题，从而唤起学生对工作与学习过程的兴趣。

（2）咨询。学生独立获取制订计划和执行任务所需要的各种信息。

（3）计划。学生借助一份引导材料独立制订自己的工作计划。

（4）决策。学生在与教师的专业对话过程中详细讨论经过处理的引导文与拟定的决策方案，这一阶段教师将会检查学生是否已经掌握必要的知识。

（5）实施。学生根据拟定好的工作计划以团体或者分工的形式执行训练任务。

（6）检查。学生独立检查并评估自己的工作结果，必要情况下可以使用在计划阶段自主开发的工具（检查表格）。可以让学生按照检查表格中的学习质量标准来检查他们的工作成果，并回答一个重要问题，即"是否完成了工作任务"。因为工作任务的进程也会影响最终结果的质量，为了让学生明白这层关系，教师对中期成果进行检验是有必要的。

（7）评价。学生将与教师一起对整个工作过程与结果进行评价。这次对话有利于教师开发和制定新的目标与任务，让教学工作再一次回到新的起点。评价工作任务通常是以对话形式进行，教师通过引导学生将自己的评价结果同客观的标准进行比较，同时思考整个工作任务的完成过程，回答"下一次在什么地方做得更好"，为下一步行动制定改进的意见。

10.3.2 引导文教学法实施注意事项

引导文教学法是以学生自学为主的教学方法，要正确使用这种教学方法应注意如下几个问题。

（1）准备工作必须做充分。引导文教学法在实施过程当中需要的材料很多，而且学生在学习过程当中也会不断发现、不断提出新问题，这就要求教师要认真研究教材，尽可能多地搜集有关材料，并尽可能全面地考虑学生学习过程中可能出现的问题。做到充分准备、整体把握。

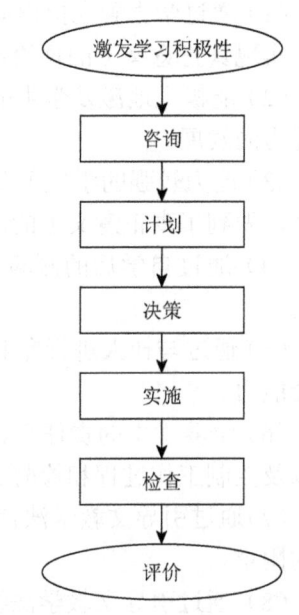

图 10-1　引导文教学法的实施步骤

（2）"引导问题"要准确、全面、适宜。"引导问题"是"引导文"的主要部分，也是学生制定以及实施学习计划的重要依据。因此，在设计"引导问题"的时候，教师要充分挖掘教材内涵，充分掌握学生的个性特点。用准确的语言设置能够涵盖教材所有知识点的"引导问题"，以充分体现"引导问题"的引导作用。

（3）教学过程当中，教师要认真组织、耐心辅导。引导文教学法是一种学生自由性比较强的教学方法，组织不好将会严重影响教学效果。所以，教师要认真组织教学，实行分组管理、组长负责制，确保各小组学习任务的顺利完成。学生在学习过程中会提出各种问题与疑问，老师要做到耐心指导、及时纠正，争取在课内就能及时解决发现的新问题。

（4）全面总结，重点讲评。各小组将本组的学习总结写好之后，教师要认真批阅，并结合辅导过程中所发现的各种问题，对本节内容做系统全面的归纳总结；同时对学生反映较多的问题、易错易混的部分做出重点讲评，以确保学生系统全面、重点突出地掌握知识。

10.4　引导文教学法的优缺点

1. 引导文教学法的优点

引导文教学法的优点主要体现在如下几个方面。

（1）通过学生独立提出问题，解决问题，就能够帮助其建立起知识和技能的内在的联系，实现真正意义上的理论和实践的统一。

（2）能极大地激发学生的学习欲望，充分调动学生学习的积极性，并促进学生独立学习能力的发展。

（3）能力较强的学生主要通过自学来学习，教师可抽出更多的时间帮助能力比较差的学生，做到了真正意义上的面向全体学生。

（4）通过自学后的测验和谈话，教师可以确定学生理解的程度，并能进行系统性的补充。

（5）通过与他人进行专业信息交流与共同制订工作计划，培养学生的合作能力及其他社会能力。

（6）培养学生的责任心、毅力和获取书面信息的能力，独立制订计划的能力，自行组织以及控制工作过程和检验工作成果的能力。

（7）通过引导文教学法使教师有时间能够专心了解学生的个人学习进度和学习上所遇到的困难。

（8）通过引导文教学法缓解教师重复传授知识的问题。

2. 引导文教学法的缺点

（1）花费的时间较多。教师在进行引导文教学之前要花费很长的时间做好充分的准备工作，必须认真制定并整理学习单元材料。同时学生想要出色地完成工作任务，也需要经历从咨询、计划、决策，到实施、检查，最后再到评价的一个漫长的学习过程。

（2）引导文的开发具有一定的难度。由于每个工作岗位的具体要求随着形势的发展而不断有新的变化，所以开发符合实际情况的引导文往往有一定的难度。

（3）适用范围相对较窄。只有具有最终产品或可检验工作成果的教学过程，才能采用这种教学模式，故项目工作最适合采用引导文法。

10.5 引导文教学法案例展示

教学案例 1：在库物资保管保养

一、教学内容

《仓储作业实务》中的在库物资保管保养。

二、教学对象

物流专业二年级的学生。

三、教学目标

（1）对在库物资的保养进行初步考虑。
（2）对所需要的材料进行准备。
（3）了解仓库温湿度控制和调节方法。
（4）了解防锈、防虫蛀的基本方法。
（5）了解几种常见的灭火方法。
（6）检验和评价工作结果。

四、场合、媒体、道具

企业仓库及一些物资保养的必备工具。

五、教学方法

引导文法：即根据学习项目的具体情况，把学生按一定人数分为小组，以小组作为单位完成教学任务。

六、实施步骤

1. 引言

物资经验收合格入库后，就进入了物资存储作业程序。物资存储作业是对物资进行合理的保管和养护，以确保物资的质量完好和数量无误，是防止商品质量变化的重要措施，是仓储保管中一项经常性的工作。

仓库中存在着各种各样的商品，它们有着不同的特性。而物资保养也是一项综合性的应用技术，涵盖了不同学科的知识，如物理学、化学、生物学、微生物学和气象学等。

要求针对每种商品，进行货物的在库保养。在此过程中，要根据不同性质的物资、不同储存条件采取不同的养护措施，防止其质量劣化，最大限度地保证物资的质量完好和数量无误。

本引导文帮助学生认识了解，要想保证物资质量和品质，哪些方面是在库物资保管中必须考虑到的，组织工作人员间的具体协商具有怎样的重要意义。

2. 确定主题

在库物资保养。

3. 信息资料，辅助手段

韩岗. 如何进行仓储物料管理. 北京：北京大学出版社，2008.
史小峰. 仓储作业实务. 北京：化学工业出版社，2009.
郭元萍. 仓储管理实务. 北京：中国轻工业出版社，2007.
钱芝网. 仓储管理实务情景实训. 北京：电子出版社，2008.
货品养护手册
卫生规定
培训师的指导
来自企业的辅助手段

4. 引导问题

（1）理解库存物资保养的目的。请列出你认为影响库存物品发生变化的因素。
①库存物资质量变化的内在因素：
②库存物资质量变化的外在因素：
（2）不同物资对保管的要求不同，请举例说明（必要时详细说明）。
①库存物资的种类：
②对保管的要求：
（3）下列您认为对库存物资保管影响最大的是
☐ 温度
☐ 湿度
☐ 微生物
☐ 货位的选择
☐ 堆垛的形式
☐ 虫害的侵蚀
☐ 仓库的卫生条件
☐ 外力对货品的影响
☐ 社会因素
（4）表 10-1 为仓库的常见物品，填写你认为的下列物品的安全温度和湿度。

表 10-1 常见物品安全温度和湿度

商品名称	安全温度/℃	安全相对湿度/%
麻织品		
丝织品		
毛织品		
皮革制品		

续表

商品名称	安全温度/℃	安全相对湿度/%
橡胶制品		
金属制品		
塑料制品		
竹木制品		
玻璃制品		
人造革		
纸制品		

（5）了解温、湿度的变化规律。

①大气温湿度的变化规律。

一年中，气温最低的月份，内陆为_____月，沿海为_____月；

一年中，气温最高的月份，内陆为_____月，沿海为_____月；

一昼夜中，最高温度在_____点，最低温度在_____点；

湿度的日变化，一般相对湿度最高值出现在_____点，相对湿度最低值出现在_____点。

②库房温度变化的一般规律。

从季节看，一般_____月气温低于库温；_____月气温则高于库温；_____月和库温大致相当。

（6）你会用干湿球温度表测量库房温湿度吗？

（7）你认为干湿球温度表应安置在库房什么位置？

□ 受阳光照射的地方　　　　□ 不受阳光照射的地方

□ 空气流动好　　　　　　　□ 空气流动差

□ 挂在墙上　　　　　　　　□ 不要挂在墙上

□ 挂置高度要与人眼平齐　　□ 挂置高度要稍高于人眼位置

（8）您认为一般情况下，仓库一天应进行几次温湿度测定？

□ 1　　□ 2　　□ 3　　□ 4　　□ 5

（9）列举你所知道的仓库温湿度控制与调节的方法。

（10）列举你所知道的仓库密封保管的形式。

（11）说出你所知道的密封材料。

（12）列举密封保管时的注意事项。

（13）列举你所知道的仓库通风形式。

（14）列举仓库通风时的注意事项。

（15）说出你所知道的吸潮剂种类及其使用方法。

（16）请说出表10-2商品的锈蚀原因。

表 10-2　商品锈蚀原因

金属制品	原因
钢制品	
铜制品	
铝制品	

（17）请说出你知道的金属防锈方法。
（18）请说出常见的易腐商品。
（19）列举仓库中常用的防腐剂。
（20）列举仓库中预防仓虫的主要措施。
（21）列举出仓库中杀死仓虫的主要方法。
（22）提出目前仓库情况建议。
（23）请说明仓库物资保养安排情况概要。
（24）请向你的任务委托人/培训师解释说明你的建议，并记录他们的调整建议。
（25）请制作仓库物资保养所必需材料的预定清单，并检查和记录现存物资的在库养护情况。
（26）在库物资养护所需设施物品核查表。
（27）请说明需要的工作人员人数和任务分配情况。
（28）请按正确顺序列出你的工作所包含的必要工作步骤，并给出时间计划安排（时间跨度可为若干天）。
（29）请与培训师商量你的工作流程计划。
（30）请具体实施完成你的任务。
（31）根据表 10-3 标准检查和评价你的工作任务完成结果情况。

表 10-3　工作任务完成结果评价 1

	什么是对我来说是成功的？	什么是对我来说不是很成功的？
1. 整体结果		
2. 物资养护材料的选择 　□ 密封材料 　□ 吸潮剂 　□ 防锈材料 　□ 防腐材料 　□ 防虫害材料 　□ 数量 　□ 与在库物资保养初衷的吻合度		
3. 工作技术		
4. 工作岗位安排		
5. 库存物资在库保养的构成		

请与老师讨论你的评价结果！

七、教学评价

引导文教学法不仅可以让学生掌握科学知识，更为重要的是教会了学生进一步学习以及研究的方法。物流专业的许多课程都适合在教学中运用引导文法，如《仓储与配送实务》《运输实务》等。中职学生在引导文的指引下，通过查询资料、调查研究、进行科学实验、发现问题、分析问题、解决问题，最后总结成果的过程，学会了探求知识、科学研究的方法，从而提升了其自学能力以及科研能力。

教学案例2：商品退换货处理

一、教学内容

《物流客户服务》中的商品退换货处理。

二、教学对象

物流专业二年级的学生。

三、教学目标

（1）对商品退换货进行初步考虑。
（2）对所需要的材料进行准备。
（3）了解商品退换货原因。
（4）了解商品退换货管理的重要性。
（5）了解商品退换货处理方法。
（6）会进行退换货单证的填写与处理。
（7）检验和评价工作结果。

四、场合、媒体、道具

商店或实训中心、物流客服部门、电话（可以是象征性的道具）。

五、教学方法

引导文法：通过引言的介绍，使学生了解商品退换货的流程。掌握商品退换货处理方法以及技巧。

六、教学过程

1. 引言

配送中心的业务宗旨是及时、准确地将货物送达客户手中，但由于消费需求的多样性，往往货物在客户手中停留一段时间后，又要进行退货或调换。退货或换货的原因多种多样，配送中心必须采取相应的管理手段，既满足客户的退货要求，又要保证配送中心工作的顺利进行。本引导文帮助学生认识了解退换货处理流程与应对方法。

2. 确定主题：商品退换货处理

3. 信息资料，辅助手段

李斌成.配送作业实务. 北京：化学工业出版社，2009.
胡国良.仓储与配送管理实务. 北京：清华大学出版社，2008.
宋杨.运输与配送实务. 大连：大连理工大学出版社，2006.
吕军伟.物流配送业务管理模板与岗位操作流程. 北京：中国经济出版社，2005.
商品退换货管理手册
培训师的指导
来自企业的辅助手段

4. 引导问题

（1）了解做好商品退换货处理的重要意义。
（2）列举商品退换货管理的原则。
（3）下列原因中，你认为可以对商品进行退换货处理的有
□ 客户无意的损坏
□ 瑕疵品
□ 商品数量不符
□ 搬运中损坏
□ 依协议退货
□ 客户订货错误
□ 商品定价过高
□ 商品送错退回
□ 商品售后服务不达标
□ 商品过期退回
（4）货物退回后，列出你认为应该检查的问题。
（5）在货物数量清点时，列举清点方法。
（6）列举商品退货、换货的处理方法。
（7）下列检验属于哪种检验方法？
收货点检验属于　　　□ 数量清点　　□ 品质清点
质量部门检验属于　　□ 数量清点　　□ 品质清点
（8）在质量部门检验过程中，列举出所需的仪器、器具和试剂。
（9）商品退货时，客户常常出现抱怨，这时应该怎么办？
（10）举例退换货商品所需的单据。
（11）列举货物理赔原则。

（12）填写对表 10-4 退回商品的处理方法。

表 10-4　退回商品处理方法

类别		处理方法
故障品的处理	对故障机的处理	
	保修期内故障货品	
	三年保修期外的故障货品	
	所有非生产质量问题引起的损坏以及附件（如接线、遥控器等）遗失	

（13）在货物理赔过程中，你认为最主要的指标是
　　□ 退赔数量
　　□ 退赔质量
　　□ 退赔期限
　　□ 退赔品种
　　□ 退赔原因

（14）若发生商品被退货情况，你认为配送中心应做好哪些相关工作？

（15）提出目前货物退换货处理情况的建议。

（16）请说明货物退换货处理情况概要。

（17）请绘制商品退换货处理流程图。

（18）请向教师解释说明你的建议，并记录教师的调整建议。

（19）请制作货物退换货处理所必须材料的预定清单，并检查和记录现存货物退换货处理情况。

（20）请说明需要的工作人员人数和任务分配情况。

（21）请按正确顺序列出你的工作所包含的必要工作步骤，并给出时间计划安排（时间跨度可为若干天）。

（22）请与教师商量你的工作流程计划。

（23）请具体实施完成你的任务。

（24）根据表 10-5 标准检查和评价学生的工作任务完成结果情况。

表 10-5　工作任务完成结果评价 2

	什么是对我来说是成功的？	什么是对我来说不是很成功的？
1. 整体结果		
2. 物资养护材料的选择 □ 货物退换货处理流程图的绘制 □ 退换货原因的分析 □ 退换货单据的填制 □ 理赔情况的处理 □ 与退换货处理初衷的吻合度		
3. 工作技术		
4. 工作岗位安排		

七、教学评价

该引导文教学法培养了学生分析问题、解决问题的能力。该引导文从实际操作的角度，使学生掌握了物流客户服务中的退换货技巧。此外，退换货处理涉及方方面面，通过该方法也可以增强学生的沟通能力。中职学生对枯燥的填鸭式的知识传授形式不感兴趣，通过引导文可以让学生自主学习，从而比较深刻地体会到理论知识的要义所在。

第11章 物流教学方法
——其他教学方法

11.1 考察教学法

考察教学法是一种由教师和学生共同计划，由学生独立实施的一种"贴近现实"的教学方法，这种教学法的核心在于学生独立搜集和整理不同来源的信息。考察教学法有助于培养学生走近现实，在独立自主的学习过程中认识理解现实的能力。这一教学方法有以下三个方面的特征：第一，现实性。让学生置身于真实的场景、实际的状况之中，而这种教学形式是无法在学校以及培训场中展开的。第二，互动性。在进行现场考察的过程中，通过学生、教师以及现场人员的沟通与交流，从而达到较好的教学效果。第三，计划性。每次考察教学活动都不是随机进行的，而是要有详细周密的考察计划。

教学案例1：哈药集团三精制药有限公司立体库考察

一、教学内容

考察学习哈药集团三精制药有限公司立体库。

二、教学对象、地点及时间

教学对象：物流专业二年级的学生。
教学地点：哈药集团三精制药有限公司立体库。
教学时间：6课时。

三、教学目标

通过考察使学生认识到以下几点。

（1）了解立体库组成部分。
（2）掌握立体库与普通仓库的区别。
（3）熟悉立体库运作过程。

四、教学方法

考察教学法。

五、实施步骤、教学过程以及时间分配

1. 考察前问题思考（1课时）

在组织学生考察前，学生应思考以下问题。
问题一：什么是立体库？它的优越性体现在哪？
问题二：立体库与普通仓库的区别。
问题三：立体库的作业过程。
问题四：立体库需要哪些辅助设备和技术？

2. 组织考察（4课时）

教师组织学生对哈药集团三精制药有限公司立体库进行考察学习，将之前思考的问题结合实际考察，加深学生对立体库相关知识的理解和掌握。

3. 考察后反馈（1课时）

考察结束后，学生应对考察后的感想与心得进行反馈，教师可以针对此次考察组织学生举行研讨会或者完成心得体会书面作业。

六、教学评价

通过对哈药集团三精制药有限公司立体仓库的实地考察，学生设身处地地进行学习，了解了现代化立体仓库的内部结构与功能，熟悉了库内机械设备的作业方式，同时掌握了整个自动化立体仓库的运作流程。这是以往通过课堂讲授教学，即便是配合现代化的多媒体课件，也很难达到的一种有效教学手段。

在考察过程中，教师应合理安排，做好充分的考察计划，避免在考察教学的过程中发生混乱或危险情况。

教学案例2：宅急送自动分拣线考察

一、教学内容

考察学习宅急送自动分拣线。

二、教学对象、地点及时间

教学对象：物流专业一年级的学生。

教学地点：宅急送物流中心。
教学时间：6课时。

三、教学目标

通过考察使学生认识到以下几点。
（1）了解什么是自动分拣线以及自动分拣线的组成。
（2）熟悉分拣系统作业过程。
（3）掌握自动分拣系统的适用条件。

四、教学方法

考察教学法。

五、实施步骤、教学过程以及时间分配

1. 考察前问题思考（1课时）

在组织学生考察前，学生应思考以下问题。
问题一：什么是自动分拣线？它的主要特点都有哪些？
问题二：自动分拣线的组成。
问题三：自动分拣系统作业过程。
问题四：自动分拣系统的适用条件。
问题五：自动分拣系统的分类。

2. 组织考察（4课时）

教师组织学生对宅急送自动分拣线进行考察学习，将之前思考的问题结合实际考察，加深学生对自动分拣线相关知识的理解和掌握。

3. 考察后反馈（1课时）

考察结束后，学生应对考察后的感想与心得进行反馈，教师可以针对此次考察组织学生举行研讨会或者完成心得体会书面作业。

六、教学评价

通过对宅急送公司自动分拣线的考察学习，学生见识到快递行业自动分拣系统的组成与具体作业过程，从而在参观考察的过程中进行积极的思考，并与教师或者企业工作人员进行讨论交流，达到深刻掌握所学知识，积极主动进行思考的效果。

考察教学法效果评价的方法主要包括观察提问和作业两种。评价的主要内容包括：考察的组织安排情况，参观期间学生的积极性，学生在考察期间有无疑问，教师对问题的解答情况以及学生作业完成情况等。

11.2 实训教学法

实训教学是课堂理论教学的延伸,是学生了解实际知识、熟悉职业环境、培训职业能力的重要渠道。这一教学方法通常是在专门的实训场所或场地进行的实际操练模拟教学。在进行实训教学的过程中,学生作为任务主体往往具有主人翁感,这便可以很好地激发学生的求知动机,培养学生的探索精神和解决问题的能力。此外,实训过程中同组成员之间的协作、交流的学习环境可使学生共享彼此的认知,有利于认知的广泛迁移与深化提高。

教学案例1:叉车操作实训

一、实训内容

叉车操作技能训练。

二、实训对象

物流专业二年级的学生。

三、实训目标

通过本次实训操作,使学生达到以下实训目标。
(1)熟悉叉车结构以及叉车日常维护的基本技能。
(2)掌握叉车的基本操作技能,能够熟练地进行叉车装卸作业。

四、场合、媒体、道具

面积为100m×100m以上的操场或空地一块;1.5吨电动叉车或柴油叉车若干台;空纸箱若干只。

五、实训前的准备工作

(1)人员准备:学生每5~8人分为一个小组,每个小组选一名学生为组长,每个小组配一名实训教师。
(2)车辆准备:实训前备好若干台电动叉车或柴油叉车(要求5~8人一台叉车)。清洁叉车车容，进行车况检修，达到安全生产要求，同时给电瓶充足电，按规定准备好燃油、机油、冷却水并检查轮胎气压。

（3）场地准备：每台叉车独立规划一块场地（约为 20m×20m），使叉车能安全运行。在每块场地的一侧用黄漆画一条长为 15m 的直线；操场中间用黄漆画一个车库桩位（即叉车车库），距离车库桩位 5m 处画一条长 10m 的"8"字路线；在操场的另一侧用黄漆画一个"工"字路线交叉桩位（上下横为 10m，中间一竖为 7m），如图 11-1 所示。

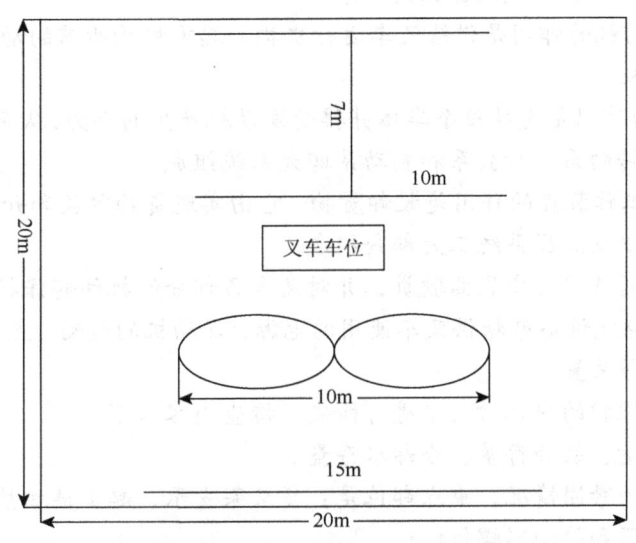

图 11-1 叉车场地示意图

（4）实训时间安排：5~8 学时。

六、实训步骤

（1）由实训负责人统一讲解叉车操作训练的安全操作规程。

①驾驶员须了解车辆的构造和性能，熟悉操作方法和保养要求，经过专业培训，并经有关部门考核合格，发给合格证，方准单独操作。严禁无证驾驶，实习驾驶员须有持证驾驶员随车教练，不能单独操作。

②严禁酒后驾驶，行驶中不得吸烟、饮食。

③在车辆发动前，应严格进行出车前检查，确认完好，方可发动，严禁带故障出车。

④起步时要查看周围有无人员和障碍物，然后鸣号起步。在厂区内行驶时不得超过 10km/h，倒车或进出库房要驾驶观望，注意左右，速度不宜超过 3km/h，防止碰擦墙角和人员，必要时应有人指挥。

⑤叉车不得对着人叉货，叉货时要空档拉手刹进行作业，货物上不得站、坐他人。

⑥除驾驶室内，车辆的其他部分严禁载人。

⑦听从指挥,按照规定的顺序练车,正确驾驶车辆。

⑧作业完毕或休息时,应将车辆停放在较平坦或安全的地点,但不得妨碍交通,影响他人作业。

⑨除操练人员和教练员外,任何人不得进入训练场地。

⑩在训练时间内,教练员不得离开场地,需要暂时离开的,要有其他教练员顶替或停止训练。

(2)分小组站开实训,由各组实训教师讲解叉车的主要结构。叉车通常可分为发动机、底盘、工作装置、车身和电气设备五大部分。

①发动机。发动机的作用是供给叉车运行机构和起重机构所需的动力。叉车的动力大部分采用柴油发动机。

②底盘。底盘的作用是支撑整个车体并接受发动机产生的动力,从而使叉车正常行驶。它主要由传动系、转向系、行驶系和制动系四大系统组成。

③工作装置。工作装置的作用是装卸货物。它由实现货物取放和升降的起重架、支承或夹取货物的器具以及液压系统三大部分组成。

④车身。车身的作用是安置驾驶员,并对叉车各部分的机件起保护作用。

⑤电气设备。电气设备包括供叉车使用的电源,发动机的起动、点火装置以及叉车的照明、信号、仪表等装置。

(3)根据日常维护的内容对叉车进行检查。检查内容如下。

①检查燃油存量、机油存量、冷却水存量。

②检查各部位的紧固情况,重点部位是:货叉架支承、起重链拉紧螺丝、车轮螺钉、车轮固定销、制动器和转向器螺钉。

③检查脚制动器、转向器的可靠性和灵活性。

④检查渗漏情况,重点部位是:各管接头、柴油箱、机油箱、制动泵、升降油缸、倾斜油缸、水箱、水泵、发动机油底壳、变矩器、变速器、驱动桥、主减速器、液压转向器和转向油缸。

(4)在操场一侧用黄漆画的直线处练习叉车起步,然后再练习直线行驶,熟练后再将起步和直线行驶连贯起来,在3分钟的时间里一次性完成15m的行驶里程。

(5)在操场中间用黄漆画的车库桩位练习出入车库,然后练习前进"8"字和后退"8"字,练习熟练后,从车库桩位处出发,在5分钟内完成"8"字进退,然后回到车库桩位处。

(6)在操场另一侧用黄漆画的"工"字路线叉货桩位处分别练习叉货、搬货过桩,待练习熟练后,在5分钟内完成叉货、搬货过桩两个动作。

(7)由每组实训教师进行实训总结。

①对每位学生的操作表现进行点评。

②对操作中学生易犯的操作错误进行总结。

(8)作业布置。每名学生上交一份实训小结,写下在实际操作过程中自己的心得体会。

七、实训考核标准（表 11-1）

表 11-1 叉车操作实训考核标准表

考评人		被考评人		
考评地点				
考评模块	考评具体内容		分值	实际得分
叉车结构认知及维护	能够正确说出叉车主要零部件的名称		5	
	正确检查燃油存量、机油存量、冷却水存量		5	
	正确检查轮胎气压、皮带松紧度		5	
	正确检查外露螺栓松紧度等		5	
叉车起步、直线行驶	熟练掌握方向盘、离合器踏板、制动踏板的操作方法		10	
	熟练掌握起步、停车的操作要领		10	
	熟练驾驶车辆直线行走		10	
"8"字桩训练	按规定线路行驶		10	
	轮胎不压线		10	
	在规定时间内完成		5	
"工"字桩训练	按规定线路行驶		10	
	轮胎不压线		10	
	在规定时间内完成		5	
合计			100	

注：考评满分为 100 分，60~74 分为及格；75~84 分为良好；85 分以上为优秀。

八、教学评价

叉车在仓储作业过程中，是比较常用的装卸设备，有万能装卸机械之称。物流企业十分需要能够熟练掌握叉车操作技能的中职毕业生。在中职学校物流专业的日常教学中，教师假如只是一味地在课堂上向学生传授叉车的各种知识的话，无异于纸上谈兵。因此，只有通过真正的技能实训教学模式，才能让学生真切地掌握叉车的结构、维护保养、操作规程以及操作技巧等。通过实训课程的学习，不仅大大提高了学生的实践操作技能，也激发了学生学习的积极性，并为学生的创新研究提供了平台。

教学案例 2：订单作业实训

一、实训内容

订单处理作业技能训练。

二、实训对象

物流专业一年级的学生。

三、实训目标

（1）通过此次实训操作，培养和提高学生的订单处理作业的操作技能。
（2）培养学生沟通交流以及团队合作的意识与能力。

四、场合、媒体、道具

物流实训室或教室，订货单、拣货单、出库单、送货单各若干张。

五、实训前的准备工作

（1）人员准备：将全班学生分为几个大组，每大组12人，各选一名学生为组长，每大组再分成6个小组。
（2）实训时间安排：2学时。

六、实训步骤

1. 由教师统一介绍此次实训的任务

某物流配送中心，主要业务是为市内五家超市进行水果的配送活动，其宗旨是在满足客户需求的同时，使配送中心的库存量最低。目前主要配送的水果品种有苹果、鸭梨、香蕉、橙子、葡萄、荔枝、火龙果、哈密瓜和榴莲等。配送形式主要以日配为主。

假设目前配送中心有苹果300箱，鸭梨250箱，香蕉100箱，橙子60箱，葡萄50箱，荔枝50箱，火龙果30箱，哈密瓜20箱，榴莲20箱。2009年9月5日下午各家超市下达订单10份，具体订货情况如表11-2所示，请对该订单进行处理。

表11-2 客户订单一览表

序号	客户名称	商品种类	数量	价格	送货时间	客户位置
1	A	苹果	30	50元/箱	9月6日下午2:00前	超市1
		香蕉	20	65元/箱		
		橙子	25	68元/箱		
		荔枝	12	120元/箱		
		哈密瓜	5	90元/箱		
2	B	苹果	28	50元/箱	9月6日下午3:30前	超市1
		鸭梨	20	62元/箱		
		葡萄	14	55元/箱		
		火龙果	6	135元/箱		
		榴莲	3	300元/箱		
3	C	苹果	30	50元/箱	9月6日下午5:00前	超市1
		鸭梨	21	62元/箱		
		香蕉	15	65元/箱		
		橙子	10	68元/箱		
		葡萄	11	55元/箱		

续表

序号	客户名称	商品种类	数量	价格	送货时间	客户位置
4	D	苹果	25	50元/箱	9月6日下午2:30前	超市2
		香蕉	23	65元/箱		
		荔枝	15	120元/箱		
		火龙果	12	135元/箱		
		哈密瓜	14	90元/箱		
		榴莲	2	300元/箱		
5	E	鸭梨	26	62元/箱	9月6日下午4:20前	超市2
		香蕉	20	65元/箱		
		荔枝	14	120元/箱		
		火龙果	5	135元/箱		
		哈密瓜	10	90元/箱		
6	F	苹果	35	50元/箱	9月6日下午4:00前	超市3
		鸭梨	28	62元/箱		
		香蕉	20	65元/箱		
		橙子	20	68元/箱		
		葡萄	18	55元/箱		
7	G	苹果	21	50元/箱	9月6日下午6:00前	超市3
		香蕉	15	65元/箱		
		哈密瓜	10	90元/箱		
		榴莲	3	300元/箱		
		火龙果	9	135元/箱		
8	H	苹果	26	50元/箱	9月6日下午2:50前	超市4
		鸭梨	30	62元/箱		
		橙子	30	68元/箱		
		葡萄	25	55元/箱		
		荔枝	15	120元/箱		
		香蕉	10	65元/箱		
9	I	苹果	10	50元/箱	9月6日下午5:30前	超市4
		鸭梨	15	62元/箱		
		香蕉	18	65元/箱		
		橙子	20	68元/箱		
		哈密瓜	16	90元/箱		
10	J	鸭梨	25	62元/箱	9月6日下午3:30前	超市5
		橙子	18	68元/箱		
		荔枝	10	120元/箱		
		葡萄	10	55元/箱		
		榴莲	4	300元/箱		

配送中心与五个超市的距离如图11-2所示。

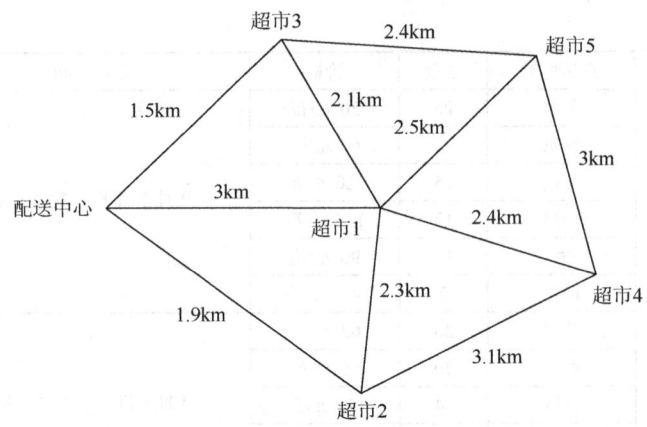

图 11-2　配送中心与五个超市位置及距离图

2. 由教师向学生讲解订单处理的流程

订单处理流程如图 11-3 所示。物流企业处理客户订单的主要步骤如下。

（1）接受订单。

（2）订单确认。

①确认订货数量及日期。接受订单后就需对货物数量及日期进行确认，也就是对订货资料项目的基本检查，即检查品名、数量、送货日期等是否有遗漏、笔误或不符合公司要求的情形。尤其当送货时间有问题或出货时间已延迟时，更需与客户再次确认订单内容或更正运送时间。具体操作是根据客户原始订单，进行订单录入，然后汇总计算，得出总订数。

②客户信用的确认。不论何种订单，接受订单后都要查核客户的财务状况，以确定其是否有能力支付该订单的账款。通常的做法是检查客户的应收账款是否已超过其信用额度。

③确认订单形态。在接受订货业务上，表现为具有多种订单的交易形态（表 11-3），所以物流中心应对不同的订单形态采取不同的交易及处理方式。在本次实训任务中，订单形态属于一般交易。

④确认订货价格。不同的客户、不同的订购量，可能有不同的价格，输入价格时系统应加以检核。若输入的价格不符（输入错误或因业务降价强接单等），系统应加以锁定，以便主管审核。

⑤加工包装的确认。对于客户订购的商品，应确定是否有特殊的包装、分装或贴标等要求，或者是否有相关赠品的包装等。

（3）设定订单号码。每一订单都要有其单独的订单号码，号码由控制单位或成本单位指定，除了便于计算成本，还可用于制造、配送等一切有关工作，如用于工作说明单及进度报告。

（4）建立客户档案。建立客户档案，不但有益于此次交易的顺利进行，而且有益于以后合作机会的增加。客户档案的内容一般包括以下几方面。

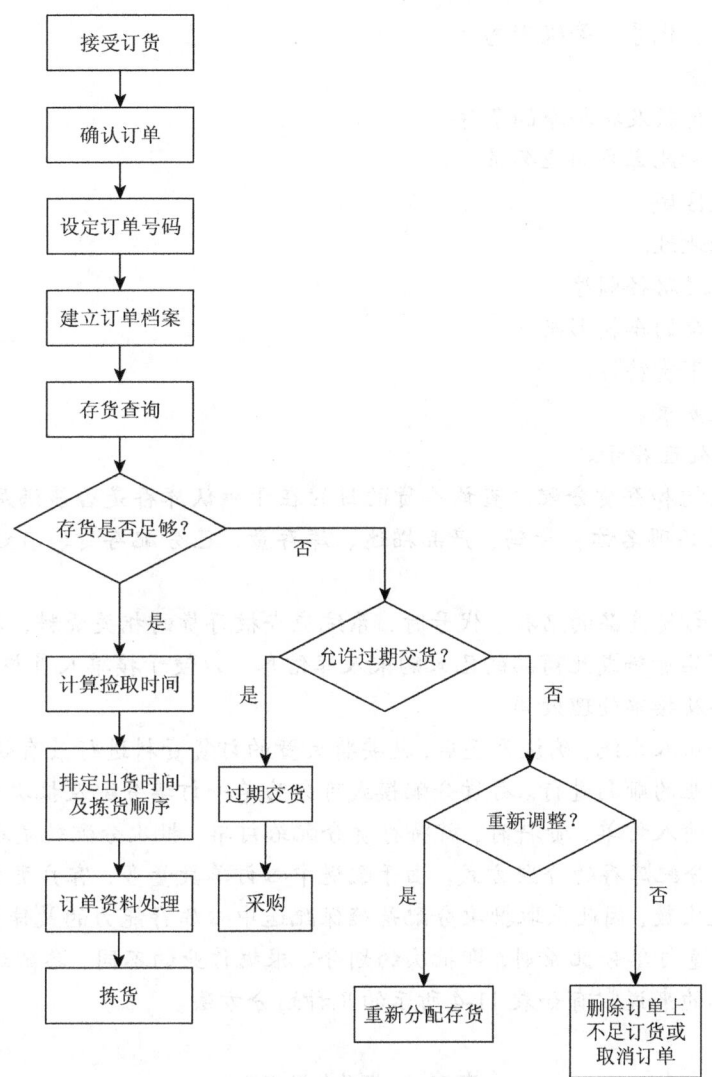

图 11-3 客户订单处理流程图

表 11-3 订单交易形态

交易形态	内涵	处理方式
一般交易	接单后按正常的作业程序拣货、出货、发送、收款的订单	接到一般交易订单后,将资料输入订单处理系统,按正常的订单处理程序处理,资料处理完后进行拣货、出货、发送、收款等作业
现销式交易	与客户当场交易,直接给货的交易订单	这种订单在输入资料前就已把货物交了客户,故订单资料不再参与拣货、出货、发送等作业,只需记录交易资料即可
间接交易	客户向配送中心订货,直接由供应商配送给客户的交易订单	接到间接交易订单后,可将客户的出货资料传给供应商由其代配
合约式交易	与客户签订配送契约的交易订单	应在约定的送货期间,将配送资料输入系统处理,以便出货配送;或一开始便输入合约内容的订货资料,并设定各批次送货时间,以便在约定日期系统自动产生所需的订单资料
寄库式交易	客户因促销、降价等市场因素先行订购一定数量的商品,往后视需要再要求出货的交易订单	处理寄库式交易订单时,系统应检核客户是否确实有此项寄库商品。若有,则出此项商品,否则,应加以拒绝

①客户姓名、代号、等级形态。
②客户信用度。
③客户销售付款及折扣率的条件。
④开发或负责此客户的业务员。
⑤客户配送区域。
⑥客户收账地址。
⑦客户点配送路径顺序。
⑧客户点适合的车辆形态。
⑨客户点的下货特性。
⑩客户配送要求。
⑪过期订单处理指示。

（5）存货查询和存货分配。查询存货的目的在于确认库存是否能满足客户需求。存货资料一般包括品项名称、号码、产品描述、库存量、已分配存货、有效存货及期望进货时间。

在输入客户订货商品的名称、代号时，系统应查核存货的相关资料，看是否缺货。若缺货则应提供商品资料或此商品的已采购未入库信息，以便于接单人员与客户进行协调，从而提高接单率及接单处理效率。

将订单资料输入系统，确认无误后，就要将大量的订货资料进行最有效的分类、调拨，以便后续物流作业的顺利进行。存货分配模式可分为单一订单分配及批次分配两种。单一订单分配就是在输入订单、资料时，就将存货分配给订单。批次分配就是在输入所有的订单资料后，一次分配库存的分配方式。由于配送中心订单数量多，客户类型等级多，且多为每天固定配送次数，因此采取批次分配是确保配送中心库存能力的最佳分配方式。进行批次分配，需注意订单分批原则，即批次的划分。根据作业的不同，各配送中心的分批原则可能不同，总的来说常有如表11-4所示的几种划分方法。

表11-4 订单分批方法

划分方法	方法描述
按接单时序划分	将整个接单时段划分为几个合理区段
按配送区域/路径划分	将同一配送区域/路径的订单扩总后一起处理
按流通加工需求划分	将需加工处理或需相同流通加工处理的订单一起处理
按车辆需求划分	若配送商品需要特殊的配送车辆（如低温车、冷冻车、冷藏车）或由于客户所在地、卸货特性等需要特殊形态车辆，可汇总合并一起处理

（6）计算拣取的标准时间。计算拣取的标准时间是为了有计划地安排出货时间。计算拣取的标准时间的具体方法如下。

①计算每一单元的拣取标准时间，并将它设定为计算机记录标准时间，将各单元的拣取时间记录下来，推导出整个标准时间。

②有了单元的拣取标准时间后,即可依每品项订购数量(多少单元)再配合每品项的寻找时间,来计算出每品项拣取的标准时间。

③根据每一订单或每批订单的订货品项,以及一些纸上作业的时间,将整张或整批订单的拣取标准时间算出。

(7)依订单排定出货时间及拣货顺序。如何安排订单出货时间及拣货先后顺序,通常会依客户需求、拣取标准时间及内部工作负荷来拟定。

(8)分配后存货不足的处理。对于现有存货数量无法满足客户需求,客户又不愿以替代品替代的情况,应按照客户意愿与公司政策来决定应对方式。具体的处理方法如表11-5所示。

表 11-5 存货不足的处理办法

处理办法	原因分析
重新调拨	对于客户不允许过期交货,而公司也不愿失去此客户的订单,则有必要重新调拨分配订单
补送	客户允许不足额的订货等待有货时予以补送,且公司政策也允许
	客户允许不足额的订货或整张订单留待下一次订单一起配送
删除不足额订单	客户允许不足额订单可等待有货时再予以补送,但公司政策并不希望分批出货
	客户不允许过期交货,且公司也无法重新调拨
延迟交货	客户允许一段时间的过期交货,且希望所有订单一起配送
	不论需要等多久,客户都允许过期交货,且希望所有订货一起送达,则等待所有订货到齐后再出货
取消订单	客户希望所有订单一起配送到达,且不允许过期交货,也无法重新调拨,则只有将整张订单取消

(9)订单资料处理输出。订单资料经上述处理后,即可开始印制出货单据,展开后续的物流作业。

①拣货单。拣货单用于指示商品出库,以作为拣货的依据。拣货单的形式需配合配送中心的拣货策略及拣货作业方式来设计,以提供详细且有效率的拣货信息,以便于拣货的进行。

②出库单。出库单是客户签收和确认出货资料的凭证。出库单要特别注意以下内容。

a. 单据打印时间。为保证出库单资料与实际出货资料一致,最好在出货前完成一切清点工作,而且不相符的资料也在计算机上修改完毕,再打印出库单。

b. 送货单资料。出库单据上的资料除基本出货资料外,还应附上一些订单的异常情形,如缺货项目或缺货数量等。

c. 缺货资料。对于缺货商品或缺货的订单资料,系统应提供查询或报表打印功能。提供按商品或供应商的名称代号查询缺货商品资料的目的是提醒采购人员及时采购。

(10)按订单供货。按订单供货是整个订货处理过程中最复杂的部分。确定供货的优先等级对订货处理周期时间有重要影响。许多企业没有正式的确定供货优先等级的标准,操作人员面对大量的订货处理工作,习惯性地优先处理简单的、品种单一的、订货量少的订单，其结果往往造成对重要客户和重要订单供货的延迟。在确定供货的优先等级时，应坚持以下几个原则。

①按接收订单的时间先后处理。
②处理时间最短的先处理。
③批量最小的、最简单的订单先处理。
④按预先设定的顾客优先等级处理。
⑤按向顾客承诺的到货日期先后进行处理。
⑥离承诺到货日期时间最近的先处理。

（11）订单处理状态跟踪。为了向顾客提供更好的服务，满足顾客希望了解订货处理状态信息的要求，需要对订货处理进行状态追踪，并与顾客交流订货处理状态信息。

3. 对各小组进行任务分配，进行订单处理训练

将全班学生分为若干个大组，每大组12人，每大组再分成6个小组，每个小组的任务如表11-6所示。

表11-6　各小组训练任务分工

小组	任务
第一组	负责对订单内容进行确认，主要确认订单中的需求商品、需求数量、价格、要求送货时间等。如发现问题，需向客户核实、修改订单
第二组	负责对订单进行编号，并对所有订单中的商品进行分类，填写订单商品分类表
第三组	负责库存商品查询，如现有存货数量能够满足客户需求，则填写拣货单；如现有存货数量无法满足客户需求，则填写订购单，进行补货
第四组	负责填写出库单和送货单
第五组	负责设计最佳配送路线，绘制出最佳配送路线图
第六组	负责配载。要求根据第五组设计的最佳配送路线，对每辆车装哪几个品种，每个品种多少数量、重量，品种的装车顺序等形成文字材料

4. 由教师进行实训总结

（1）对各大组学生订单处理的情况进行点评。
（2）对各大组学生的实训表现进行点评。
（3）对实训中出现的问题进行总结。

5. 作业布置

（1）各小组上交其填写好的单据、配送路线图以及配载规划书。
（2）每名学生上交一份实训小结，写下在实训过程中自己的心得体会。

七、实训考核标准（表 11-7）

表 11-7 订单处理实训考核标准表

考评人		被考评人	
考评地点			
考评具体内容		分值	实际得分
订单确认仔细、无遗漏		10	
订单编号、商品分类正确		10	
查询准确、拣货单/采购单填写正确		10	
出库单、送货单填写正确		10	
配送路线图合理、科学		30	
配载合理、科学		30	
合计		100	

注：考评满分为100分，60~74分为及格；75~84分为良好；85分以上为优秀。

八、教学评价

订单处理包括相关客户、订单的资料确认，存货查询，单据处理以及出货配发等。通过本次订单处理作业技能实训，学生不仅牢牢掌握了处理客户订单的一般流程，还学会了填制订购单、拣货单、出库单、送货单等预订单流转过程相关的各种表单，此外还学会了对送货车辆的配送路线以及配载情况进行合理规划。提高了学生自主思考、勤于动手的能力以及团队合作的意识与能力。

中职学校物流专业的人才培养特色在于注重物流实际操作和应用技能的培养。而传统教学模式以理论教学为主，大多简单、死板、抽象、枯燥、乏味，不适于中职学生的培养。开展实训教学一是力求理论与实践相结合，使实训教学的内容能够全面反映理论教学的重点，二是充分利用计算机技术、数据分析技术、模拟技术、实验室模拟以及进入实际企业等方式，使学生置身于实际运作的环境之中，培养其职业能力，进而提高学生分析问题、解决问题以及独立发现问题的能力。

附件一　订购单

No.：_____

订货单位：　　　　　　　　　　　　地　　址：
电　话：　　　　　　　　　　　　订货日期：

序号	品名	规格	单位	数量	重量	单价	总价

续表

序号	品名	规格	单位	数量	重量	单价	总价
			合计				

交货时间	
交货地点	

制单：（签字）　　　　　　　　　　　　审核：（签字）

附件二　商品分类表

序号	商品名称	总需求量

附件三　拣货单

拣货单号：　　　　　　　　　　　　　　拣货时间：
需方名称：　　　　　　　　　　　　　　覆点时间：
出货日期：
拣货员：　　　　　　　　　　　　　　　覆点员：

序号	储位号	商品名称	商品代号	规格	数量	重量	备注

附件四　出库单

客户名称：　　　　　　　　　　　　　　出库单号码：
发货仓库：　　　　　　　　　　　　　　发货日期：

序号	品名	规格及型号	数量	重量

仓库主管：（签字）　　　　　　　　　　提货人：（签字）

本单证一式四联，第一联存根，第二联仓库留存，第三联仓库核算，第四联提货人留存。

11.3 游戏教学法

所谓游戏教学法,就是结合教材中的内容,运用游戏的手段(如游戏产品、开发游戏课等),从学生的兴趣爱好出发,将所要学习的知识点转换成游戏,通过游戏的感性活动,引导学生从游戏中掌握知识。在物流专业课堂教学过程中适当加入主题与授课内容相关的游戏能极大地调动学员学习的积极性和主动性,是一种形式活泼而高效的知识传播方式。

教学案例 1:第三方物流企业运营游戏

一、教学内容

《物流管理概述》中的第三方物流企业运营相关知识。

二、教学对象

物流专业一年级的学生。

三、教学目标

(1)体会激烈的物流市场竞争环境。
(2)了解第三方物流企业的业务流程,明确各项物流工作的任务及重要性。
(3)激发学生的创新思维能力、应变能力和团队合作能力。

四、场合、媒体、道具

大教室或者实训中心。
PPT 或黑板。
游戏币、订单、收发货表格、简易商品等道具。

五、教学方法

游戏教学法:从第三方物流公司的工作任务出发,以工作过程为导向,通过对整个游戏过程的参与,使学生了解到第三方物流企业运营的业务流程与各项工作环节。

六、实施步骤

1. 教师讲解游戏规则

此游戏一共设置三个角色。

（1）供应方：游戏中假设有多名供应商，由固定的几个同学担任。

（2）需求方：游戏中需求方即为供应链上的核心企业如格力空调有限公司。该角色由两名同学扮演。

（3）第三方物流公司：将除去供应商与需求方以外的所有同学分为若干小组（6~10人为一个小组），所有的小组都扮演第三方物流企业这一角色，主要业务都是为合作企业（即核心企业）进行配送。各小组的初始状态（起始资金、员工数量）一致，通过团队分工与合作（如由总裁、采购部、市场部、包装部、运输部、财务部等组成），模拟各自的第三方物流公司进行运营。各小组的运营要求如下。

①联系供应链上的需求方（即格力空调有限公司），确定双方的合作事宜（如哪些零部件由本公司进行配送）。合作确定后，物流公司将会收到核心企业的需求信息（即看板），包含在特定时间、车间需要的部件品种、数量等信息。

②及时向供应商下订单，把采购回来的零部件通过运输储存在公司的仓库里。订货过程中，需要考虑货物的经济批量、合理库存等问题，在满足客户需求的前提下，使库存总量最小。

③根据核心企业的看板，准时把货物配送到位。配送环节遵循准时制原则，既不能提前也不能推迟。提前到货也不能卸货，而且占用车辆和时间，推迟到货算违约，需缴纳违约金。

游戏最后，公司和核心企业的财务部门进行财务结算，确定盈利状况（即剩余资金总额），判定比赛胜负。

2. 分配角色

选出若干名供应商与两名需求方人员，对其余同学分组，6~10人为一小组，分别担任总裁、采购部、市场部、包装部、运输部、财务部员工等职务。

3. 开始游戏

（1）抢单——寻找合作伙伴，确定合作关系，取得看板信息的工作。各小组派出各自的市场部员工，到核心企业处抢单。由教师事先准备好多份订单，每份订单上都包含很多看板信息，并且订单略有优劣之分。抢单过程中，通过物流业务问答的形式，确定各小组的选单顺序，依序选单。要求各小组抢得的订单必须全部按时按量完成，未完成部分按违约处理，需缴纳一定违约金。

（2）采购——根据订单制订采购计划，到供应方处采购货物，并支付采购费。事先设定了多个供应方，并对不同货物的进价、不同货源地的运输方式等提出要求，并结合运输路线的合理化设置一些障碍活动。

（3）配送——对货物进行包装配送。各小组按订单时间准时配送到各需求方所在地。货物若出现潮湿或损坏等情况，收货点拒绝收货，并视同违约处理，收取违约金。收货时，各收货点根据订单单价、订单数量付费给各小组（第三方物流企业）。

（4）存货回收。比赛时间截止时，若各小组仓库中还有多余的货物，则进行回收处理，回收价格远低于采购进价。

4. 比赛结果统计

比赛结束后由各小组财务部核算各自的财务信息，根据盈利情况判定比赛结果，并对获胜的小组给予适当的奖励。

七、教学评价

第三方物流企业模拟运营游戏是一项具有比赛性质的教学活动，充分调动了学生的学习积极性，通过亲身参与到此次游戏教学中，学生对所学的第三方物流企业运营的相关理论知识有了深刻的认识，也提高了其对后续课程学习的兴趣。

教学案例2：供应链合作伙伴红黑游戏

一、教学内容

《供应链管理》中的供应链合作伙伴间的关系管理。

二、教学对象

物流专业二、三年级的学生。

三、教学目标

（1）使学生了解充分的信息沟通对供应链上企业合作的重要性，唯有充分沟通才能不断增加合作伙伴之间彼此的了解和互信。

（2）令学生充分认识到互信是供应链上企业合作的基础，但唯有双方都投入的真诚合作才能带来利益最大化，单方面的付出带来的也许是更大的损失。

（3）让学生体会到在供应链中，只有让合作双方都实现合理利润，才真正达到双赢的效果。

四、场合、媒体、道具

大教室或者实训中心。

黑板。

若干张扑克牌或红黑色的纸牌，若干张白纸（用于每轮小组报告）。

五、教学方法

游戏教学法：通过红黑游戏这一教学过程，让学生充分认识到供应链合作伙伴间进行合作共赢的奥秘所在。

六、实施步骤

1. 将学员分成偶数组，并确定每组的对应组

2. 教师讲解游戏规则

由教师宣布游戏规则，并将得分规则写在黑板上。具体规则如下。

（1）将学员分成偶数组，两两相对。
（2）相对组双方各自选择出自己的组长，由组长组织投票，统计出多少红牌、多少黑牌，以少数服从多数的方式将小组的投票结果报告给教师。
（3）各小组中，只要有一人弃权，则该次投票无效。
（4）得分规则如下：如果双方都出黑牌，各得正3分。如果有一方为红牌，另一方为黑牌，则出黑牌方得负5分，出红牌方得正5分。如果双方都出红牌，各得负3分。
（5）游戏一共要进行5轮投票，其中第二轮得分×2，第四轮得分×3，第三轮后，双组之间可进行一次谈判和沟通。

3. 比赛结果判定
每轮公布各组结果，并计算出各组分数，所有组中累计正分最高者获胜。

七、教学评价

管理学中的红黑游戏（其原理即"囚徒困境"），是与供应链合作伙伴关系这一模块的教学内容和主题密切相关的一种游戏形式。在进行游戏的时候应当注意男女生搭配，因为性别不同思维方式也不同。此外，在第一、二、四轮中禁止各组沟通或串通，第三轮中允许沟通，但应强调禁止用道德约束（如逼对方发誓）方式压制对方，以期让游戏更加符合真实情况。该游戏简单易行，规则简单，操作实施性强，适合于日常课堂教学活动。通过将该游戏引入物流专业课程的教学中，能够增加学生与老师之间的互动，同时帮助学生深度思考和掌握所习得的物流知识，值得广大教师进行尝试与开发。

11.4　讲授式教学法

讲授式教学法指的是教师主要运用语言方式，系统地向学生传授专业知识，传播思想观念，从而发展学生思维能力、开发学生智力的一种教学模式。课堂讲授教学方法的具体实施形式主要有讲解教学方法、讨论教学方法和讲演教学方法等。

教学案例1：ABC分类分级管理

一、教学内容

《仓储与配送管理》中的ABC分类分级管理。

二、教学对象

物流专业一年级的学生。

三、教学目标

通过讲授使学生认识到如下几点。
（1）熟悉 ABC 法分类管理流程。
（2）掌握库存物资 ABC 的划分标准。
（3）掌握 ABC 法重点货物的管理要求。

四、场合

大教室或者实训中心、企业的仓库。

五、教学方法

讲授法：教师根据学生情况，因材施教讲授 ABC 分类分级管理的基本原理、流程及其步骤。

六、实施步骤、教学过程以及时间分配

1．教师讲解（45 分钟）

（1）基本思想。将库存物品按品种和占用资金的多少分为特别重要的库存（A 类）、一般重要的库存（B 类）、不重要的库存（C 类）三个等级，然后针对不同等级分别进行管理和控制。

（2）物资的划分标准（表 11-8）。

表 11-8　库存物资划分标准

A 类	占库存总量 10%～20%	价值占总价值的 70%～80%	需要重点管理
B 类	占库存总量 30%	价值占总价值的 15%～25%	常规管理
C 类	占库存总量 50%～60%	价值占总价值的 5%	一般管理

（3）成品库存控制（表 11-9）。

表 11-9　库存分类

分类		要求
A 类物资	a 严格控制	要求准备最完整、最准确的作业记录，以及最高的作业优先权
	b 库存配置	A 类物资应放置在最靠近客户的配送中心，客户订货后马上就能送到客户手中，以便及时提供优质服务
B 类物资	a 正常控制	按企业正常方式调节库存数量，定期进行数据检查
	b 库存配置	根据购销情况、出入库频率，适当码堆摆放
C 类物资	a 简单控制	简化控制流程，减少控制工作量。只进行简单记录，检查次数尽量减少
	b 库存配置	采取最经济的存储方式，为 A、B 类物资存放提供空间

（4）ABC法分类管理流程（图11-4）。

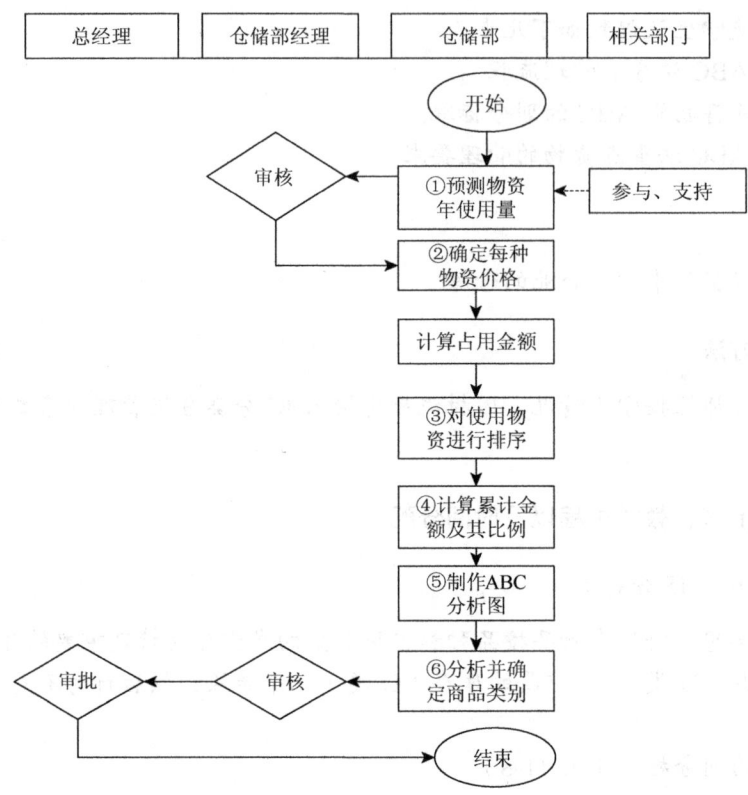

图 11-4　ABC 分类管理流程

（5）ABC 分类管理流程说明（表 11-10）。

表 11-10　ABC 分类管理流程说明

任务概要	ABC 分类管理
节点控制	相关说明
①	库存控制专员根据企业生产计划和采购计划，在与去年同期出、入库数量进行比较的基础上推断物资的年使用量
②	在确定每种物资的价格时，应当选用统一的计算方法，可以选择进货价格或出货价格作为统一计算标准
③	通过物资单价乘以物资数量，计算出每种物资的占用金额，并按照年占用金额的大小排列出全部品种的商品
④	按照商品占用金额多少，将其编号、使用量、单件、占用金额填入 ABC 分析表，并计算出库存累计占用的总金额及各种商品占用库存金额的比例
⑤	以累计品目百分数为横坐标，累计占用资金比率为纵坐标，绘制 ABC 分析图
⑥	一般而言，A 类商品品种占库存总数的 10%～20%，所占金额占总数的 70%～80%；B 类物资品种占存货总数的 30%，其价值占总金额的 15%～25%；C 类物资品种占存货总数的 50%～60%，但其价值只占总金额的 5%

2. 分析探讨：学生反思（10分钟）

3. 各组讨论发言（20分钟）

4. 教师总结（5分钟）

ABC 分析法是存储管理中的常用分析方法，也是经济工作中的一种基本工作和认识方法。ABC 分析法主要用数量研究方法来分析出"关键的少数"，这就使这种分析手段更容易排除假象而认识到事物本质，更容易排除主观随意性而客观地认识问题，这种方法对于学生以后的学习和工作都有比较重要的意义。

5. 作业布置

根据教师的讲解，每名学生交一份听课总结，内容主要包括：本课所学到的知识、有哪些问题没听懂以及对授课方式的建议。

七、教学评价

讲授法是教育历史上最悠久的方法之一，是教师向学生传授知识的重要手段。在讲演式教学中，教师借助口头语言呈现教材，阐明知识的联系，促进知识的理解。教师的职能是详细指定学生将要学习什么，向学生提供学习材料，分析和讲解材料，并力图使这些材料在速度和内容上适合每一个学生。同时，教师还要负责诊断学习者的困难，为他们提供适当的补救。

教学案例 2：物料需求计划

一、教学内容

《现代物流与供应链管理》中的物料需求计划（MRP）。

二、教学对象

物流专业一年级的学生。

三、教学目标

通过讲授使学生认识到如下几点。
（1）掌握 MRP 系统的逻辑流程。
（2）掌握 MRP 采购的特点。
（3）了解 MRP 采购的发展。

四、场合

大教室或者实训中心。

五、教学方法

讲授法：教师根据学生情况，因材施教，采用图和表结合的方法讲解 MRP 系统相关的内容。

六、实施步骤、教学过程以及时间分配

1. 教师讲解（45 分钟）

（1）基本思想。MRP（Material Requirements Planning），即物料需求计划，它是利用主生产计划、物料清单、库存量、已订购但未交货量、采购提前期等资料经计算得出需订购物料数量及确定订购时间的一种物料管理技术。

（2）MRP 系统逻辑流程。MRP 系统逻辑流程如图 11-5 所示。

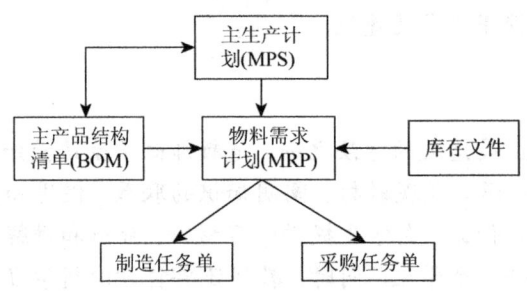

图 11-5　MRP 系统逻辑流程图

从 MRP 逻辑流程图中可以看出，MRP 的输入文件有：主生产计划、主产品结构清单、库存文件；输出文件有：制造任务单、采购任务单。

在运行 MRP 之前，要做好以下几个方面的准备工作：确定时间单位，确定计划期的长短。
①确定物料编码，包括主产品和零部件的编码。
②确认主产品出产进度计划。
③确认主产品的结构清单，它被表示成具有层级结构的树形图。
④准备好主产品及其所有零部件的库存文件。

（3）MRP 采购的特点。
①需求确定性。MRP 采购计划是根据主产品生产进度计划、主产品的结构文件、库存文件和各种零部件的生产时间或订货进货时间精确计算出来的，其需要的时间、数量都是确切规定好的，且不能够改变。
②需求的相关性。MRP 采购是针对具有相关性需求物资的采购方法，不仅需求本身之间相关，需求和资源也相关，需求的品种数量也相关，需求时间也相关。
③计算的复杂性。MRP 采购计划要根据主产品生产进度计划、主产品结构文件、库存文件、生产时间和采购时间把主产品的所有零部件的需要数量、需要时间、先后关系等准确计算出来，其计算量是非常庞大的。

④计划的精细性。MRP 采购计划有充分的根据,从主产品到零部件,从需求数量到需求时间,从生产先后到装配关系都作了明确的规定,能够保证主产品生产计划的如期实现。

(4) MRP 采购的发展。

①时段式 MRP。时段式 MRP 是在解决传统的采购和库存量管理方法缺陷的基础上发展起来的。MRP 与传统的采购与库存量管理方法相比较有许多优点:可以降低企业库存投资;可以对市场需求变化的反应更加灵敏。

时段式 MRP 虽然能根据有关数据计算出各种相关物料需求的准确数量和时间,但是它还不够完善,主要的缺点有:不能很好地反映出经过 MRP 运算的采购计划和加工计划是否能完成;没有这些计划执行情况的反馈。因此,后来出现了闭环 MRP。

②闭环 MRP(图 11-6)。

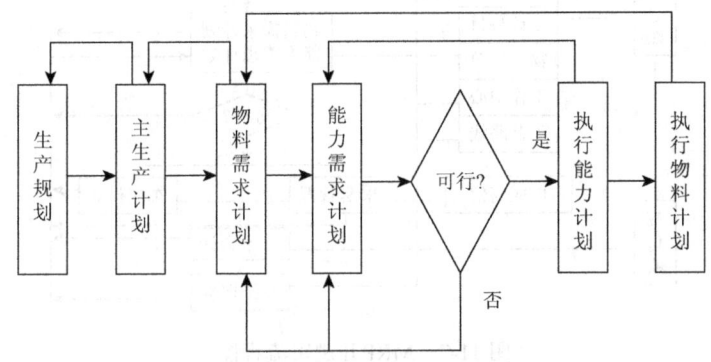

图 11-6　闭环 MRP 工作过程

③制造资源计划(MRPⅡ)(图 11-7)。
④企业资源计划(ERP)(图 11-8)。

2. 分析探讨:学生反思(10 分钟)

3. 各组讨论发言(20 分钟)

4. 教师总结(5 分钟)

MRP 是一种比较常用的现代采购管理方法。它不但可以制订出企业的物料投产计划,还可以用来制订外购件的采购计划,非常适合在加工、制造、装配企业中使用,配合使用计算机,MRP 可以迅速制出比较详细复杂的生产计划和采购计划。因此许多大型的企业,都把使用 MRP 作为自己坚定不移的目标。

5. 作业布置

根据教师的讲解,每名学生交一份听课总结,内容主要包括:本课所学到的知识以及有哪些问题没听懂、对授课方式的建议。

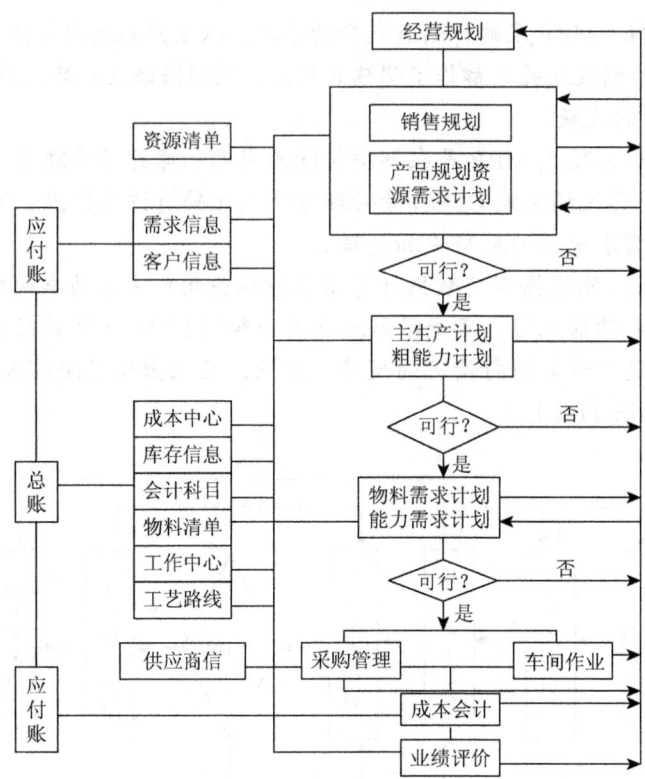

图 11-7　MRPⅡ逻辑流程图

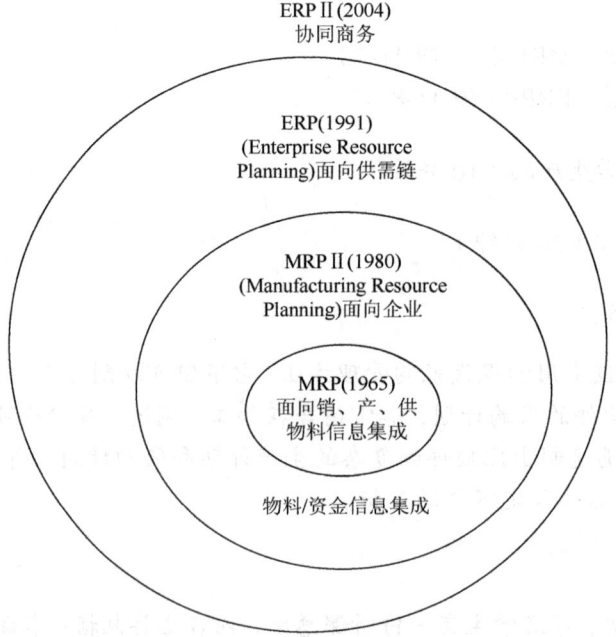

图 11-8　ERP 的发展

第 12 章 物流管理专业教学评价

教学评价应体现评价主体、评价方式、评价过程的多元化，注重吸收行业企业参与，将校内校外评价结合，职业技能鉴定与学业考核结合，教师评价、学生互评与自我评价相结合。过程性评价与结果性评价相结合，不仅关注学生对知识的理解和技能的掌握，更要关注运用知识在实践中解决实际问题的能力水平，重视规范操作、安全文明生产等职业素质的形成，以及节约能源、节省原材料、爱护生产设备和保护环境等意识与观念的树立。

12.1 教学评价基本理论

12.1.1 开展教学评价必要性

依据教育目的对教育活动的结果进行评价的工作由来已久，但真正受到国际教育界应有的重视却是在第二次世界大战以后。特别是 20 世纪 60 年代以来，成立了国际教育成就评价协会，形成过教育评价运动，联合国教科文组织还把教育评价的技术水平作为衡量一个国家教育发展水平的重要标志。进入 80 年代，中国也越来越重视教育评价的研究和运用。1984 年，中国正式加入"国际教育成就评价协会"，1985 年，《中共中央关于教育体制改革的决定》将教育评价提到全国性教育工作的议事日程，从而大大促进了教育评价工作的开展。评价在教学设计中占据重要的地位。

（1）评价是教学设计活动的有机组成部分。评价活动是渗透在教学设计过程之中的。受传统观点的影响，一般认为评价活动是一个独立的设计环节，甚至是独立于教学设计过程之外的。这种认识现已受到许多研究者的反对。在实际工作中，评价活动贯穿于教学设计的各个环节，在实施的时间上没有严格的先后次序。例如，分析学习需要的过程，从某种意义上说，就是对内部需要或外部需要进行评价的过程；又如，在分析教学内容的设计环节中，在对学习任务进行了选择、组织和分类之后，紧接着最好对它进行一次初步评价；再如，当建立起教学目标体系后，往往应该马上进行目标价值的判断，使之能够成为以后评价教学成果的科学基准。由此可见，教学评价实施的次数和次序是由评价对象的要求而定的，是与教学设计的各个环节密切联系的。当然，在按一定程序完成各个设计环节之后，对其成果进行集中的、整体的评价，更是十分必要的。因此，一般教学设计模式都把评价作为设计过程的最后一个环节也是顺理成章的。

（2）评价使教学设计及其成果更趋有效。评价活动可以为教学设计者提供决策信息。决策过程按性质又可分为两种：一种是初始决策过程，如依据人、物（学习资源）、费用、社会需求等信息，制订教学设计计划的过程；另一种是优化决策过程，例如，依据有关专家和领导的意见，对初步制订的教学设计计划进行修改完善的过程。就实现预期教学目标的程度而言，每次评价活动都把教学设计方案或教学成果提高到更高的价值层次，使其逼近教学设计活动的价值基准。可以说，没有评价环节，教学设计过程就会缺少一种重要的内部动力，教学设计成果也难以达到真正完美。

（3）评价能调节教学设计人员的心理因素。教学设计是一项富有创造性和改革思想的实践活动，要使教学设计人员富有成效地从事工作，必须对其心理进行调控，激发其创造的欲望和改革的动机。教学设计的评价是对工作成果的价值观念进行认同的重要措施，评价活动表明自己的价值观念被认同的信息，是对他们最直接、最有力的奖赏，能使其在心理上获得成就感和满足感。没有评价的教学设计，其工作人员的价值观得不到及时认同，必将大大削弱他们的积极性和创造性。

因此，需要设计科学的评价机制，保障教学评价的顺利开展。

12.1.2 教学评价的功能

教育心理学和教学论专门研究了教学评价对提高教学效果的作用，具体可以概括为如下几个功能。

（1）诊断功能。评价是对教学结果及其成因的分析过程，借此可以了解教学各方面的情况，从而判断它的成效和缺陷、矛盾和问题。全面的评价工作不仅能估计学生的成绩在多大程度上实现了教学目标，而且能解释成绩不良的原因，如学校、家庭、社会和个人中哪方面的因素是主要的，就学生个人来说，主要是由于智力因素的影响，还是学习动机等其他非智力因素的影响，抑或是两者兼而有之。教学评价如同体格检查，是对教学现状进行的一次严谨的科学诊断，以便为教学的决策或改进指明方向。

（2）激励功能。评价对教学过程有监督和控制作用，对教师和学生则有促进和强化的作用。通过评价反映出教师的教学效果和学生的学习成绩。经验和研究都表明，在一定限度内，经常进行记录成绩的测验对学生的学习动机具有很大的激发作用。这是因为，较高的评价能给教师、学生以心理上的满足和精神上的鼓舞，可激发他们向更高目标努力的积极性；即使评价较低，也能催人深思，激起师生奋进的情绪，起到推动和督促作用。

（3）调控功能。评价的结果必然是一种信息反馈，这种信息可以使教师及时知道自己的教学情况，也可以使学生得到学习成功和失败的体验，从而为师生调整教与学的行为提供客观依据。教师据此修订教学计划、改进教学方法、完善教学指导；学生据此变更学习策略、改进学习方法、增强学习的自觉性。教学评价有利于使教学过程成为一个随时得到反馈调节的可控系统，使教学效果越来越接近预期的目标。

（4）教学功能。评价本身也是一种教学活动。在这种活动中，学生的知识、技能将获得长进，甚至产生飞跃。例如，测验就是一种重要的学习经验，它要求学生事先对教材进行复习，巩固和整合已学到的知识技能，事后对试题进行分析，又可以确认、澄清和纠正一些观念。另外，教师可以在估计学生水平的前提下，将有关学习内容用测试题形式呈现，使题目包含某些有意义的启示，让学生自己探索、领悟，获得额外的学习经验或达到更高的教学目标。

12.1.3 教学评价的原则

为了做好各种教学评价工作，必须根据教学的规律和特点，确立一些基本的要求，作为评价的指导思想和实施准则。具体来说，教学评价应贯彻以下几条原则。

（1）客观性原则。这条原则是指在进行教学评价时，从测量的标准和方法，到评价者所持的态度，特别是最终的评价结果，都应符合客观实际，不能主观臆断或掺入个人情感。教学评价的目的在于给学生的学和教师的教以客观的价值判断，如果缺乏客观性就会完全失去意义，还会提供虚假信息，导致错误的教学决策。贯彻客观性原则，首先应做到评价标准客观，不带随意性；其次应做到评价方法客观，不带偶然性；最后应做到评价态度客观，不带主观性。这就要求评价者以科学可靠的评价技术为工具取得真实可靠的数据资料，以客观存在的事实为基础，实事求是，公正严肃地进行评定。

（2）整体性原则。这条原则是指在进行教学评价时，要对组成教学活动的各个方面做多角度、全方位的评价，而不能以点代面，以偏概全。由于教学系统的复杂性和教学任务的多样化，所以教学质量往往从不同的侧面反映出来，表现为一个由多因素组成的综合体。因此，要真实反映教学效果，就必须对教学活动从整体上进行评价。贯彻整体性原则，首先评价标准要全面，尽可能包括教学目标的各项内容，防止突出一点，不及其余；其次要把握主次，区分轻重，抓住主要矛盾，在决定教学质量的主导因素和环节上花大力气；最后要把定性评价和定量评价结合起来，使其相互参照，以求全面准确地判断评价客体的实际效果。

（3）指导性原则。这条原则是指在进行教学评价时，不能就事论事，而应把评价和指导结合起来，不仅要使被评价者了解自己的优缺点，而且要为其以后的发展指明方向。也就是说，要对评价的结果进行认真分析，从不同角度查找因果关系，确认产生的原因，并通过信息反馈，使被评价者明确今后的努力方向。贯彻指导性原则，首先必须在评价资料的基础上进行指导，不能缺乏根据地随意评论；其次要反馈及时，指导明确，切忌耽误时机和含糊其辞，使人无所适从；最后要具有启发性，留给被评价者思考和发挥的余地，不能搞行政命令。

（4）科学性原则。这条原则是指在进行教学评价时，不能光靠经验和直觉，而要依靠科学。只有科学合理的评价才能对教学发挥指导作用。科学性不仅要求评价目标标准的科学化，而且要求评价程序和方法的科学化。贯彻科学性原则，首先要从教与学统一的角度出发，以教学目标体系为依据，确定合理统一的评价标准；其次要推广使用先进的测量手段和统计方法，对获得的各种数据和资料进行严谨的处理；最后要对评价工具进行认真的编制、预试、修订和筛选，达到一定的指标后再付诸使用。

12.1.4 教学评价的考虑因素

（1）完整性。完整的课堂教学设计成果至少有两部分内容：一份规范的教学设计方案，一份媒体素材清单及多媒体资源。

一份规范的教学设计方案必须体现一个完整的教学设计过程，所有必需的环节应明确写出，而且要前后一致，是一个整体的解决方案，而不是各个要素的简单堆砌。

①教学目标阐述：确定的教学目标要体现新课程标准的理念，不仅能反映知识和技能、过程与方法、情感态度与价值观三个维度的目标，还能体现不同学习者之间的差异，不仅符合学科的特点和学生的实际，还便于教学中进行形成性评价。

②学习者特征分析：从认知特征、起点水平和情感态度准备情况以及信息技术技能等方面详细、明确地列出学习者的特征。

③教学策略选择与活动设计：多种教学策略综合运用，一法为主，多法配合，优化组合。教学策略既能发挥教师主导作用又能体现学生主体地位，能够成功实现教学目标；活动设计和策略一致，符合学习者的特征，教学活动做到形式和内容统一，既能激发学生兴趣又能有效完成教学目标。

④教学资源和工具设计：综合运用多种媒体，发挥各自优势；资源能促进教和学，发挥必需的作用。

⑤教学过程设计：教学思路清晰、结构合理；注重新旧知识之间的联系，重视新知识的运用；教学时间分配合理，重点突出，突破难点；有层次性，能够体现学生的发展过程。

⑥学习评价和反馈设计：有明确的评价内容和标准；有合理的习题练习，练习的内容、次数比较合理、有层次性，既能落实双基要求，又能注重应用知识解决问题能力的提高。

（2）可实施性。评价一个教学设计成果的优劣，还应从时间、环境、师生条件等方面来考虑其是否具有较强的可操作性。

（3）创新性。既能发挥教师的主导作用，又能体现学生的主体地位；教法上有创新，能激发学生的兴趣；有利于促进学生高级思维能力的培养；体现新理念、新方法和新技术的有效应用。

（4）媒体资源的支持性。主要是现有最新媒体资源的使用情况。

12.2　教学评价的种类

12.2.1　按评价基准分类

按评价基准分类，教学评价可分为相对评价、绝对评价。

1. 相对评价

相对评价是在被评价对象的集合中选取一个或若干个个体为基准，然后把各个评价对象与基准进行比较，确定每个评价对象在集合中所处的相对位置。

为相对评价而进行的测验一般称为常模参照测验。它的试题取样范围广泛，测验成绩表明了学生学习的相对等级。由于所谓的常模实际上近似学生群体的平均水平，所以这种测验的成绩分布符合正态分布规律。

利用相对评价来了解学生的总体表现和学生之间的差异或比较不同群体间学习成绩的优劣是相当不错的。它的缺点是基准会随着群体的不同而发生变化，因而易使评价标准偏离教学目标，不能充分反映教学上的优缺点，为改进教学提供依据。

2. 绝对评价

绝对评价是在被评价对象的集合之外确定一个标准，这个标准称为客观标准。评价时把评价对象与客观标准进行比较，从而判断其优劣。评价标准一般是教学大纲以及由此确定的评判细则。

为绝对评价而进行的测验一般称为标准参照测验。它的试题取样就是预先规定的教学目标，测验成绩主要表明教学目标的达到程度，所以这种测验的成绩分布通常是偏态的。低分多高分少，为正偏态；低分少高分多，为负偏态。

绝对评价的标准比较客观。如果评价是准确的，那么评价之后每个被评价者都可以明确自己与客观标准的差距，从而可以激励被评价者积极上进。但是绝对评价也有缺点，最主要的缺点是客观标准很难做到客观，容易受评价者的原有经验和主观意愿的影响。

12.2.2　按评价功能分类

按评价功能分类，教学评价可分为诊断性评价、形成性评价和总结性评价。

1. 诊断性评价

这种评价也称教学前评价或前置评价。一般是在某项活动开始之前，为使计划更有效地实施而进行的评价。通过诊断性评价，可以了解学习的准备情况，也可以了解学生学习困难的原因，由此决定对学生的适当对待。

2. 形成性评价

形成性评价是在教学进行过程中，为引导教学前进或使教学更为完善而进行的对学生学习结果的确定。它能及时了解阶段教学的结果和学生学习的进展情况、存在问题等，以便及时反馈，及时调整和改进教学工作。形成性评价进行得较频繁，如一个单元活动结束时的评估、一个章节后的小测验等。形成性评价一般又是绝对评价，即它着重于判断前期工作达到目标的情况。对于提高教学质量来说，重视形成性评价比重视总结性评价更有实际意义。

3. 总结性评价

这种评价又称事后评价，一般是在教学活动告一段落时为把握最终的活动成果而进行的评价。例如，学期末或学年末各门学科的考核、考试，目的是验明学生的学习是否达到了各科教学目标的要求。总结性评价注重的是教与学的结果，借此对被评价者所取得的成绩做出全面鉴定，区分等级，对整个教学方案的有效性做出评定。

12.2.3 按评价表达分类

按评价表达分类，教学评价可分为定性评价和定量评价。

1. 定性评价

定性评价是对评价资料作"质"的分析，是运用分析和综合、比较和分类、归纳和演绎等逻辑分析的方法，对评价所获得的数据、资料进行思维加工。分析的结果有两种：一种是描述性材料，数量化水平较低甚至毫无数量概念；另一种是与定量分析相结合而产生的，包含数量化但以描述性为主的材料。一般情况下定性评价不仅用于对成果或产品的检验分析，更重视对过程和要素相互关系的动态分析。

2. 定量评价

定量评价则是从"量"的角度，运用统计分析、多元分析等数学方法，在复杂纷乱的评价数据中总结出规律性的结论。由于教学涉及人的因素，各种变量及其相互作用关系是比较复杂的，因此为了提示数据的特征和规律性，定量评价的方向、范围必须由定性评价来规定。

可以说,定性评价和定量评价是密不可分的,两者互为补充,相得益彰,不可片面强调一方面而忽视另一方面。

12.3 物流专业教学效果分析

能够满足社会需要的物流管理高素质人才,应该具备分析和解决实际问题的多方面能力,能够应用先进的管理理念和科学的管理方法,对物流活动进行计划、指挥、协调和控制,使各项物流活动实现最佳的协调与配合,以降低物流成本,提高物流效率和效益。对物流管理专业本科生能力的培养目标就是要培养出具有专业品质、专业知识和专业技能的社会所需人才。而物流管理专业学生能力的培养包括通用技能和专业技能两个方面,如图12-1所示。

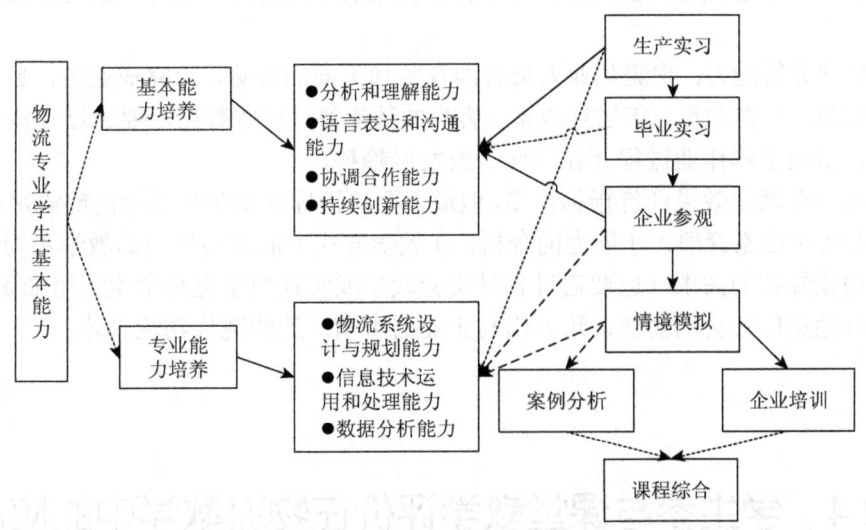

图12-1 物流专业学生基本技能

1. 基本能力

基本能力是指工作需要具备的专业品质、专业知识以及对日常事务的处理能力。主要包括以下几个方面。

(1) 分析和理解能力:物流活动作业环节多,面对的客户多且复杂,服务质量不断提高,要求物流的从业人员必须具备敏锐观察力,发现运作中存在的潜在问题并能够针对问题进行分析,理解客户的实际需要,真正满足企业经营的需要。

（2）语言表达和沟通能力：物流企业是服务性的企业，其产品就是服务，为给用户提供满意的服务，在物流业工作的人员经常会与其上下游企业进行沟通，需要良好的表达能力和很强的沟通能力，才能给用户提供满意和优质的服务。

（3）协调合作能力：物流活动涉及的部门、企业都很多，要想很好地完成物流活动，就需要有很强的团队合作能力以及与不同岗位人员及不同企业人员密切协作的能力。

（4）持续创新能力：创新是企业的生命力。物流从业人员要能在物流作业过程中，针对作业环节出现的问题，采取有效的措施，不断地根据实际的需要，优化作业流程，提高企业整体的运作效率。

2. 专业能力

专业能力是指物流从业人员在工作之中运用物流管理专业知识解决存在问题的能力。主要包括以下几个方面。

（1）物流系统设计与规划能力：针对物流系统的运作过程而进行的战略规划、物流网络设计、服务项目设计、绩效考核系统设计、运作流程设计以及信息系统设计等。

（2）信息技术运用和处理能力：物流活动运作过程中应用的信息技术很多，物流的从业人员掌握和应用这些相关的技术，更有利于物流活动的管理和操作，是其从事物流业的必备要求。

（3）数据分析能力：物流从业人员会涉及各种不同的业务，为完成业务，必须掌握相关的数据信息，如作业量、年运行成本、客户的数量等，这些数据需要通过一些统计方法进行处理，从而了解作业过程存在的问题或发展趋势。

对物流专业教学效果评价指标很多，但最主要的指标就是学生是否能够满足社会的需要。根据上述对物流管理人才能力的分析，在教学方式上需要与传统的教学不同，既要满足学生对理论知识的需求，也要通过各种实验教学或实践教学提高学生运用知识的能力，使学生更好地适应社会的需要，培养出与企业需求相一致的现代物流人才。

12.4 学生参与课堂教学评价在物流教学中的应用

（1）评价表格的设计。新课程要求教师要突破传统课堂的条条框框，于是教师都在尝试小组合作学习、探究式学习的方式，因此，教学评价也要针对这种教学形式而设计。例如，针对于任务教学设计评价表格，可以既有小组的自评互评表，又有个人自我评价剖析表，使学生能得到全方位的评价，更深层次地挖掘自我潜能。当然，表格的内容是可以根据教师所设计的教学任务来调整的，并非质量保证的理念。

(2) 网络评价的应用。教师可将上课时每组的汇报拍成视频,将视频公布于自己的博客,一方面,使物流教研室的教师共同认识这些学生,进行点评;另一方面,使汇报学生能看到自己的表现,认识自己的优缺点,从而不断进步。另外,评价仅局限于完成任务的课堂是不够的。课后,教师可要求每个小组将自己的汇报材料和内容整理制作成 PPT,并将作品上传到年级 QQ 群,请所有同学和教师来进行点"赞",评选出最优作品,给予奖励。

(3) 使用思维导图进行评价。物流专业尤其在中职阶段的学习,知识点大部分还停留在记忆、学习阶段。为了帮助学生记忆知识点,在所在专业组尝试利用思维导图,在一个章节或几个任务的学习内容学习之后,要求学生尝试画思维导图。每个小组选出最优的作品上传到年级 QQ 群,使所有同学都能将自己的作品与他人的作品进行比较。因为每个人的思维习惯和偏好不同,每个人画的都不一样,有的是大树形状的,有的是采用括号等形状的,只要给定同学们一个大体的评价标准,即是否全面、清楚和简洁,同学们就有了发挥自己的空间了。

总之,教学评价在教学过程中是个不可小视的过程,作为物流专业的教师,将教学评价这个过程做好、做精是必要的。当然,教学评价也是跟随教学的改革而不断变化和发展的,但是万变不离其宗,以学生为本,和学生有着知识的交流、情感的共鸣,使中职学生恢复学习的信心和兴趣是共同的目标。

12.5 物流教学评价设计——以《物流包装管理》为例

下面以《物流包装管理》为例,说明如何设计教学效果评价。

	在专业中的地位	与其他课程的关系	总课时	学分	其他
课程定位	必修课(公共基础课)	学生学习本课程需具备一定的物流基础知识、管理学知识、包装知识,学习本课程可为物流管理专业后续课程的学习打下基础	68	4	
课程目标	知识培养目标	通过本课程教学,使学生比较全面地掌握物流包装管理的基本概念、基本思想、基本结构、基本程序、分类的基本知识,造就现代物流管理人才			
	能力培养目标	通过本课程教学,使学生能理论联系实际、与专业结合、学以致用,具备运用物流包装的知识分析、解决实际问题的能力			
	素质培养目标	通过本课程教学,端正学生的学习态度,可以锻炼学生的思维方法和思维能力,提高学生的职业素质和职业能力			
教学方法与手段	方法设计	课堂讲授 小组讨论 互动式教学 任务驱动式教学 案例教学 实地问卷调查 教学成果展示			
	技术与手段	多媒体技术 外出实践——实地调查			

课程教学设计方案的评价

单位（学校）：　　　　　　　　　　　　　　　　　　　　　　　编号：

课程名称	物流包装管理		总分			
设计者			适合专业			物流管理
评价项目	权重值	达到等级				备注（得分）
		优（5分）	良（4分）	中（3分）	差（2分）	
教学目标的表述	2.0					
对教学对象（学习者）特征的分析	1.5					
学科知识和能力结构框架的建立	1.5					
各知识点目标体系的结构	1.5					
重点和难点的确定	1.5					
学习资源的积累	1.5					
自主学习活动的安排	1.5					
是否符合课程标准的要求	2.0					
信息技术在课程教学设计中的体现	2.0					
对学生创新思维和创造能力的培养	1.5					
设计方案在教学过程中的实践	1.5					
设计方案的实践效果	2.0					
该设计方案的特点	您认为该设计方案最有价值和最吸引人的方面有哪些？					
对设计方案的改进意见	您认为该设计方案不足之处有哪些？请提出建设性意见。					
对设计方案的评论	您的总体感受和建议。					

评价人：　　　　　　　　　　　　　　评价日期：　　　年　　月　　日